prometeo
libros

prometeo
libros

PRÁCTICAS REBELDES

Nancy Fraser

Prácticas rebeldes
Poder, discurso y género en la teoría social contemporánea

prometeo
libros

Fraser, Nancy
    Prácticas rebeldes : poder, discurso y género en la teoría social contemporánea / Nancy Fraser. - 1a ed . - Ciudad Autónoma de Buenos Aires : Prometeo Libros, 2020.
    258 p. ; 23 x 16 cm.

    Traducción de: Gabriel Merlino.

    1. Feminismo. 2. Ensayo Sociológico. I. Merlino, Gabriel, trad. II. Título.
    CDD 305.4201

Diseño: R&S
Armado: María Victoria Ramírez
Corrección: Emilia Carabajal

Unruly Practices: Power, Discorse, and Gender in Contemporary Social Theory
© University of Minnesota Press, 1989.

Foto de portada: *The Guardian*

© De esta edición, Prometeo Libros, 2020
Pringles 521 (C11183AEJ), Buenos Aires, Argentina
Tel.: (54-11)4862-6794 / Fax: (54-11)4864-3297
distribuidora@prometeoeditorial.com
www.prometeoeditorial.com

Índice

Agradecimientos

Me siento muy afortunada por haber gozado de muchas formas y fuentes de apoyo durante el proceso, largo y con frecuencia difícil, de trabajar en este libro. Es un placer expresar aquí mi agradecimiento.

Recibí generoso apoyo económico de cuatro instituciones. La Fundación de Investigación de la Universidad de Georgia financió un viaje de investigación a Francia en 1982; sin esa ayuda, nunca habría escrito el capítulo 4 de este libro. El Centro de Humanidades de Stanford me concedió la Beca Mellon en 1984-1985, lo cual me dio la gran oportunidad de pasar un año desvinculada de las tareas comunes de la vida académica. Les agradezco a Ian Watt y Mort Sosna el haber generado un ambiente agradable y estimulante donde mis intereses interdisciplinarios crecieron. El Instituto Mary Ingraham Bunting del Radcliffe College me otorgó una Beca Bunting en 1987-1988, otro valioso regalo de tiempo y espacio en el cual pensar y escribir. En especial me complace agradecerles a Ann Bookman y Elizabeth McKinsey por su trabajo en el mantenimiento de esa institución única, un centro de investigación y estudio para las mujeres. Por último, la Universidad del Noroeste me otorgó ayuda económica complementaria durante mis dos años como becaria, un cuarto de licencia paga en 1983 y una poco común reducción ocasional de cursos cuando las cosas se pusieron difíciles. Les agradezco al antiguo Decano de Artes y Ciencias Rudolph Weingartner y al Vicedecano Robert Sekuler por esas formas de ayuda que tanto aprecio.

En cada una de dichas instituciones, dependí de las habilidades profesionales y la calidez personal de sus secretarias. Es un placer agradecerles a Lucile Epperson, Dee Marquez, Marina Rosiene y Audrey Thiel su ayuda para dar encarnación material a ideas tenues.

Además de las instituciones formales, también dependí de la ayuda de redes y comunidades informales. Disfruté muchas horas de discusión fructífera y estimulante en las reuniones de la Sociedad de Mujeres de la Filosofía (en especial la sede del Medio Oeste), la Asociación Radical de

Filosofía y el grupo de teoría social del Centro de Estudios Psicosociales. Aprendí mucho también de los grupos de discusión de estudios de mujeres de la Universidad del Noroeste.

Es más difícil identificar a los muchos colegas cuyo interés general, conversación estimulante y sugerencias concretas desempeñaron un papel tan importante en la redacción de este libro. Traté, siempre que fuera posible, de destacar las deudas intelectuales específicas en las notas al pie de cada capítulo. No obstante, algunas personas merecen una mención especial aquí.

Sandra Bartky, Jeff Graff, Tom McCarthy, Linda Nicholson y Judy Wittner han sido mis compañeros intelectuales y mis amigos durante muchos años. En esta obra, así como en otros lugares, me valí de su predisposición a satisfacer mis inclinaciones heterodoxas y su sensatez para contener los vuelos más desenfrenados de mi imaginación.

Debo otro tipo de agradecimiento a colegas cuyo estímulo e interés a largo plazo por mi obra han sido nutritivos e inspiradores. Querría agradecer aquí a Jonathan Arac, Seyla Benhabib, Hubert L. Dreyfus, Jürgen Habermas, David Hoy, Alison Jaggar, Martin Jay, Richard Rorty, Terry Winant e Iris Young.

A otros amigos y colegas les debo un agradecimiento por el tipo de apoyo que desafía la distinción entre lo intelectual y lo personal. Debo destacar aquí a Barbara Brenzel, Alrene Kaplan Daniels, Jean E. Friedman, Maria Herrera, Paul Mattick, Susan Reverby, Robert Roth, Antonia Soulez, Sue Weinberg y Karl Werckmeister. Debo agregar un agradecimiento especial a mi querida amiga Barbara Rosenblum, a quien tanto extraño, por el privilegio de haberla conocido.

A continuación, quiero expresar mi gratitud a Terry Cochran de la Editorial de la Universidad de Minnesota. Él tuvo la visión necesaria para ver que había un libro donde yo apenas podía imaginármelo. También agradezco la excelente edición y corrección de Mary Caraway. Valoro mucho el apoyo y la paciencia de John Thompson de la Editorial Polity.

Por último, quiero agradecerles a mis padres, Ed y Freida Shapiro, a quienes dedico este libro. A lo largo de los años siempre le hicieron lugar en su casa y en sus corazones a una hija a veces caprichosa y con frecuencia difícil. Es a ellos a quienes les debo la pasión política y la seriedad intelectual que pude infundir en este libro.

Introducción

Apología de los radicales académicos[1]

Hoy en día está de moda criticar los esfuerzos de combinar el activismo y los estudios académicos. Los neoconservardores nos dicen que ejercer la crítica mientras se tiene empleo en una institución educativa es una traición de las normas profesionales. Por el contrario, algunos intelectuales independientes de izquierda insisten en que incorporarse a una cátedra es traicionar el imperativo de la crítica. Por último, muchos activistas ajenos al ámbito académico dudan del compromiso y la confiabilidad de los académicos que alegan ser sus aliados y compañeros de lucha.

Nadie que haya intentado ser un académico con actitud crítica sobre la política en los Estados Unidos puede sin más hacer caso omiso a dichas quejas sin rencor. A pesar de las distorsiones de mala fe, cada una de esas acusaciones apunta a una faceta del nudo de genuinas tensiones y contradicciones endémicas a nuestra situación. Los radicales del ámbito académico *sí* nos encontramos sometidos a presiones y contrapresiones enfrentadas. *Sí* internalizamos varios conjuntos distintos e incompatibles entre sí de expectativas. Y *sí* sufrimos conflictos de identidad cuando tratamos de adoptar al mismo tiempo varias perspectivas diferentes. No obstante, no deberíamos apresurarnos a incorporarnos al coro de crítica de los profesores de izquierda. A pesar de las contradicciones reales de nuestras vidas, ser académico radical no es un oxímoron.

Los ensayos aquí recopilados *no* se redactaron con la intención específica de demostrar esa tesis. Fueron más bien intervenciones ocasionales en diferentes debates de teoría política y social de la década de 1980. No obstante, me parece ahora que esta colección puede resultar convincente

[1] Agradezco a Seyla Benhabib, Barbara Brenzel, Paul Mattick, Tom McCarthy, Susan Reverby, Robert Roth y Judy Wittner sus útiles comentarios y sugerencias. Quiero agradecer el generoso apoyo de la beca de investigación del Instituto Mary Ingraham Bunting, del Radcliffe College.

como aporte a las continuas discusiones sobre la función social y el papel político de los intelectuales. También es el registro de la lucha de una feminista socialista y antigua activista de la Nueva Izquierda por *ser* una intelectual crítica con compromiso político dentro del ámbito académico.

En un ensayo cito la definición de crítica de Marx como "la aclaración para uno mismo de las luchas y los deseos de la época". Esa definición puede considerarse un epígrafe de todo el volumen. Entrelaza tres ideas sobre la relación entre la teoría crítica y la praxis política: primero, otorga a las luchas coyunturales, específicas del momento histórico, el carácter de reguladoras de la agenda de la teoría crítica; en segundo lugar, postula que los movimientos sociales son los sujetos de la crítica; y, en tercero, implica que es en el origen de la praxis política que las teorías críticas se someten a la prueba suprema de viabilidad.

El fundamento existencial y político de este volumen es algo sí como ese nexo de ideas. Al mismo tiempo, la historia política e intelectual de una generación le brinda una fisonomía particular. Las luchas y los deseos de *nuestra* época han encontrado expresión en movimientos en defensa de la justicia social que van desde los derechos civiles, los derechos a la asistencia social y el antiimperialismo hasta el ambientalismo, el feminismo y la liberación de homosexuales y lesbianas. Además, conforme los impulsos radicales que sustentan dichos movimientos han ido al mismo tiempo diseminándose y atenuándose, muchos veteranos y defensores de dichas luchas se han abierto camino al ámbito académico. Dichos académicos están intentando recuperar y ampliar la herencia intelectual del radicalismo estadounidense, coartado y suprimido con brutalidad por el macartismo. Como resultado, incluso a pesar de la decadencia de la actividad masiva y el surgimiento de un *Zeitgeist* desfavorable más amplio, estamos siendo testigos de la emergencia de una contracultura académica de izquierda vital. Una de las consecuencias es una verdadera explosión de nuevos paradigmas teóricos para la crítica política y cultural, paradigmas que van desde variantes del marxismo occidental, el nuevo historicismo foucaultiano y la teoría de la democracia participativa hasta la deconstrucción, el postmodernismo y las muchas variantes de teoría feminista.

Los ensayos de este libro se desarrollaron a partir de esta historia generacional específica. Por ende, tienen una naturaleza bifocal que responde al mismo tiempo a condiciones políticas y a sucesos intelectuales. Cualquiera sea el tema en discusión, siempre mantuve un ojo puesto en los debates teóricos y el otro en las prácticas políticas reales o posibles. En otras palabras, intenté mantener en vista al mismo tiempo los diferentes puntos de vista del teórico y del agente político, para no reducir el uno al otro. Por ejemplo, como partidaria del movimiento feminista y participante de él, insistí en hacer responsables a los nuevos paradigmas teóricos por las exigencias de la praxis política; al mismo tiempo, como teórica social crítica, intenté evaluar la viabilidad de formas alternativas de praxis a la luz de los resultados de la reflexión teórica.

Ese doble objetivo se refleja en el carácter y el estilo de mi redacción. Dichos ensayos son abstractos y teóricos y sin embargo manifiestan un acento de urgencia que denota compromiso. Por un lado, escribo como teórica social educada como filósofa e influida por los cambios recientes de la teoría literaria, la teoría feminista y los estudios culturales. Por el otro, escribo como socialista democrática y feminista. En general, intenté la proeza difícil pero no imposible de escribir con un pie en la profesión académica y el otro en el movimiento social. Por ende, incluso los ensayos con más imperterrito tono teórico son respuestas a problemas generados en la praxis política y sólo posibles de resolver mediante ella; e incluso los ensayos con un ostensible carácter más impersonal se desarrollaron a partir de dilemas existenciales y conflictos personales y políticos.

Los primeros tres capítulos –los ensayos sobre Foucault– son un ejemplo de ello. Lo que me atrajo de Foucault fue su enfoque en el "poder/conocimiento". Se trataba de un tema fascinante para una doctora recién certificada, con pasado político y que estaba intentando establecerse como "filósofa profesional". De hecho, leo en Foucault una reflexión teórica de mi propia conciencia dividida: por un lado, observo un nuevo tipo de crítica institucional del negocio académico tradicional; por el otro, distingo una voz y una postura que ejemplificó una praxis intelectual alternativa. Esa era una combinación irresistible para alguien que alguna vez protestara contra la investigación bélica de los "nuevos mandarines" e intentara atraer a los trabajadores a grupos de estudio sobre la economía política marxista pero ahora tenía que calificar estudiantes y publicar o desaparecer.

Lo que encontré más fascinante fueron las grandes obras del período medio de Foucault. Allí había un enfoque de "la política de la verdad" que al mismo tiempo contribuía con los paradigmas teóricos y políticos más familiares y los ampliaba. *Vigilar y castigar*, por ejemplo, postulaba nuevas maneras de entender lo que la tradición marxista proponía como "la formación de la clase administrativa-profesional", "la creciente división social del trabajo manual y el intelectual" y "la propagación del taylorismo". Cuando busca los orígenes de esos procesos más allá de los límites de la economía oficial[2], Foucault también reformula lo que los teóricos weberianos y críticos habían entendido como "racionalización social" y "burocratización".

Muchos de los grandes temas de Foucault resurgen a lo largo de los ensayos del presente volumen. Regreso una y otra vez al problema de la política del conocimiento, en especial a la relación de los intelectuales y de la pericia con los movimientos sociales y con el Estado. De hecho, es un enfoque en el problema de la pericia en relación con la institucionalización de los "servicios sociales" lo que vincula las monografías sobre Foucault de la Parte 1 de este libro con los de "la interpretación de la política de la necesidad" de la Parte 3.

No obstante, incluso a pesar de haber retomado el enfoque temático de Foucault, me he sentido desconcertada por la postura que él mismo toma. Mi lado activista se ha preguntado en repetidas ocasiones cuáles eran las fuentes de su compromiso. ¿Cuál era su intención práctica, su compromiso político? Por un lado, su explicación del carácter "capilar" del poder moderno parece multiplicar sitios posibles de lucha política y valorizar la proliferación de nuevos movimientos sociales; por ende da apoyo teórico a las críticas de la Nueva Izquierda respecto del economicismo y a un sentido ampliado de lo que se considera "político". Por otro lado, es más difícil saber qué conclusión sacar de su extrema reticencia a los asuntos normativos y programáticos, de su renuncia a considerar cómo podrían coordinarse todas esas luchas diferentes y los tipos de cambio que podrían concretar y de su muy discutida "frialdad" arqueológica.

Desconcertada por esas lagunas y otras relacionadas de la obra de Foucault, en los tres ensayos que constituyen la Parte 1 traté de entender la orientación política normativa de sus escritos. Busqué normas de crítica, el esbozo de una alternativa, de una retórica de resistencia que pudiera promover las luchas y los deseos de los movimientos sociales contemporáneos. En pocas palabras, traté de entender y de evaluar el análisis que Foucault hace del "poder/conocimiento disciplinario" desde el punto de vista de las exigencias de la praxis política.

---

[2] Véase mi uso de la expresión "la economía oficial" en el capítulo 6, nota 13.

Los ensayos que constituyen la Parte 2 del presente volumen se encuentran sustentados por un conjunto de preocupaciones relacionadas. Allí el enfoque pasa de lo "intelectual específico" a lo "intelectual universal", de la científica social a la filósofa y la crítica multipropósito de la cultura. Por ende, el problema del "poder/conocimiento" pasa a ser la construcción y deconstrucción de tradiciones de élite; y la política del conocimiento cobra la forma de luchas por donde trazar la línea entre "lo filosófico" y " lo político", la "política" y la "cultura", "lo público" y "lo privado".

En el capítulo 4, "Los derrideanos franceses", miro con ojo teórico-político el fenómeno de la deconstrucción. El contexto de dicho ensayo fue el florecimiento en los Estados Unidos de este nuevo movimiento literario, lleno de una asombrosa energía, de la crítica literaria. Dada mi historia política, me sentí fascinada por la figura del intelectual como deconstructor, un virtuoso académico cuya retórica era izquierdista pero cuya práctica lindaba con el formalismo esotérico. Y, una vez más, me desconcertaban las fuentes de la vitalidad crítica contemporánea. ¿Por qué los deconstruccionistas consideraban actos *políticos* las críticas de la metafísica de la presencia? ¿Por qué pensaban que deshacer las oposiciones binarias de los textos literarios de cultura elevada equivalía a contribuir con la transformación social? ¿Cómo equiparaban su insistencia en la unidad del "fin de Occidente" con su oposición a desigualdades y opresiones específicas del momento histórico?

Durante mi licencia en París, busqué respuestas en los escritos más explícita y conscientemente políticos de un grupo de filósofos deconstruccionistas franceses. Me sorprendió enterarme de que para ellos el intelectual crítico tenía una asombrosa similitud con el filósofo trascendental. Por un lado, privilegiaban al arqueólogo de las condiciones por la posibilidad de "lo político" por sobre el participante de luchas políticas. Por el otro, esperaban que el resultado directo de su filosofía fuera una ética de compromiso político, sin tener que "desviarse" para ello por la sociología empírica o la teoría política normativa. En general, querían "lo político" sin "política" y se evitaban el esfuerzo de tratar de conectar las reflexiones teóricas con las luchas y los deseos de la época.

"Los derrideanos franceses" expone algunos de los dilemas inherentes de esa *Weltanschauung* deconstruccionista "pura". No obstante, eso no obra en contra de los usos más limitados y selectivos de la deconstrucción como técnica de la *Ideologiekritik* para fines políticos tales como el feminismo. Sin embargo, me parece que el ensayo adquirió algunas nuevas resonancias oportunas tras las revelaciones sobre los pasados políticos de Martin Heidegger y Paul de Man. El problema de "lo político" y "lo filosófico" es central para las controversias en torno de estos escritores; y en *sus* escritos de la posguerra también una encuentra una actitud de desdén por el carácter "meramente óntico" de la política, la historia y la sociedad. Pero por supuesto la diferencia es que en Heidegger y en De Man dicha actitud tiene raíces subterráneas en historias no dominadas de participación fascista.

Una respuesta a las atormentadas relaciones de algunos intelectuales europeos con la política es celebrar la ética realista y reformista del pragmatismo estadounidense. Ese es el rumbo que tomó Richard Rorty, el foco de atención del capítulo 5, "¿Solidaridad o singularidad?". Rorty figura allí como una importante influencia en mi desarrollo intelectual, dado que fue su brillante crítica inmanente de la tradición analítica, en *La filosofía y el espejo de la naturaleza*, lo que generó un espacio en la filosofía estadounidense donde los neoizquierdistas podían "entrar en el continente".

Como puede dejar en claro mi ensayo, mi respuesta a la obra posterior de Rorty sufre de una profunda escisión. Por un lado, mi propio antiesencialismo integral e historicista encuentra un eco congénito en su pragmatismo. Apenas podría pedirse una desconfianza expresada con mayor elegancia de las pretensiones universalistas de la filosofía tradicional o una insistencia más minuciosa en la prioridad de la praxis, en el carácter contingente, condicionado por la situación histórica, de la subjetividades y las racionalidades y en la importancia decisiva de la elección del vocabulario para contextualizar problemas políticos. Sin lugar a dudas, parece un enfoque fácil de entender, abierto a voces y aspiraciones en potencia transformadoras de grupos sociales subordinados. Por el otro, me impresionan bastante menos sus opiniones políticas: las sentencias breves, instintivas, antimarxistas, las engreídas referencias celebratorias a las glorias de "las ricas democracias burguesas del Atlántico Norte" y las afirmaciones cómodas de que la crítica metafilosófica radical no amenaza la política tradicional. Siento una profunda antipatía por la voz que profesa lealtad al "liberalismo burgués postmoderno" y no me convence cuando se disfraza de "democracia social".

En virtud de tal respuesta escindida, no pude evitar preguntarme: ¿cuál es la relación entre la filosofía de Rorty y su política? ¿Cómo perspectivas metafilosóficas tan críticas cohabitan con tanta comodidad con actitudes políticas tan complacientes? ¿Hay alguna conexión profunda entre el pragmatismo y el "liberalismo burgués"? ¿O su conjunción en Rorty es sólo fortuita? ¿Puede una feminista socialista democrática aceptar la metafilosofía de Rorty y al mismo tiempo rechazar su política? ¿O, cuando acepte una, se verá conducida de manera inevitable a la otra?

En "¿Solidaridad o singularidad?" intento arreglar cuentas con Richard Rorty. Examino con minuciosidad su división dicotómica de los intelectuales "públicos" y los "privados". Me opongo a una división de la labor cultural que tenga en cuenta la praxis ateórica de trabajadores e ingenieros sociales, por un lado, y la teoría apolítica de los ironistas y los estetas radicales, por el otro, pero que no tenga lugar para la teoría política radical de los intelectuales críticos con vínculos con movimientos de oposición. Mi objetivo en dicho ensayo es rescatar la posibilidad de otro pragmatismo, un pragmatismo feminista, socialista, democrático, donde se interprete de otra manera la relación entre la teoría y la praxis.

Varios temas recurrentes atraviesan los ensayos sobre los cuales acabo de hablar. Uno es la insistencia en que no se puede deducir una política directamente de la epistemología, incluso cuando la epistemología sea una antiepistemología radical como el historicismo, el pragmatismo o la deconstrucción. Por el contrario, sostengo en repetidas ocasiones que la política requiere un género de teorización crítica que fusione el argumento normativo y el análisis sociocultural empírico en un "diagnóstico de la época". Con ello, afirmo una perspectiva de izquierda bastante clásica que se encuentra en Marx y en la teoría crítica de la escuela de Fráncfort. Al mismo tiempo, me opongo a una tendencia de algunos sectores de la Izquierda académica de participar de lo que sólo pueden parecer formas esotéricas del discurso, en tanto no se elaboren, y de hecho medien, conexiones con la praxis mediante el análisis sociopolítico.

No obstante, eso no implica defender una definición tradicional, reducida, de "lo político". Un segundo tema recurrente, muy relacionado, de dichos ensayos es precisamente la ampliación de esa designación para abarcar temas que la tradición consideraba "culturales", "privados", "económicos", "domésticos" y "personales". Resulta interesante que dicha cuestión sobre los límites de lo político es precisamente una cuestión *política*. Además, proporciona un excelente ejemplo del proceso en virtud del cual las exigencias prácticas hacen surgir problemas teóricos. Fue la Nueva Izquierda, los movimientos de liberación de homosexuales y lesbianas que peleaban por legitimar luchas hasta entonces marginalizadas sobre temas como la sexualidad, la medicina, la educación y el trabajo doméstico quienes pusieron en la agenda teórico-crítica dicho problema. Con respecto a esto, dichos movimientos han seguido una tradición de movimientos de la clase trabajadora y socialistas que lucharon por convertir en "políticos" los problemas "económicos".

Mi propio enfoque en este volumen es defender la concepción más amplia de la política. Por el otro lado, también quise especificar de manera más directa que muchos académicos de izquierda las maneras en las cuales la crítica cultural es política. He elaborado una perspectiva cuasigramsciana donde las luchas por los sentidos culturales y las identidades sociales son luchas por la hegemonía cultural, es decir, por el poder para construir definiciones serias de las situaciones sociales y legitimar interpretaciones de las necesidades sociales. *Según* algunos críticos de izquierda de la Izquierda académica, tales luchas pueden darse, y de hecho se dan, en universidades tanto como en esferas públicas ajenas al ámbito académico. En ambos casos, su mordacidad política proviene de sus vínculos, más allá de lo mediados que estén, con los movimientos de oposición cuyas necesidades e identidades –de hecho, cuyas luchas y deseos– están en juego.

Esta cuestión de los vínculos entre los académicos de izquierda y los movimientos sociales es otro tema importante de este volumen. Emerge en un sentido más concreto y explícito en los ensayos de la Parte 3. Allí pongo en el centro mi propia participación como feminista y escribo desde las luchas y los deseos que en la actualidad giran en torno del género. En mi caso, dichas luchas y deseos tienen raíces en dolorosas experiencias de sexismo en la Nueva Izquierda, en el ámbito académico y de hecho en todas las esferas de la vida cultural y social. Pero también las sustentan las experiencias que contrarrestan dicha situación y empoderan: experiencias de generación de consciencia, de hermandad y de participación en la creación de teoría feminista. Dado que los aviva un interés personal, los ensayos de dicha sección tienen una intensidad especial. Representan la unión de las necesidades individuales de la académica radical con las necesidades históricas de un movimiento político. Por ende, son ejercicios de teorización *situada*. Además de ser *intervenciones*. Funcionan para disipar el mito de que todos los intelectuales críticos ocupan un lugar similar con respecto a los agentes del poder social, por un lado, y a los movimiento que se les oponen, por el otro.

El capítulo 6, "¿Qué es crítico de la teoría crítica?", es un ejemplo de ello. Allí examino con ojo feminista la teoría social de Jürgen Habermas. Dicha teoría atrajo mi atención por dos razones. En primer lugar, Habermas es heredero de la tradición de la teoría crítica de la Escuela de Fráncfort; por ende, su obra llamaba la atención a primera vista a una antigua integrante de la Nueva Izquierda que alguna vez sintiera la influencia directa del pensamiento de Herbert Marcuse. En segundo lugar, la teoría social de Habermas es el intento reciente más ambicioso de hacer por las sociedades capitalistas de fines del siglo XX lo que el *Capital* de Marx trató de hacer por las de fines del siglo XIX. Apunta a identificar la dinámica estructural, las tendencias de crisis y las formas de conflicto características de dichas sociedades. Además, la teoría se elabora con la "intención práctica" de promover la transformación social emancipadora. Busca aclarar la situación y las perspectivas de los movimientos sociales cuya praxis podría contribuir a tal transformación. Así, los intelectuales críticos con vínculos con los movimientos sociales no tienen más opción que adoptarla.

Mi ensayo evalúa cuán adecuada es, desde el punto de vista empírico y desde el político, la teoría de Habermas desde la perspectiva de la teoría y la praxis feministas. Así, tomé como punto de partida temas *políticos* –en lugar de temas metateóricos sobre, por ejemplo, la "totalidad" o el "fundacionalismo"[3]–. Por ende, he elegido no asumir una posición de

[2] En general, no estoy convencida de que las sospechas postestructuralistas de "totalidad", sin lugar a dudas bien fundamentadas en lo que respecta a las "metanarrativas" filosóficas ahistóricas, obren en contra de los intentos de desarrollar "grandes" teorías empíricas sobre formaciones sociales específicas de un momento histórico. Por el contrario, asumo que es a la vez posible desde el punto de vista epistemológico y útil desde el punto de vista político una perspectiva diagnóstica grande. De igual manera, no creo que la teoría social sustantiva de primer orden de Habermas se vea socavada por los intentos, innecesarios y fracasados, de fundarla sobre metateorías "cuasitrascendentales" de "evolución social" y "pragmática universal". Por el contrario, supongo que es posible distinguir los dos niveles de análisis y evaluarlos por separado. En resumen, creo que si la teoría social de Habermas resulta ser indefendible, no será por ser grande ni por estar cargada de metainterpretación fundacionalista indefendible, sino más bien por ser inadecuada desde el punto de vista empírico o el político. Véase una exposición de la relación entre "metanarrativa" y "gran narrativa empírica" en Nancy Fraser

supuesta neutralidad arquimídea sino más bien hablar de una situación específica desde el punto de vista sociológico, de explícita pertenencia a temas de género y con relación con la praxis. Al hacerlo, tomo en serio el profeso "intento práctico" de Habermas de aclarar "el potencial emancipador" de las luchas contemporáneas. De igual manera, tomo en serio su profeso apoyo a la causa de la liberación de las mujeres. Mi estrategia general es tomarle la palabra de medir el éxito de su teoría en términos de su capacidad para contribuir con "la aclaración para uno mismo de las luchas y los deseos" de las mujeres contemporáneas.

Por desgracia, los resultados lejos están de ser satisfactorios. Resulta ser que la obra de Habermas, al igual que la de muchos hombres de izquierda, permanece en una relativa medida indiferente al reciente flujo de creatividad de teoría feminista. Como resultado, su teoría social reproduce prejuicios androncéntricos al nivel de su marco categórico básico. En lugar de cuestionarlas, presupone maneras dualistas e ideológicas de contraponer "familia" con "economía", "esfera privada" con "esfera pública", "reproducción simbólica" con "reproducción material" y "sistema" con *Lebenswelt*. Dichas dicotomías dificultan ver, y mucho más analizar, algunas dimensiones importantes del dominio masculino en las sociedades capitalistas recientes. Por ejemplo, ocultan formas de opresión doméstica de género que no son sólo "normativas" sino también "sistémicas" y "económicas". De igual manera, las dicotomías ocultan formas de desigualdad de género de la economía oficial y el Estado que no son sólo "sistémicas" sino también "simbólicas" y "normativas". Un resultado es que la teoría de Habermas interpreta mal algunos rasgos empíricos de las sociedades capitalistas recientes. Otro es que, desde un punto de vista político, no logra hacerles justicia a las luchas y los deseos de las mujeres contemporáneas.

No obstante, incluso a pesar de dichos problemas, su teoría social sigue manteniendo una importancia capital. Dado el alcance de sus ambiciones y su seriedad política general, contiene muchísimas enseñanzas positivas y negativas para las teóricas críticas feministas socialistas. Una de dichas enseñanzas es que la aparente indiferencia al género con frecuencia oculta prejuicios masculinistas implícitos. Otra es que la ideología adora las dicotomías. De ello se sigue que las teóricas críticas deben problematizar

---

y Linda Nicholson, "Social Criticism without Philosophy: An Encounter between Feminism and Postmodernism", *Theory, Culture and Society* 5, n.º 2-3 (junio de 1988): 373-394.

las oposiciones binarias asociadas con el género para que sus teorías no sucumban a la enfermedad que buscan diagnosticar.

Los últimos dos ensayos de este volumen representan mis intentos de aplicar esos y otros aprendizajes a la formulación de teoría crítica feminista socialista. Allí, traté de respaldar mis palabras con hechos, es decir, de aplicar a la teorización social constructiva los frutos de mi trabajo crítico sobre Foucault, la deconstrucción, Rorty y Habermas. En general, busqué desarrollar un enfoque que integrara las dimensiones útiles de cada uno de esos paradigmas críticos y al mismo tiempo evitar sus debilidades respectivas.

La intención del enfoque elaborado en los últimos ensayos es ser una alternativa a la "teoría de los sistemas duales", que fue un tipo de teoría feminista socialista, popular a fines de la década de 1970 y principios de la de 1980, que postulaba la existencia de dos "sistemas" de opresión –a saber, el capitalismo y el patriarcado– y después intentaba entender cómo estaban relacionados. La teoría de los sistemas duales fue uno de los primeros intentos feministas de evitar modelos de "variable única" mediante la teorización de la intersección del género con la clase (y, en algunos casos, con la raza), pero a pesar de ese loable objetivo, enseguida alcanzó un *impasse*: tras haber comenzado por suponer la distinción fundamental del capitalismo y el patriarcado, la clase y el género, nunca dejó en claro cómo unirlos de nuevo.

En respuesta a dicho *impasse*, algunas feministas socialistas propusieron remplazar la teoría de los sistemas duales por la "teoría del sistema único", una teoría en la cual la clase y el género, el capitalismo y el patriarcado mantendrían una integración interna desde el comienzo mismo mediante un análisis expresado en un único conjunto de categorías[4]. Si bien representa una mejora con respecto a la teoría de los sistemas duales, no es el camino que tomé. Al igual que Foucault y Habermas, quise evitar los modelos objetivistas, funcionalistas que buscan mostrar cómo "los sistemas se reproducen". Dichos modelos eliminan las acciones "disfuncionales" que resisten, cuestionan y perturban las costumbres sociales dominantes. Además, no toman en cuenta cómo los agentes sociales se

---

[3] Véase el debate sobre la teoría de los sistemas duales en los ensayos de *Women and Revolution: A Discussion of the Unhappy Marriage of Marxism and Feminism*, ed. Lydia Sargent (Boston, 1981). Véase la propuesta de una teoría de sistema único basada en el concepto de la división de trabajo por género en el ensayo de Iris Young en dicho volumen, "Beyond the Unhappy Marriage. A Critique of the Dual Systems Theory".

interpretan a sí mismos. En un sentido más general, los enfoques funcionalistas menosprecian todo el lado activo de los procesos sociales, las maneras en las cuales incluso la praxis hecha más rutinaria de los agentes sociales involucra el hacer y deshacer la realidad social. Por desgracia, la "teoría del sistema único" sigue manteniendo un carácter funcionalista implícito y por todas esas razones decidí evitarla. Por el contrario, intenté desarrollar un enfoque capaz de representar la agencia humana, el conflicto social y la construcción y deconstrucción de sentidos culturales.

El capítulo 7, "Mujeres, bienestar y la política de la interpretación de la necesidad", representa un esfuerzo en dicha dirección. Sigue a Habermas en cuanto a asumir la tarea metodológica de relacionar los enfoques estructural e interpretativo con el estudio de la vida social, pero la combina con la tarea feminista *política* de descubrir la existencia y el carácter de algunas formas capitalistas, específicas de los últimos tiempos, de dominación masculina. Dichas formas de dominación masculina, a veces llamadas (con el nombre un tanto engañoso de) "patriarcado público", surgen tras la mayor regulación estatal de la economía. Es característico que se las encuentre, entre otros lugares, en los programas de ayuda social.

El ensayo analiza la continuación y exacerbación del sexismo "por otros medios" en el sistema de ayuda social estadounidense. Muestra que dicho sistema se divide en la actualidad en dos sistemas vinculados con el género: un subsistema de seguro social de implícito carácter "masculino" vinculado con la participación "primaria" en la fuerza laboral y dirigido a los "sostenes de familia" (hombres blancos); y un subsistema de ayuda de implícito carácter "femenino" vinculado con el ingreso doméstico y destinado a las amas de casa y sus familias "defectuosas" (es decir, donde la jefe de familia es una mujer). Basados como están en la suposición (contrafáctica) de "esferas separadas", los dos subsistemas tienen marcadas diferencias en lo referente al grado de autonomía, derechos y presunción de abandono que atribuyen a los beneficiarios así como en su base de financiamiento, modo de administración y carácter y nivel de subsidios. En otras palabras, están separados y son desiguales.

La exposición de dicho capítulo es al mismo tiempo estructural e interpretativa. Trata lo que suelen considerarse fenómenos "económicos" como "patrones institucionalizados de interpretación". La cuestión es que los programas de ayuda social brindan más que ayuda material: también proporcionan a los clientes, y al público en general, un mapa interpretativo tácito pero poderoso de funciones y necesidades de género normativas valoradas de manera diferente. Así, mi análisis muestra cómo la praxis de la ayuda social codifica interpretaciones sexistas y androcéntricas de las necesidades de las mujeres, interpretaciones erigidas sobre la base de dicotomías ideológicas, vinculadas con el género, como "doméstico" versus "económico", "hogar" versus "trabajo", "madre" versus "sostén de familia", trabajo "primario" versus trabajo "secundario".

Parte 1
Poderes, normas y vocabularios de contestación

Capítulo 1

Foucault sobre el poder moderno: ideas empíricas y confusiones normativas

Hasta su prematura muerte en 1984, Michel Foucault había estado teorizando acerca de una nueva forma de reflexión con compromiso político sobre la emergencia y la naturaleza de las sociedades modernas y poniéndola en práctica. Dicha reflexión, a la cual Foucault llamó "genealogía", ha producido algunos resultados muy valiosos. Ha abierto nuevas áreas de investigación y ha problematizado nuevas dimensiones de la modernidad; como resultado, ha hecho posible abordar problemas políticos de maneras nuevas y fructíferas. Pero la obra de Foucault también está plagada de dificultades. Formula una cierta cantidad de preguntas filosóficas importantes que, en sí, no está preparada para responder. Este trabajo apunta a estudiar las principales virtudes y falencias de la obra de Foucault y a evaluarla de forma equilibrada.

En líneas generales, mi tesis es que el logro más valioso de Foucault consiste en haber hecho una rica explicación empírica de las primeras etapas de la emergencia de algunas modalidades de poder de claro carácter moderno. Dicha explicación produce ideas importantes sobre la naturaleza del poder moderno y esas ideas, a su vez, tienen importancia política: son suficientes para descartar algunas orientaciones políticas, más bien generalizadas, por considerárselas inadecuadas para las complejidades del poder de las sociedades modernas.

Este trabajo se redactó en 1980-1981, antes de la muerte de Foucault. Lo escribí en pasado y futuro debido al supuesto de que mi diálogo con él sería continuo y que sus ideas sobre los temas expuestos seguirían desarrollándose. Ahora que esos supuestos ya no son válidos, he tenido que reconsiderar la cuestión de los tiempos verbales. Hice lo siguiente: en los casos en los que el presente o el futuro parecían desentonar, pasé el texto al tiempo pasado; en los casos en los que el presente me parecía sugerir, de manera por completo inequívoca, la continua relevancia de la obra de Foucault, dejé el texto sin modificación alguna.

Por ejemplo, la explicación de Foucault establece que el poder moderno es "productivo" en lugar de ser prohibitivo. Eso basta para descartar los tipos de política liberacionista que presupone que el poder es en esencia represivo. De manera similar, su explicación demuestra que el poder moderno es "capilar", que opera en las extremidades más bajas del cuerpo social, en las prácticas sociales diarias. Eso basta para descartar las praxis políticas economicistas y centradas en el Estado, dado que dichas praxis suponen que el poder reside sólo en el Estado o en la economía. Por último, la genealogía del poder moderno de Foucault establece que la manera más fundamental en la cual el poder toca la vida de las personas es más mediante sus prácticas sociales que mediante sus convicciones. Eso, a su vez, basta para descartar orientaciones políticas que apuntan sobre todo a la desmitificación de sistemas de creencias distorsionados por la ideología.

Eso no pretende sugerir que la única importancia de la explicación de la naturaleza y emergencia de las formas modernas de poder que da Foucault sea el aspecto negativo de descartar orientaciones políticas inadecuadas. En un sentido más positivo, es que Foucault nos permite entender el poder en un sentido muy amplio, y sin embargo muy preciso, como algo aferrado a la multiplicidad de lo que llama "microprácticas", las prácticas sociales que constituyen la vida diaria en las sociedades modernas. Esa concepción positiva del poder tiene la implicación general aunque inconfundible de un llamado a una "política de la vida diaria".

Esos son, en general, los que considero los principales logros y aportes de Foucault a la comprensión de las sociedades modernas. Los hizo posibles, parece, el uso de su singular método genealógico de descripción social e histórica. Dicho método implica, entre otras cosas, la suspensión del marco normativo liberal moderno común, que distingue entre el ejercicio legítimo y el ilegítimo del poder. Foucault pone esas nociones entre paréntesis, junto con las preguntas a las cuales dan lugar, y se concentra por el contrario en las formas reales en las cuales opera el poder.

Como he dicho, su suspensión de la problemática de la legitimidad ha sido sin lugar a dudas fructífera. Es lo que le permite observar el fenómeno del poder de maneras nuevas e interesantes y, por ende, sacar a la luz nuevas dimensiones importantes de las sociedades modernas. Pero, al mismo tiempo, ha hecho surgir, o es probable que haga surgir, algunas graves dificultades. Por ejemplo, Foucault nos ha dado, o puede suponerse que nos dé, una explicación del poder moderno con valores éticos neutros. O, si no, dado que eso no se corresponde con el carácter de obvio compromiso político de sus escritos, ha aplicado otro marco normativo como alternativa al suspendido; o, dado que a simple vista no parece haber alguno, ha encontrado una forma de hacer crítica con compromiso político sin recurrir a marco normativo alguno; o, en un sentido más general, se ha deshecho por completo de la necesidad de marco normativo alguno que guíe la práctica política.

A las claras, una cierta cantidad de esas suposiciones son incompatibles entre sí. No obstante, la obra de Foucault parece dar cabida a todas a la vez. Tiende a suponer que su explicación del poder moderno tiene a la vez compromiso político y neutralidad normativa. Al mismo tiempo, no queda claro si suspendió todas las nociones normativas o sólo las normas liberales de legitimidad e ilegitimidad. Para empeorar las cosas, a veces parece no haber suspendido después de todo las normas liberales sino, por el contrario, estar presuponiéndolas.

Esas son, por lo tanto, las que considero las dificultades más serias de la obra de Foucault. Parecen establecer una relación más vale curiosa con las virtudes mencionadas; parece que las estrategias metodológicas mismas que hacen posible la descripción del poder con valor empírico y político tuvieran una íntima vinculación con ambigüedades normativas.

En lo que sigue, me propongo explorar esos problemas de manera sistemática. En primer lugar, resumiré el método genealógico de Foucault, incluida su suspensión del marco normativo liberal de la legitimidad. A continuación, daré una explicación de sus ideas históricas sobre la naturaleza y el origen del poder moderno, las cuales ha hecho posibles el método genealógico. Después de ello, expondré con brevedad las valiosas implicaciones políticas de la perspectiva emergente del poder moderno. Y, por último, en la cuarta y última sección del trabajo, expondré las dificultades concernientes a las dimensiones normativas de la obra de Foucault.

1. El método genealógico y la colocación de la problemática de la legitimidad entre paréntesis

Al igual que Nietzsche, Foucault llama a su forma de reflexión sobre la naturaleza y el desarrollo del poder moderno "genealogía"[1]. La mejor manera de abordar el sentido de dicho término es en principio mediante una descripción negativa, en contraposición a muchos otros enfoques del estudio de los fenómenos culturales e históricos. La genealogía representa un quiebre, por ejemplo, con la semiología y el estructuralismo, que analizan la cultura en términos de sistemas de signos[2]. Por el contrario, busca concebir la cultura como prácticas. Además, la genealogía no debe confundirse con la hermenéutica, a la cual Foucault interpreta (sin lugar a dudas de manera anacrónica) como la búsqueda de sentidos profundos ocultos bajo el lenguaje, del significado bajo el significante. La genealogía considera axiomático que todo en absoluto es interpretación[3] o, dicho de una manera menos figurativa, que las prácticas culturales se instituyen a lo largo de la historia y son por ende contingentes, infundadas salvo en términos de otras prácticas anteriores también contingentes e instituidas a lo largo de la historia. Asimismo, Foucault afirma que la genealogía se opone a la crítica de la ideología. Una vez más, su interpretación de dicha empresa es un tanto cruda: se refiere a que la genealogía no se ocupa de evaluar el contenido de la ciencia o los sistemas de conocimiento –o, de hecho, de los sistemas de creencia en absoluto–. Por el contrario, se ocupa de los procesos, procedimientos y aparatos mediante los cuales se producen el conocimiento, la creencia, de lo que Foucault llama la "política del régimen discursivo"[4]. Además, afirma que debe distinguírsela de la historia de las ideas. No busca hacer una crónica del desarrollo continuo del contenido discursivo o las prácticas. Por el contrario, se orienta a las

---

[1] Foucault adoptó el término "genealogía" recién hace bastante poco tiempo, en referencia a sus escritos más recientes; véase, en especial, "Nietzsche, Genealogy, History", en *Language, Counter-Memory, Practice: Selected Essays and Interviews*, ed. Donald F. Bouchard, trad. Bouchard y Sherry Simon (Ithaca, Nueva York, 1977). Con anterioridad denominaba a dicho enfoque "arqueología"; véase en especial *La arqueología del saber*, trad. A. Garzón del Camino (Madrid, México, Bogotá y Buenos Aires: Siglo XXI, 1970). Véase una explicación del cambio en "Truth and Power" en *Power/Knowledge: Selected Interviews and Other Writings, 1972-1977*, ed. Colin Gordon, trad. Gordon y otros (Nueva York, 1980).

[2] Foucault, "Truth and Power", 114.

[3] Foucault, "Nietzsche, Freud, Marx", en *Nietzsche* (París, 1967), 183-200.

[4] Foucault, "Truth and Power", 118.

discontinuidades. Al igual que Thomas Kuhn, Foucault supone la existencia de pluralidad de regímenes discursivos inconmensurables que se suceden unos a otros a lo largo de la historia. También supone que cada uno de dichos regímenes se encuentra sustentado por su propia matriz correlacionada de prácticas. Cada una de ellas incluye sus propios objetos particulares de investigación; sus propios criterios de gramaticalidad correcta de afirmaciones admitidas como candidatas a verdad y falsedad; sus propios procedimientos de generación, acumulación y disposición de datos; sus propias sanciones y matrices instituciones[5].

Es la combinación completa de tales objetos, criterios, prácticas, procedimientos, instituciones, aparatos y operaciones a lo que Foucault busca designar con su término de "régimen de poder/conocimiento". Dicho término incluye así en un único concepto todo lo que cae dentro de los dos diferentes conceptos kuhnianos de paradigma y matriz disciplinaria. Pero, a diferencia de Kuhn, Foucault da a dicho complejo un carácter político. Tanto el uso del término "poder" como el del término "régimen" transmiten dicho matiz político.

Foucault afirma que el funcionamiento de los regímenes discursivos en esencia involucra formas de coacción social. Tales coacciones y la manera en la cual se las aplica varían, por supuesto, junto con el régimen. No obstante, suelen incluir fenómenos tales como la valorización de algunas formas de afirmación y la devaluación concomitante de otras; el licenciamiento institucional de algunas personas como autorizadas a ofrecer alegatos serios de conocimiento y la exclusión concomitante de otras; procedimientos para la extracción de información de personas y sobre ellas que involucran diferentes formas de coerción; y la proliferación de discursos orientados a objetos de investigación que son, al mismo tiempo, blancos para la aplicación de política social[6]. Más allá de su obvia heterogeneidad, todas son ejemplos de formas en las cuales la limitación social o, en términos de Foucault, el "poder" circula en la producción de discursos en las sociedades y mediante ella.

Lo que le interesa a Foucault cuando alega estudiar la genealogía de los regímenes de poder/conocimiento debería ser claro ahora: se preocupa

---

[5] *Ibid.*, 112-113, 131, 133.

[6] Foucault, "The Discourse on Language", trad. Rupert Swyer, en *The Archaeology of Knowledge*, 216-38; "Nietzsche, Genealogy, History", 51 ss.; y *Discipline and Punish: The Birth of the Prison*, trad. Alan Sheridan (Nueva York, 1979), 17-19, 101-102, 170-173, 192.

por el estudio heurístico de la formación y funcionamiento históricos de redes inconmensurables de prácticas sociales que involucran la interrelación mutua de la coacción y el discurso.

La genealogía foucaultiana es sin lugar a dudas un enfoque particular y original de la cultura. Agrupa fenómenos que suelen mantenerse separados y separa fenómenos que suelen agruparse. Para hacerlo, adhiere, o profesa adherir, a una cierta cantidad de estrategias metodológicas que pueden vincularse al horquillado[7].

Por supuesto, "horquillado" no es un término de Foucault; dada su asociación con la tradición fenomenológica a la cual él es tan hostil, sin lugar a dudas lo rechazaría. No obstante, el término sugiere el tipo de suspensión estudiada de categorías y problemáticas estándar que practica. Ya debería quedar en evidencia, por ejemplo, que su enfoque del estudio de los regímenes de poder/conocimiento suspende las categorías de verdad/falsedad o verdad/ideología. Es decir, suspende la problemática de la justificación epistémica. Sin más, no aborda la cuestión de si los diferentes regímenes que estudia brindan conocimiento que en sentido alguno sea verdadero o justificado o adecuado o no distorsionado. En lugar de evaluar el contenido epistémico, describe los procedimientos, prácticas, aparatos e instituciones de producción de conocimiento[8].

Dicho horquillado de la problemática de la justificación epistémica es susceptible de una variedad de constructos. Puede considerárselo en rigor heurístico y provisional y, por ende, que deja abiertas las cuestiones de si tal justificación es posible y, de serlo, en qué consiste. Si no, se lo puede ver en un sentido menos minimalista como un compromiso sustantivo, basado en fuertes principios, con alguna versión de relativismo cultural epistemológico. La evidencia textual es contradictoria, si bien la preponderancia sin lugar a dudas es la del segundo constructo sustancial.

Sea como fuere, las ideas de Foucault sobre la justificación epistémica no son mi principal interés aquí. Es más pertinente otro tipo de horquillado, uno relacionado con la problemática de la justificación *normativa*. Foucault alega suspender tal justificación en su estudio de los regímenes

[7] Quienes me sugirieron por primera vez que el proyecto de Foucault podía entenderse en términos del concepto de horquillado fueron Hubert L. Dreyfus y Paul Rabinow. Exponen lo que más abajo llamo el horquillado de la problemática de la justificación epistémica (si bien no abordan lo que llamo el horquillado de la problemática de la justificación normativa) en *Michel Foucault: Beyond Structuralism and Hermeneutics* (Chicago, 1982).

[8] Foucault, "Truth and Power", 113 y *Discipline and Punishment*, 184-185.

de poder/conocimiento. Dice que no aborda la cuestión de si las diferentes prácticas, instituciones, procedimientos y aparatos cargados de coacción que estudia son o no legítimos: se abstiene de problematizar la validez normativa dichos regímenes[9].

Surge una cantidad de cuestiones muy importantes sobre la naturaleza y la amplitud del horquillado de la normativa que hace Foucault. ¿Cuál es el ámbito exacto que pretende abarcar? ¿Pretende suspender sólo un marco normativo particular, a saber, el marco de la teoría política liberal moderna, cuyas categorías centrales son las del derecho, el límite, la soberanía, el contrato y la opresión? Dicho marco distingue entre, por un lado, el ejercicio legítimo del poder soberano, que está dentro de los límites que definen los derechos y, por el otro, el ejercicio ilegítimo de tal poder, que transgrede dichos límites, viola derechos y es por ende opresivo[10]. Cuando Foucault excluye el uso de la legitimidad o ilegitimidad de los conceptos de la genealogía, ¿pretende excluir sólo dichas normas liberales? O, si no, ¿el horquillado que Foucault hace de la normativa es más bien más amplio? ¿Pretende suspender no sólo el marco liberal sino todo marco normativo? ¿Se refiere a que horquillará la problemática del *simpliciter* de justificación normativa? En cualquier caso, ¿cómo cuadran las intenciones proclamadas de Foucault con su praxis real de la genealogía? Más allá de lo que afirme estar haciendo, ¿su obra de hecho suspende todas las normas políticas o sólo las liberales?

Además, más allá del alcance del horquillado, ¿cuál es su carácter? ¿Su horquillado de la normativa es sólo una estrategia metodológica, una heurística temporaria cuyo objetivo es posibilitar el ver los fenómenos desde perspectivas nuevas? De ser así, dejaría abierta la posibilidad de alguna evaluación normativa posterior de los regímenes de poder/conocimiento. O, si no, ¿el horquillado de la normativa que hace Foucault representa un compromiso sustantivo, basado en fuertes principios, con el relativismo cultural ético, con la imposibilidad de la justificación normativa en diferentes regímenes de poder/conocimiento?

Estas preguntas tienen una enorme importancia para la interpretación y la evaluación de la obra de Foucault, pero la respuesta, en líneas generales, no es fácil de encontrar en sus escritos. Para comenzar a desenmarañarlas,

---

[9] Foucault, "The History of Sexuality", en *Power/Knowledge*, 184, y "Two Lectures" en *Power Knowledge*, 93, 95.

[10] Foucault, "Two Lectures", 91-92.

será necesario estudiar más en detalle el uso concreto real que hace de su método genealógico.

2. Genealogía del poder moderno

El estudio empírico que Foucault hace de las sociedades modernas se concentra en la cuestión de la naturaleza y la emergencia de formas de poder de peculiar carácter moderno. Su tesis es que la modernidad consiste, al menos en parte, en el desarrollo y el funcionamiento de un régimen de poder/conocimiento radicalmente nuevo. Dicho régimen incluye procedimientos, prácticas, objetos de investigación, lugares institucionales y, por sobre todas las cosas, formas de coacción social y política con marcadas diferencias con respecto a regímenes anteriores.

Según Foucault, el poder moderno es diferente a los poderes anteriores en cuanto a que es lógico, continuo, productivo, capilar y exhaustivo. Eso es así, en parte, como consecuencia de las circunstancias en las cuales surgió. Foucault afirma que el régimen de poder/conocimiento moderno no se impuso de arriba hacia abajo sino que tuvo su desarrollo sólo gradual de modo local, fragmentado en gran medida en lo que llama "instituciones disciplinarias" a partir de fines del siglo XVIII. Oscuros médicos, agentes penitenciarios y maestros perfeccionaron una variedad de "microtécnicas" en oscuros hospitales, prisiones y escuelas alejados de los grandes centros de poder del *ancien régime*. Recién más tarde dichas técnicas y prácticas se tomarían e integrarían a lo que Foucault llama "estrategias globales o macro de dominación"[11].

Las instituciones disciplinarias estuvieron entre las primeras en enfrentar los problemas de la organización, la gestión, la vigilancia y el control de una gran cantidad de personas. Es decir, fueron las primeras en enfrentar los problemas que terminarían por convertirse en problemas constitutivos del gobierno moderno. Por lo tanto, las tácticas y las técnicas que crearon definen, desde el punto de vista de Foucault, el poder moderno.

Foucault describe una variedad de microtácticas y prácticas disciplinarias nuevas. Aquella por la cual es más conocido es *le regard* o "la mirada", una técnica de poder/conocimiento que permitía a los administradores gestionar a sus poblaciones institucionales mediante la creación y exploración de un nuevo tipo de visibilidad. Los administradores organizaron

[11] Foucault, "The Eye of Power", en *Power/Knowledge*, 158-159 y "Prison Talk" en *Power/Knowledge*, 38.

a sus poblaciones de manera de poder verlas, conocerlas, vigilarlas y, por ende, controlarlas. La nueva visibilidad tuvo, según Foucault, dos formas: sinóptica e individualizadora.

La visibilidad sinóptica se basó en innovaciones arquitectónicas y organizativas que hicieron posible un control inteligible de la población y de las relaciones entre sus elementos. Está ejemplificada en el diseño de las prisiones conforme el Panóptico de Bentham (anillos de celdas con iluminación trasera alrededor de una torre de observación central), en la separación de pacientes de hospital según sus enfermedades y en la disposición de estudiantes en un salón de clases con una expresa distribución que refleja rango y capacidad.

La visibilidad individualizadora, por otro lado, apuntó a una observación exhaustiva y detallada de los individuos, sus hábitos y sus historias. Foucault afirma que dicha visibilidad logró constituir al individuo por primera vez como "caso", al mismo tiempo como objeto de investigación nuevo y blanco de poder nuevo[12].

Estos dos tipos de mirada, la sinóptica y la individualizadora, fueron microprácticas que vincularon nuevos procesos de producción de conocimientos nuevos con nuevos tipos de poder. Combinaban la observación científica de las poblaciones y los individuos, y por ende una nueva "ciencia del hombre", con la vigilancia. Dicho vínculo dependía del carácter asimétrico de la mirada: era unidireccional –el científico o el agente podían ver al paciente o al recluso pero no al revés–. Eso es en particular llamativo en el caso del Panóptico. Dado que la unidireccionalidad de la visibilidad impedía a los reclusos saber cuándo o si alguien de hecho estaba vigilándolos, los hacía internalizar la mirada y de hecho controlarse a sí mismos[13]. De manera menos manifiesta, las formas de observación científica de otras instituciones cosificaban a sus objetos y se inmiscuían sin descanso en todos los aspectos de su experiencia.

No obstante, Foucault no pretendía que llegáramos a la conclusión de que las ciencias cosificantes del comportamiento tienen un monopolio en el uso de la mirada como microtécnica de poder/conocimiento moderno. Demuestra un funcionamiento similar de lo que llama la "hermenéutica de la psique". Ciertas prácticas como el psicoanálisis, que constituye al individuo como sujeto hablante más que como objeto conductual,

---

[12] Foucault, "The Eye of Power", 146-165 y *Discipline and Punish*, 191-194, 201-209, 252.

[13] Foucault, *Discipline and Punish*, 202-203.

también involucra una visibilidad, o quizá deba llamársela audibilidad, asimétrica. El productor del discurso se define incapaz de descifrarlo y depende de una autoridad hermenéutica silenciosa[14]. Allí también hay un uso particular de la coerción para adquirir conocimiento y del conocimiento para coaccionar.

Para Foucault, la importancia de microprácticas tales como la mirada trascienden por lejos su lugar en la historia de las primeras instituciones disciplinarias. Como observáramos más arriba, estuvieron entre las primeras respuestas a los problemas de la gestión de la población que más tarde pasaría a definir al gobierno moderno. Terminaron por integrarse a estrategias y orientaciones políticas mundiales, pero incluso en su primera forma disciplinaria muestran una cierta cantidad de rasgos distintivos de un poder de claro carácter moderno.

Dado que hacen que el poder funcione de manera continua, las tácticas disciplinarias anticipan desarrollos posteriores en la genealogía del poder moderno. La vigilancia panóptica es, en este aspecto, muy diferente a los mecanismos premodernos de poder. Estos últimos tenían un funcionamiento discontinuo e intermitente y requerían la presencia de un agente que aplicara fuerza. El poder moderno, al principio desarrollado en microprácticas disciplinarias, por el otro lado, no requiere tal presencia; reemplaza la violencia y la fuerza de las armas por la coacción "más delicada" de la visibilidad ininterrumpida. El poder moderno, por ende, se distingue en cuanto a que mantiene un perfil bajo. No tiene necesidad de las manifestaciones espectaculares características del ejercicio de poder del *ancien régime*. Tiene un costo menor tanto económico, dado que requiere menos manos de obra, como social, dado que es menos fácil que sea objeto de resistencia. No obstante, es más eficaz. Dada su conexión con las ciencias sociales, el poder moderno es capaz, según Foucault, de un análisis exhaustivo de sus objetos y de hecho de todo el cuerpo social. No es ni ignorante ni ciego, ni funciona de modo aleatorio como lo hacían regímenes anteriores. Como resultado de su capacidad superior de percepción de los detalles, es más penetrante que otras formas anteriores de poder. Percibe a sus objetos en su nivel más profundo: en sus gestos, hábitos, cuerpos y deseos. El poder premoderno, por el otro lado, podía funcionar sólo de manera superficial y desde lejos. Además, el poder

---

[14] Foucault, *The History of Sexuality, Volume 1: An Introduction*, trad. Robert Hurley (Nueva York, 1978), 61-62.

moderno, según se desarrolló en un principio en microprácticas disciplinarias, no se sitúa en esencia en algunas personas o instituciones centrales
como el rey, el soberano, la clase gobernante, el Estado o el Ejército. Por
el contrario, está en todos lados. Como lo demostrara la descripción de
la vigilancia panóptica de sí mismo, incluso está en los objetos de control
mismos, en sus cuerpos, gestos, deseos y hábitos. En otras palabras, como
con frecuencia dice Foucault, el poder moderno es capital. No emana de
una fuente central sino que circula por todo el cuerpo social incluso hasta
sus extremidades más diminutas y en apariencia más triviales[15].

Tomadas en combinación, estas características definen el funcionamiento del poder moderno de lo que Foucault llama "amplificación de sí
mismo". Con respecto a esto, también se diferencia del poder del *ancien
régime*. Este último funcionaba, por así decirlo, con una cantidad fija de
fuerza a su disposición. Consumía dicha fuerza mediante lo que Foucault
llama "deducción" (*prélèvement*); sin más se contraponía a las fuerzas
contrarias a él y buscaba eliminarlas o minimizarlas. El poder moderno,
por otro lado, aumenta e incrementa de manera continua su propia fuerza durante su ejercicio. No lo hace mediante la negación de las fuerzas
contrarias a él sino más bien mediante la utilización de ellas, mediante
el vínculo de dichas fuerzas como puntos de transferencia dentro de sus
propios circuitos[16]. Por lo tanto, el mecanismo panóptico toma al recluso dentro de la economía disciplinaria y lo hace controlarse a sí mismo.
Apunta no a suprimirlo, sino más bien a reformarlo. Busca producir lo
que Foucault llama "cuerpos dóciles y útiles"[17]. Si tomamos terminología
de Marx, podríamos decir que mientras el poder premoderno funcionaba
como sistema diseñado para la reproducción simple, el poder moderno
se orienta a la reproducción expandida.

La descripción de Foucault de los orígenes disciplinarios del poder
moderno es muy rica y concreta. Su producción es menor en lo referente
a una descripción detallada de los procesos por los cuales las microtécnicas locales y fragmentadas se integraban a las macroestrategias globales.
La descripción más amplia en ese aspecto es la que se encuentra en el

[15] Foucault, "Power and Strategies", en *Power/Knowledge*, 142; "Truth and Power",
119, 125; "The Eye of Power", 151-152; "Two Lectures", 104-105 y *Discipline and
Punish*, 201-209.

[16] Foucault, "The Eye of Power", 160; *The History of Sexuality*, 139; y *Discipline and
Punish*, 170.

[17] Foucault, *Discipline and Punish*, 136-138.

primer volumen de la *Historia de la sexualidad*. Allí, Foucault expone la macroestrategia moderna del "biopoder". El biopoder está relacionado con la administración de la producción y la reproducción de la vida en las sociedades modernas. Se orienta a objetos de poder/conocimiento nuevos tales como la población, la salud, la vida urbana y la sexualidad. Los cosifica como recursos que deben administrarse, cultivarse y controlarse. Emplea técnicas cuantitativas de la ciencia social para contar, analizar, predecir y prescribir. También hace uso de discursos no cuantitativos de amplia circulación sobre la sexualidad, cuyos orígenes encuentra en la interpretación y la afirmación que las clases medias del siglo XIX hicieron de sí mismas[18].

En "*Les Tannes Lectures*" de 1979, Foucault vinculó su trabajo sobre el biopoder con la problemática de la racionalidad política[19]. De hecho, su tratamiento del desarrollo y el uso de la ciencia social como instrumento de administración de recursos poblacionales y control social tiene una clara relación con tratamientos más conocidos de la modernización como proceso de racionalización. Pero hay una diferencia llamativa y muy importante: mientras para otros autores los conceptos de racionalidad y racionalización tienen un carácter normativo bilateral, en el uso que hace Foucault de ellos no lo tienen. Según el pensamiento de Jürgen Habermas, por ejemplo, la racionalización implica un contraste entre la instrumentalización (que es una racionalización unilateral, parcial e insuficiente) y una racionalidad práctica y política más amplia. Por lo tanto, conlleva un paradigma normativo para hacer una crítica de las sociedades modernas. La exposición sobre la racionalidad política que Foucault hace en sus lecciones sobre Tanner, por otro lado, no contiene tal contraste ni polo normativo positivo alguno. La racionalidad para él es un fenómeno neutro o (con mayor frecuencia) un instrumento de dominación *tout court*[20].

---

[18] Foucault, *The History of Sexuality*, 24-26, 122-127, 139-145.

[19] Foucault, "Each and Every One: A Criticism of Political Rationality", Tanner Lectures, Stanford University, octubre de 1979 (transcripción de la grabación por Sheri Popen).

[20] *Ibid.*

3. Las implicaciones políticas de la genealogía

La descripción que Foucault hace de un poder de claro carácter moderno que funciona al nivel capilar mediante una pluralidad de microprácticas diarias conlleva una cierta cantidad de implicaciones políticas importantes. Algunas son estratégicas y otras son normativas.

Considérese que su análisis supone que el poder moderno toca a los individuos mediante diferentes formas de coacción constitutiva de sus prácticas sociales en lugar de hacerlo sobre todo mediante la distorsión de sus creencias. Para resaltar dicho argumento, Foucault afirma que el poder está en nuestros cuerpos, no en nuestras cabezas. Dicho de manera menos paradójica, se refiere a que las prácticas son más fundamentales que los sistemas de creencias en lo que respecta a entender el dominio que el poder tiene sobre nosotros.

De esta idea se desprende que el análisis y la crítica de tales prácticas cobran prioridad por sobre el análisis y la crítica de la ideología. Su idea tiende así a descartar al menos una versión más bien cruda de la crítica de la ideología por considerarla inadecuada desde el punto de vista estratégico para la realidad social del poder moderno. Es decir, descarta la idea de que, dadas las condiciones materiales objetivas apropiadas, lo único o lo principal que se interpone al cambio social es la percepción con distorsiones ideológicas que el pueblo tiene de sus propias necesidades e intereses. Cuando se la expresa con tal radicalidad, es cuestionable si alguien de hecho defiende esa idea. No obstante, el vívido recordatorio que Foucault hace de la prioridad de las prácticas es un útil correctivo para la potencial unilateralidad de versiones incluso más sofisticadas de la política de la crítica de la ideología[21].

Una segunda implicación estratégica de la idea de Foucault sobre el carácter capilar del poder moderno tiene que ver con el carácter inadecuado de las orientaciones políticas centradas en el Estado y economicistas. Tales orientaciones suponen que el poder emana de uno u otro puntos centrales de la sociedad o de ambos. Pero su descripción de la circulación polimorfa y continua del poder mediante microprácticas contradice dichas suposiciones. Muestra, por el contrario, que el poder está en todos lados y en todos; muestra que el poder está tan presente en los detalles y las relaciones en apariencia más triviales de la vida diaria tanto como en los ejecutivos corporativos, las líneas de montaje industriales, las cámaras

[21] Foucault, "Truth and Power", 118, 132-133.

parlamentarias y las instalaciones militares. Por lo tanto, su perspectiva descarta las orientaciones políticas centradas en el Estado o economicistas. Es decir, descarta la idea de que la toma y transformación del Estado o el poder económico basten para desmantelar o transformar el régimen de poder moderno[22].

Estas dos implicaciones políticas estratégicas del trabajo empírico de Foucault pueden combinarse y expresarse de manera más positiva. Al revelar el carácter capilar del poder moderno y por lo tanto descartar la crítica ideológica cruda, el estadismo y el economicismo, se puede entender que en efecto considera lo que suele llamarse "política de la vida diaria", pues si el poder se ejemplifica en las prácticas y las relaciones sociales mundanas, los esfuerzos por desmantelar y transformar el régimen deben abordar dichas prácticas y relaciones.

Ese es quizá el rasgo más importante del pensamiento de Foucault. Proporciona el fundamento empírico y conceptual para tratar fenómenos tales como la sexualidad, la familia, las escuelas, la psiquiatría, la medicina, la ciencia social y fenómenos *políticos* semejantes. Eso permite el tratamiento de problemas de esas áreas como problemas *políticos*. Por lo tanto, amplía el ámbito dentro del cual el pueblo puede confrontar, entender y buscar cambiar en conjunto el carácter de sus vidas. No hay duda alguna de que desde la década de 1960 ha estado desarrollándose en Occidente un nuevo movimiento que busca ampliar las fronteras de la arena política. A las claras Foucault se ha visto influido por él y, a su vez, ha contribuido a reforzarlo desde el punto de vista empírico y desde el conceptual.

En las consideraciones precedentes de la estrategia política, se ha dado por sentado que el régimen moderno de poder no es deseable y necesita desmantelamiento y transformación, pero la suposición se relaciona en esencia con las implicaciones políticas normativas de la descripción genealógica de Foucault. Son ellas las que ahora requieren tematización.

He observado varias veces que en versión de Foucault el Estado o el soberano no aplican el poder moderno a las personas en dirección descendente. Por el contrario, circula por todos lados, incluso por los capilares más diminutos del cuerpo social. De ello se sigue, afirma Foucault, que el clásico contraste normativo liberal entre poder legítimo e ilegítimo

---

[22] Foucault, "Truth and Power", 122; "Body/Power", en *Power/Knowledge*, 60 y "Two Lectures", 89.

no es adecuado para la naturaleza del poder moderno. El marco liberal entiende el poder como algo que emana del soberano y se impone a los sujetos. Trata de definir una zona de derechos sin poder cuya penetración es ilegítima. El poder ilegítimo se entiende como opresión, la cual en sí se entiende como la transgresión de un límite.

Pero si el poder está en todos lados y no emana de una fuente o en una dirección, ese marco liberal no puede aplicarse. Además, dada la incapacidad de aplicarlo, Foucault afirma que la proliferación del discurso regido por dicho marco liberal puede en sí funcionar como parte del despliegue capilar del poder moderno. Dicho discurso puede en otras palabras funcionar para enmascarar el carácter real del poder moderno y así ocultar la dominación[23].

Es claro que con esa última acusación Foucault ha cruzado la línea entre el análisis normativo conceptual y el sustantivo. Al usar el término "dominación" al mismo tiempo que descarta el marco normativo liberal, parece estar suponiendo algún marco alternativo. (Hablaré sobre la cuestión de cuál podría ser en la siguiente sección de este capítulo). No obstante, si es correcta, la tesis empírica de Foucault de que el poder moderno es capilar no impone de por sí la adopción de marco normativo particular alguno. Cuando mucho, debilita una base tradicional del liberal.

Surge una situación similar con respecto a las implicaciones políticas normativas de las ideas de Foucault sobre el carácter productivo y expansivo del poder moderno, sus ideas sobre su orientación a lo que llamo "reproducción expandida". Dicha perspectiva contradice lo que Foucault llama "la hipótesis represiva". Dicha hipótesis supone que el poder tiene en esencia un funcionamiento negativo, mediante operaciones tales como la interdicción, la censura y la negación. Desde su punto de vista, el poder dice sin más "no". Dice "no" a lo que se define como deseos, necesidades, actos y discurso ilícitos. Pero si Foucault tiene razón, el poder moderno está por igual involucrado en la *producción* de todas esas cosas. Su explicación empírica descarta la hipótesis represiva y la orientación política liberacionista a la que apoya. Dicha orientación, que ahora está más bien generalizada en Occidente, apunta a liberar lo que el poder reprime. Convierte el discurso, los deseos y los actos "ilícitos" en expresiones de revolución política. Foucault no sólo la rechaza por considerarla inadecuada para la verdadera naturaleza del poder moderno,

[23] Foucault, "Two Lectures", 95-96.

sino que una vez más sugiere que es un rasgo del despliegue del poder moderno para proliferar el discurso liberacionista, una vez más para enmascarar el verdadero funcionamiento de la dominación[24].

Al descartar la hipótesis represiva, está descartando el marco normativo radical, que sustituye el contraste "represión versus liberación" por el contraste liberal "legitimidad versus ilegitimidad". Ha vinculado esos dos marcos al funcionamiento de lo que él identifica como dominación. Por lo tanto, parece que Foucault debe estar presuponiendo algún marco normativo alternativo. ¿Cuál podría ser?

4. Preguntas no respondidas sobre las dimensiones normativas de la genealogía de Foucault

Mi tesis es que, a pesar de sus importantes aportes al estudio de las sociedades modernas, la obra de Foucault termina en efecto por generar preguntas que, por su estructura, no está capacitada para responder. Una breve recapitulación de mi línea argumentativa sobre este punto aclarará a qué me refiero con esta afirmación.

He sostenido que Foucault adopta al menos el principio heurístico mínimo de que los regímenes de poder se aborden y describan como fenómenos neutros, que, por ejemplo, no se los interrogue de inmediato desde el punto de vista liberal en referencia a su legitimidad o ilegitimidad. También he sostenido que el uso de esa estrategia metodológica le permite hacer una descripción perspicaz de la emergencia del régimen de poder moderno, una descripción que a su vez sacó a la luz algunos rasgos desatendidos del funcionamiento del poder en la vida moderna. Además, he sostenido que la descripción de Foucault del poder moderno constituye un buen fundamento para rechazar algunas orientaciones políticas estratégicas y normativas bastante generalizadas y para adoptar por el contrario el punto de vista de una "política de la vida diaria".

Al mismo tiempo, he dejado abierta la cuestión de la naturaleza y el alcance del horquillado que hace Foucault de la problemática de la justificación normativa de los regímenes de poder/conocimiento. He observado algunas indicaciones de que su descripción del poder moderno no es de hecho neutral en lo que respecta a la normativa, pero no las he estudiado de manera sistemática. Para reabrir estas cuestiones, ahora

---

[24] Foucault, "Power and Strategies", 139-141; *The History of Sexuality*, 5-13; "Truth and Power", 119; y "Body/Power", 59.

quiero examinar con mayor atención el carácter de la obra de Foucault comprometido con lo político.

Permítaseme comenzar por observar que los escritos de Foucault están llenos de frases tales como "la era del biopoder", "la sociedad disciplinaria", "el archipiélago carcelario" –es decir, abundan frases con connotaciones agoreras–. También debo observar que Foucault no le escapa al frecuente uso de términos tales como "dominación", "subyugación" y "sujeción" para describir el régimen moderno de poder/conocimiento. Por consiguiente, los principales esbozos de su descripción pueden reformularse con contundencia de la siguiente manera: a principios del período moderno, las instituciones disciplinarias cerradas como las prisiones perfeccionaron una variedad de mecanismos para la fabricación y subyugación de los individuos como objetos epistémicos y blancos de poder. Dichas técnicas apuntaban a transformar a los desviados en cuerpos dóciles y útiles para reinsertarlos en la máquina social. Más tarde, se las exportó más allá de los confines de sus lugares de nacimiento institucionales y se convirtieron en la base de estrategias de dominación global cuyo objetivo era la administración total de la vida. Diversos discursos que han parecido oponerse a dicho régimen de hecho lo han apoyado en parte en virtud de enmascarar su verdadero carácter.

Dicho de esta manera, es claro que la versión de poder de Foucault en las sociedades modernas lejos está de ser neutral y no comprometida. Entonces, ¿cómo pasó de la suspensión de la cuestión de la legitimidad del poder moderno a esta crítica comprometida del biopoder? Ese es el problema que quiero abordar.

Me vienen a la mente una cantidad de posibles explicaciones. En primer lugar, podría leerse la crítica de Foucault como una crítica con compromiso político pero que sin embargo sigue teniendo cierta neutralidad en lo referente a lo normativo. Es decir, podría interpretarse que su horquillado de la normativa cubre *todas* las normas políticas, no sólo las liberales. En varias entrevistas, el mismo Foucault adopta dicha interpretación. Afirma que ha abordado el poder desde un punto de vista estratégico y militar, no normativo. Dice que ha sustituido la perspectiva de la guerra, con su contraste entre la lucha y la sumisión, por la del derecho, con su contraste entre la legitimidad y la ilegitimidad[25]. Según su interpretación, su uso de los términos "dominación", "subyugación" y "sujeción" serían neutros

---

[25] Foucault, "Two Lectures", 90-92.

desde el punto de vista normativo: dichos términos tan sólo describirían las alineaciones estratégicas y modos de funcionamiento de las diferentes fuerzas opuestas del mundo moderno.

No obstante, dicha interpretación está abierta a una cierta cantidad de preguntas. Suele ser el caso que los análisis militares estratégicos identifican los diversos lados opuestos de la lucha. Son capaces de especificar quién está dominando o subyugando a quién y quién está resistiendo o sometiendo a quién. Ese Foucault no basta. De hecho, lo rechaza como posibilidad. Afirma que es engañoso pensar el poder como una propiedad que algunas personas o clases puedan poseer y otras no; la mejor manera de concebir el poder es como un complejo y cambiante campo de relaciones en el cual cada individuo es un elemeneto[26].

Dicha afirmación no cuadra, en un sentido estricto, con el hecho de que Foucault parece a veces vincular el biopoder con la dominación de clase y aceptar de manera implícita (al menos elementos de) la interpretación económica marxiana concomitante. Tampoco cuadra con su tendencia el identificar agentes capilares tales como los científicos sociales, los tecnólogos del comportamiento y los hermenéuticos de la psique con las "fuerzas de dominación".

Pero más allá de si puede o no identificar las fuerzas de dominación y aquellas a las cuales dominan, y de si lo hace o no, la afirmación de que su terminología relacionada con lo normativo no es normativa sino más bien militar se enfrenta con una segunda dificultad: el uso militar de "dominación", "lucha" y "sumisión" no puede por sí solo explicar o justificar la preferencia o el compromiso de alguien con un lado en lugar del otro. Foucault exige en términos que distan de ser inciertos resistir a la dominación. Pero ¿por qué? ¿Por qué la lucha es preferible a la sumisión? ¿Por qué debería resistirse la dominación? Recién con la introducción de algún tipo de nociones normativas pudo comenzar a responder tales preguntas. Recién con la introducción de nociones normativas pudo comenzar a decirnos qué hay de malo con el régimen moderno de poder/ conocimiento y por qué deberíamos oponernos a él.

Parece, entonces, que la suposición de que la crítica de Foucault es comprometida pero no normativa le genera serias dificultades. Quizá sería mejor asumir que no ha horquillado todos los marcos normativos sino sólo los liberales, los basados en la legitimidad. En dicho caso, pasa a ser

---

[26] Foucault, "Two Lectures" y "Power and Strategies", 142.

esencial descubrir qué marco normativo alternativo está presuponiendo. ¿Podría interpretarse el lenguaje de la dominación, la subyugación, la lucha y la resistencia como el esqueleto de algún marco alternativo?

Si bien es sin lugar a dudas una posibilidad teórica, no puedo darle un desarrollo concreto. No encuentro pistas en los escritos de Foucault sobre cuáles podrían ser sus normas alternativas. No veo indicios sobre cómo interpretar de manera concreta "dominación", "subyugación", "sujeción" y demás de alguna manera "postliberal" por completo nueva. Eso no pretende negar que dichos términos adquieran un rico contenido empírico nuevo a partir de las descripciones que Foucault hace del poder disciplinario; "dominación", por ejemplo, pasa a incluir *escaramuzar*, que implica el uso de fuerza no violenta pero sí física para la producción de individuos "normales", obedientes, habilidosos. No obstante, esos nuevos incrementos y ampliaciones de sentido no equivalen de por sí a la elaboración de un marco normativo por completo nuevo. En otras palabras, no bastan para decirnos precisamente qué problema hay con la disciplina en términos por completo independientes de las normas liberales. Por el contrario, su fuerza normativa parece depender de la apelación tácita a las nociones de derechos, límites, etc.

Sugerí más arriba que Foucault a veces parece presuponer que ciertas macroestrategias de dominación global como el biopoder tienen conexión con la dominación de clase y que la versión marxiana de esta última en esencia es correcta. ¿Podría ser entonces que esté presuponiendo el marco normativo marxiano? Lo característico de dicho marco, al menos según una lectura muy aceptada, es que no suspende por completo todas las normas liberales. Por el contrario, en su crítica de las relaciones sociales y productivas capitalistas presupone al menos algunas de ellas. Por ejemplo, Marx demuestra que si bien el intercambio contractual de fuerza laboral por sueldos se propone ser simétrico y libre, de hecho es asimétrico y coercitivo. Por lo tanto, no está suspendiendo por completo las normas burguesas de reciprocidad y libertad. Quizá podría leerse a Foucault de una manera similar. Quizá no esté suspendiendo las normas liberales mismas que critica sino que esté presuponiéndolas. Su descripción de tales microtécnicas disciplinarias como la mirada, por ejemplo, tendría entonces la fuerza de una demostración de que la ciencia social moderna, más allá de cuánto se proponga ser neutral e independiente del poder, de hecho también involucra asimetría y coacción.

Esa lectura de la obra de Foucault es una lectura que, estoy segura, él rechazaría. No obstante, adquiere cierta verosimilitud si se considera la sociedad disciplinaria o carcelaria descrita en *Vigilar y castigar*. Si uno se pregunta qué tiene de malo esa sociedad exactamente, surgen de inmediato las nociones kantianas. Al confrontarse con el tratamiento de las personas sólo como un medio que diferentes instituciones manipulan de manera casual no se puede evitar sino apelar a conceptos tales como el de violación de dignidad y autonomía. Pero, una vez más, las nociones kantianas tienen una clara relación con las normas liberales de legitimidad e ilegitimidad definidas en términos de límites y derechos.

Dado que los escritos de Foucault no parecen tener otro marco normativo, no deja de ser razonable suponer que no se ha suspendido por completo el marco liberal. No obstante, de ser así, encontramos una abierta contradicción en Foucault pues, incluso más que Marx, tiende a tratar dicho marco como tan sólo un instrumento de dominación.

El punto no es sólo que Foucault se contradiga. Por el contrario, es que lo hace en parte porque entiende mal, al menos en lo que respecta a su *propia* situación, la manera en la cual las normas funcionan en la descripción social. Supone que para eliminar todo rastro de liberalismo de su descripción del poder moderno sólo necesita renegar de la referencia explícita a la punta del iceberg que representan las nociones de legitimidad e ilegitimidad. En otras palabras, supone que dichas normas pueden aislarse y ejercerse con prolijidad desde la matriz cultural y lingüística más amplia en la cual están situadas. No llega a darse cuenta del grado en el cual la normativa está inserta e inculcada en *todo* nivel del lenguaje y el grado en el cual, a su propio pesar, su propia crítica tiene que hacer uso de modos de descripción, interpretación y juicio formados dentro de la tradición normativa occidental moderna[27].

Parece entonces que ninguna de las lecturas que se ofrecen aquí elimina por completo ciertas dificultades de Foucault. Bien consideremos que suspende todo marco normativo o sólo el liberal, o incluso que conserve ese, está plagado de preguntas no respondidas y quizá imposibles de responder. Dado que no logró concebir ni investigar estrategia normativa coherente alguna, termina con una curiosa amalgama de descripción militarista amoral, jerga marxiana y moralidad kantiana. A pesar de sus

---

[27] Esta formulación combina puntos que me sugirieron Richard Rorty y Albrecht Wellmer.

muchos aspectos empíricos valiosos, sólo puedo llegar a la conclusión de que, desde el punto de vista normativo, la obra de Foucault es confusa.

Creo que el origen de la confusión puede encontrarse en algunas ambigüedades conceptuales de su noción de poder. El concepto es en sí una mezcla de neutralidad y compromiso. Tómese, por ejemplo, su afirmación de que el poder es productivo y no represivo. En todo este capítulo he supuesto que esa era una afirmación empírica sobre la naturaleza expansiva de un poder de claro carácter moderno. Pero, en lo que es a las claras una equivocación, Foucault trata al mismo tiempo la productividad como un rasgo conceptual de *todo* poder como tal. Afirma que no sólo el régimen moderno sino todo régimen de poder crea, moldea y sostiene un conjunto característico de prácticas culturales, que incluyen las orientadas a la producción de la verdad. Todo régimen crea, moldea y sostiene una forma característica de vida como fenómeno positivo. Ningún régimen niega sin más. Foucault también sostiene la posición opuesta: que ninguna forma positiva de vida puede subsistir sin poder. Las culturas, prácticas sociales y conocimientos sin poder son en principio imposibles. Desde su punto de vista, de ello se sigue que no se puede objetar una forma de vida sólo con el fundamento de que está cargada de poder. El poder es productivo, imposible de eliminar y, por ende, neutral desde el punto de vista normativo[28].

¿Cómo debe evaluarse esta idea? Me parece reducirse a una conjunción de tres afirmaciones más bien inocuas: (1) las prácticas sociales por necesidad están regidas por normas; (2) las normas que rigen la praxis coaccionan y al mismo tiempo habilitan; y (3) tales normas habilitan sólo en la medida en que coaccionan. Juntas, estas tres afirmaciones implican que no puede haber prácticas sociales sin coacciones y que, por ende, no puede achacársele a práctica particular alguna el mero hecho de que coaccione. Esa idea es bien conocida en la filosofía del siglo XX. Está implícita, por ejemplo, en la explicación de Habermas de la manera en la cual el desempeño exitoso de cualquier acto discursivo presupone normas de verdad, comprensibilidad, veracidad y pertinencia. Tales normas hacen posible la comunicación, pero sólo en virtud de devaluar y descartar algunas enunciaciones posibles y reales: nos *habilitan* a hablar precisamente en la medida en que nos *coaccionan*.

---

[28] Foucault, *Discipline and Punish*, 27; "Power and Strategies", 141-142; "Two Lectures", 93; y "Truth and Power", 131-133.

Si ese es el significado de la tesis de Foucault sobre la productividad general del poder y la imposibilidad de eliminarlo, entonces el poder es en verdad un fenómeno neutro desde el punto de vista normativo. Pero ¿esa interpretación concuerda con el uso que hace él? En algunos aspectos, sí. De hecho incluye en el ámbito del poder/conocimiento fenómenos tales como los criterios de correcta formación de alegatos de conocimiento, criterios que al mismo tiempo valorizan algunas formas de afirmación y devalúan otras; también incluye el otorgamiento institucional de licencias a individuos que alegan tener conocimiento, praxis que al mismo tiempo concede autoridad a algunos oradores para emitir ciertos tipos de alegatos de conocimiento especializado y excluye a otros de hacerlo. Si ese es el tipo de cosas a las que se refiere cuando habla de poder, entonces la tesis de que el poder es productivo e imposible de eliminar y, por ende, neutro desde el punto de vista normativo es inobjetable.

Pero los regímenes de poder/conocimiento de Foucault incluyen otros tipos de fenómenos. Incluyen formas de coacción abierta y encubierta en la extracción de conocimiento de personas y sobre personas y también en la designación de objetos, incluidas personas, como blanco para la aplicación de políticas de formas más sutiles. Dichos fenómenos son mucho menos inocuos y mucho más amenazadores. El hecho de que sean en principio imposibles de eliminar no es evidente de inmediato. Si *eso* es a lo que se refiere con poder, entonces la afirmación de que el poder es productivo, imposible de eliminar y, por ende, neutro desde el punto de vista normativo es muy cuestionable.

Observé más arriba que la noción de Foucault de régimen de poder/conocimiento cubría un conjunto muy heterogéneo de fenómenos. Ahora parece que las dificultades sobre la dimensión normativa de su obra surgen al menos en parte de dicha heterogeneidad. El problema es que Foucault llama poder a muchos tipos de cosas diferentes y no profundiza más. Cabe reconocer que todas las prácticas culturales implican limitaciones, pero dichas limitaciones son una variedad de tipos diferentes y, por ende, exigen una variedad de respuestas normativas diferentes. Cabe reconocer que no puede haber prácticas sociales sin poder, pero eso no quiere decir que todas las formas de poder sean equivalentes en el aspecto normativo ni que alguna práctica social sea tan buena como alguna otra. De hecho, es esencial para el proyecto mismo de Foucault que pueda hacer una mejor distinción entre conjuntos mejores y peores de prácticas y formas de coacción. No obstante, eso exige más recursos normativos de los que poseía.

El argumento también puede exponerse de la siguiente manera: Foucault escribe como si ignorara por completo la existencia del conjunto total de teoría social weberiana con sus minuciosas distinciones entre nociones tales como las de autoridad, fuerza, violencia, dominación y legitimación. Fenómenos que se prestan a distinción mediante conceptos tales tan sólo se amontonan juntos bajo su concepto general de poder[29]. En consecuencia, se renuncia al potencial de una amplia variedad de matices normativos y el resultado es una cierta unidimensionalidad normativa.

Mencioné más arriba que si bien la genealogía del poder moderno de Foucault tenía relación con el estudio de la modernización como racionalización, había una diferencia muy importante. Esa diferencia era la falta, en el caso de Foucault, de un contraste normativo bipolar comparable, por ejemplo, al contraste que Jürgen Habermas hace entre una racionalidad instrumental parcial y unilateral, por un lado, y una racionalidad práctica, política más amplia, por el otro. Las consecuencias de esa carencia quedan ahora más en evidencia. Dado que Foucault no tiene fundamento alguno para distinguir, por ejemplo, entre formas de poder que involucran dominación y aquellas que no la involucran, parece apoyar un rechazo unilateral y general de la modernidad en sí. Además, parece hacerlo sin concepción alguna de qué ha de reemplazarla.

De hecho, vacila entre dos posiciones por igual inadecuadas. Por un lado, adopta un concepto de poder que le permite no condenar rasgo objetable alguno de las sociedades modernas. Pero al mismo tiempo, y por otro lado, su retórica traiciona la convicción de que las sociedades modernas carecen en última instancia de rasgos redentores. A las claras, lo que Foucault necesita, y con desesperación, son criterios normativos para distinguir entre formas aceptables e inaceptables de poder. Tal como está ahora, las dimensiones sin duda originales y valiosas de su obra corren el peligro de sufrir malas interpretaciones por falta de una perspectiva normativa adecuada.

[29] Por este argumento estoy en deuda con Andrew Arato.

Capítulo 2

Michel Foucault: ¿un "joven conservador"?

En una reciente exposición sobre el postmodernismo, Jürgen Habermas se refirió a Michel Foucault como un "joven conservador"[1]. Ese epíteto era una alusión a los "revolucionarios conservadores" de la Alemania de Weimar entre la Primera y la Segunda Guerra Mundial, un grupo de intelectuales radicales, opuestos a la modernidad, que incluía a Martin Heidegger, Ernst Jünger, Carl Schmitt y Hans Freyer. Llamar a Foucault "joven conservador", entonces, era acusarlo de elaborar lo que Habermas llama una "crítica total de la modernidad". Tal crítica, según Habermas, es paradójica desde el punto de vista teórico y sospechosa desde el punto de vista político. Desde lo teórico, es paradójica porque no puede sino presuponer de manera subrepticia algunas de las categorías y actitudes modernas mismas que alega haber superado. Y desde lo político es sospechosa porque no apunta tanto a una resolución dialéctica de los problemas de las sociedades modernas como a un rechazo radical de la modernidad en sí. En resumen, Habermas sostiene que si bien la crítica que Foucault hace de la cultura y la sociedad contemporáneas pretende ser postmoderna es, en el mejor de los casos, moderna y, en el peor, antimoderna[2].

Según lo entiende Habermas, entonces, el problema entre él y Foucault tiene que ver con sus respectivas posturas frente a la modernidad. Habermas coloca su propia postura en la tradición de la crítica social dialéctica que va de Marx a la escuela de Fráncfort. Dicha tradición analiza la modernización como un proceso histórico bilateral e insiste en que, si bien la racionalidad de la Ilustración disolvió formas premodernas de do-

[1] Jürgen Habermas, "Modernity versus Postmodernity", *New German Critique* 22 (invierno de 1981): 3-14

[2] Habermas, "Modernity versus Postmodernity" y "The Entwinement of Myth and Enlightenment: Rereading *Dialectic of Enlightenment*", *Nuew German Critique* 26 (primavera/verano de 1982): 13-30.

minación y falta de libertad, dio origen a formas nuevas y arteras propias. Desde el punto de vista de Habermas, lo importante de dicha tradición, y lo que la separa de la tradición rival en la cual ubica a Foucault, es que no rechaza *in toto* los ideales y las aspiraciones modernas cuya realización bilateral critica. Por el contrario, busca preservar y ampliar tanto el "impulso emancipador" detrás de la Ilustración y el éxito real de dicho movimiento en la superación de las formas premodernas de dominación, incluso cuando critique los rasgos malos de las sociedades modernas.

Esa, sin embargo, sostiene Habermas, no es la postura de Foucault, quien pertenece más bien a una tradición de crítica de rechazo de la modernidad, una tradición que incluye a Nietzsche, a Heidegger y a los postestructuralistas franceses. Dichos escritores, a diferencia de los dialécticos con los cuales se identifica Habermas, aspiran a una ruptura absoluta con la Ilustración. En su fervor por ser tan radicales como sea posible, "totalizan" la crítica de manera que se vuelva contra sí misma. No contentos con criticar la contradicción entre norma moderna y realidad moderna, critican incluso las normas constitutivas de la modernidad y rechazan los compromisos mismos con la verdad, la racionalidad y la libertad que de por sí hacen posible la crítica.

¿Cómo hemos de interpretar este ataque tan acusador que el principal exponente de la teoría crítica alemana hace contra el postestructuralista francés más político?

Por un lado, la crítica de Habermas a Foucault dirige nuestra atención a algunas cuestiones muy importantes: ¿cuál es la postura de Foucault con respecto a los ideales políticos de la Ilustración? ¿Rechaza el proyecto de examinar las prácticas e instituciones de fondo que estructuran las posibilidades de la vida social para someterlas al control consciente, colectivo de los seres humanos? ¿Rechaza la concepción de la libertad como autonomía que ese proyecto parece presuponer? ¿Aspira a un corte total con la antigua tradición occidental de la emancipación mediante la reflexión racional?

Pero, por otro lado, incluso cuando la crítica de Habermas dirige nuestra atención a tales cuestiones, tiende a no provocar el tipo de investigación necesaria para responderlas. De hecho, la formulación de Habermas es demasiado tendenciosa como para permitir pronunciarse de manera justa sobre los problemas. Pasa por alto la posibilidad de que el objetivo de la crítica de Foucault no sea el *simpliciter* de la modernidad sino, más bien, sólo un componente particular de ella: a saber, un sistema de práctica y discurso que Foucault llama "humanismo". Además, puesto que supone que no se puede rechazar el humanismo sin rechazar también la modernidad, expone un problema importante. Por último, se precipita con la suposición alarmista de que si Foucault rechaza una metainterpretación "universalista" o fundacionalista de los conceptos y valores humanistas, entonces debe de rechazar por completo dichos conceptos y valores.

En conclusión, entonces, Habermas se precipita demasiado a elevar la apuesta y niega la posibilidad de hacer a Foucault un conjunto de preguntas más matizado y preciso desde el punto de vista analítico: si suponemos que el blanco de Foucault es de hecho el humanismo, entonces, ¿qué es con exactitud? ¿Cuál es su relación con la modernidad concebida en un sentido más amplio? ¿Foucault pretende en serio rechazar el humanismo? Y de ser así, ¿con qué fundamentos, entonces? ¿El problema es que el vocabulario humanista sigue atascado en una metafísica cartesiana desbancada? ¿O más bien Foucault rechaza el humanismo por razones estratégicas? En otras palabras, ¿afirma que si bien una postura política humanista pudo alguna vez haber tenido fuerza emancipadora cuando era cuestión de oponerse a las formas premodernas de dominación del *ancien régime* ya no la tiene? Así, ¿cree, desde un punto de vista estratégico, que apelar a los valores humanistas en la coyuntura presente debe no poder disuadir (de hecho, debe promover) formas de dominación nuevas de quintaesencia moderna? ¿Sostiene que el proyecto humanista es intrínsecamente no deseable? Desde su punto de vista, ¿el humanismo es tan sólo una fórmula para la dominación *tout court*?

Si hemos de culpar a Habermas de no haber hecho tales preguntas, debemos entonces culpar a Foucault de no haberlas respondido. De hecho, su postura es muy ambigua: por un lado, nunca se pronuncia de manera directa a favor de un rechacismo como alternativa al criticismo social dialéctico; pero, por el otro, en sus escritos abundan los recursos retóricos que transmiten actitudes rechacistas. Además, dada su reticencia general a exponer en detalles las presuposiciones teóricas que sustentan su obra, no sorprende que no distinga entre los diferentes tipos de rechacismo que he resumido. Por el contrario, tiende a mezclar argumentos conceptuales, estratégicos y normativos contra el humanismo.

Dichas ambigüedades han hecho surgir una interesante divergencia entre los intérpretes de Foucault, una divergencia con relación directa con la controversia abierta por Habermas. Dado que los textos de Foucault contienen razonamientos filosóficos, históricos y políticos forzados que son susceptibles de diversas interpretaciones rechacistas y las dimensiones conceptuales, estratégicas y normativas de estas no se distinguen de manera adecuada, los intérpretes han tendido a tomar uno u otro de estos elementos como clave para el todo. David Hoy, por ejemplo, ha interpretado a Foucault, según mis términos, como un mero rechacista conceptual y filosófico del humanismo[3]; otros lectores lo han considerado o es probable que lo consideren, una vez más según mis términos, un mero rechacista estratégico del humanismo; y Hubert L. Dreyfus y Paul Rabinow han hecho la construcción más fuerte de todas sobre Foucault cuando lo leyeron, según mis términos, como un rechacista sustantivo y normativo de los valores humanistas[4]. Esas son, creo, las principales interpretaciones prototípicas de Foucault hoy vigentes. Sólo mediante un estudio minucioso de ellas podemos esperar llegar al fondo de la controversia del "joven conservador".

En lo que sigue consideraré cada una de estas tres interpretaciones de Foucault. No obstante, no me dedicaré de forma directa a la cuestión de quién lo interpretó bien. Creo que en realidad Foucault no tiene una única postura coherente y que hay cierta evidencia textual para apoyar cada una de las lectura; además, no quiero debatir aquí dónde creo que está el equilibrio de dicha evidencia. Mi principal inquietud serán las controversias sustantivas entre Foucault y Habermas. Intentaré formular dichas cuestiones con mayor precisión y persuasión de lo que, creo, lo ha hecho Habermas y a comenzar a pronunciarme sobre ellas. Mi interés, entonces, será el siguiente problema: ¿cuál de los diferentes tipos de rechacismo que pueden atribuírsele a Foucault, si es que alguno, son alternativas deseables y defendibles al tipo de criticismo social dialéctico que imagina Habermas?

---

[3] David C. Hoy, "Power, Repression, Progress: Foucault, Lukes, and the Frankfurt School", *Triquarterly* 52 (otoño de 1981): 43-63, y "The Unthought and How to Think It" (Asociación Filosófica de los Estados Unidos, División Occidental, 1982).

[4] Hubert L. Dreyfus y Paul Rabinow, *Michel Foucault: Beyond Structuralism and Hermeneutics* (Chicago, 1982).

1

Una lectura influyente de Foucault se basa en la suposición de que *–pace* Habermas– rechazar la interpretación metafilosófica fundacionalista o universalista de los ideales humanos de modernidad no implica por necesidad rechazar por completo la modernidad. En su lectura, de la cual David Hoy expuso una versión, Foucault es un mero refractario filosófico: rechaza sólo un cierto marco filosófico, no necesariamente los valores y las formas de vida que ese marco contribuyó a sustentar y legitimar[5]. Además, dicha lectura sostiene que tal postura es justificable; Foucault es por completo coherente al repudiar el vocabulario cartesiano con el cual se han expresado ideales humanos y al mismo tiempo conservar algo similar a la substancia de los ideales en sí.

Quienes leen a Foucault en ese sentido coinciden con Dreyfus y Rabinow en considerarlo una suerte de heideggeriano que, se supone, completa y concretiza el programa de Heidegger del desmantelamiento del cartesianismo[6]. Según Heidegger, el sujeto y el objeto, que la filosofía moderna (incluida la filosofía política) consideraba fundamentos necesarios, universales y ahistóricos, eran en realidad productos contingentes de la interpretación moderna del sentido del Ser situados en un momento histórico específico[7]. Por ende, pertenecían sólo a una "época" de la "historia del Ser" (a saber, la de la civilización occidental), una época que había agotado sus posibilidades y estaba terminando. El que esas interpretaciones cartesianas del Ser fueran contingentes y derivadas quedaba en evidencia al ver su relatividad con respecto a un trasfondo propicio que permanecía "impensado" necesariamente por ellas y su dependencia de dicho trasfondo. Por una amplia variedad de razones lógicas, históricas y cuasipolíticas, Heidegger pensaba que ese trasfondo sólo podía evocarse de manera indirecta y metafórica mediante palabras como *Lichtung* ("claro").

Por ende, desde esta lectura se considera que Foucault continúa y concretiza la delimitación del cartesianismo mediante una explicación de aquello a lo cual Heidegger podría haber querido referirse, o debería

---

[5] Hoy, "Power, Repression, Progress" y "The Unthought and How to Think It".

[6] Dreyfus y Rabinow, *Michel Foucault*.

[7] Martin Heidegger, "Overcoming Metaphysics" en *The End of Philosophy*, trad. Joan Stambaugh (Nueva York, 1973), 84-110 y "The Age of the World Picture", en *"The Question concerning Technology" and Other Essays*, trad. William Lovitt (Nueva York, 1977), 114-124.

haberlo hecho, cuando hablaba de trasfondo o *Lichtung*. El trasfondo es el sistema específico del momento histórico de prácticas sociales regidas por normas (al principio llamado "episteme", más tarde "régimen de poder/conocimiento") que define y produce los sujetos y objetos de conocimiento y de poder específicos de cada época. Un nuevo tipo de historiografía (al principio llamada "arqueología", más tarde, "genealogía") puede marcar la emergencia y desaparición de tales sistemas de praxis y describir sus funcionamientos específicos. Tal historiografía puede echar luz sobre el carácter transitorio de cualquier episteme o régimen de poder/conocimiento dado, incluido, y en especial, el humanista moderno. Puede funcionar como una suerte de *Kulturkritik*, puesto que descosifica la praxis y los objetos contemporáneos, los priva de sus legitimaciones fundacionalistas ahistóricas tradicionales, les da un aspecto de arbitrariedad e incluso maldad y sugiere su apertura potencial al cambio. Puede demostrar, por ejemplo, que los conceptos cartesianos de subjetividad y objetividad que han servido para legitimar valores humanistas son "ficciones" y que esas ficciones y los valores relacionados con ellas han servido a su vez para legitimar prácticas que, desprovistas de su aura de legitimidad, cobran una apariencia repugnante.

Desde esta lectura, Foucault sigue a Heidegger en la distinción de una constelación que ambos llaman "humanismo" como blanco de la crítica genealógica y la delimitación. Heidegger sostuvo que en el desarrollo de la cultura occidental moderna desde Descartes se ha elaborado una complicidad compleja y desastrosa entre la subjetividad y la objetividad, elementos que el humanismo opone con simplismo entre sí[8]. Por un lado, la ciencia matemática moderna y la tecnología maquinal han cosificado todo lo existente (la primera, puesto que toma como real sólo lo que puede encajarse en un plan de investigación preestablecido; la segunda, puesto que trata todo como "reserva permanente" o recursos a movilizar dentro de una red tecnológica). Pero por el otro lado, y al mismo tiempo, la "era de la antropología" ha generado un ámbito de subjetividades; ha dado origen a entidades tales como las "representaciones", los "valores", las "expresiones culturales", las "cosificaciones vitales" y la "experiencia estética y religiosa", la mente que piensa el plan de investigación y sus

---

[8] Heidegger, "Overcoming Metaphysics"; "The Age of the World Picture"; "The Question concerning Technology", en *"The Question concerning Technology" and Other Essays*, 3-35; y "The Letter on Humanism", trad. Frank A. Capuzzi, en *Basic Writings*, ed. David Farrell Krell (Nueva York, 1977), 189-242.

objetos y la voluntad que desea la movilización de la reserva permanente. Esa cosificación y esa subjetivación, dice Heidegger, son dos lados de la misma moneda. Los humanistas son cuando menos ingenuos y, en el peor de los casos, cómplices de pensar que pueden resolver los problemas de la cultura moderna mediante la reivindicación del dominio del lado del sujeto por sobre el lado del objeto. Desde el punto de vista ontológico, ambos lados están exactamente al mismo nivel (no "primordial" y "descuidado"); desde el ético, la noción misma de ética es parte del problema. Pero, dice Heidegger, nada de eso pretende promover la glorificación de lo inhumano; su objeto, por el contrario, es encontrar un sentido más elevado de la dignidad del "hombre" que el imaginado por el humanismo[9].

Quienes ponen énfasis en la influencia de Heidegger resaltan la explicación de la formación discursiva moderna del humanismo de Foucault. El humanismo, afirma Foucault, es praxis política y científica orientada a un objeto específico conocido como "Hombre"[10]. El Hombre comenzó a existir recién a fines del siglo XVIII y principios del XIX con la emergencia de un nuevo régimen de poder/conocimiento. Dentro de las prácticas sociales comprendidas en dicho régimen, y mediante ellas, se constituyó y se constituye en el objeto epistémico de las nuevas "ciencias humanas" y también se instituye como el sujeto que es blanco e instrumento de un nuevo tipo de poder normalizador. Tanto como objeto epistémico como en su condición de sujeto de poder, es una entidad extraña, inestable, bilateral o un "doblete". Consta de una simbiosis imposible de dos polos opuestos, uno objetivo y el otro subjetivo. Cada uno de esos polos busca excluir al otro pero, al hacerlo, sólo logra promoverlo y ampliarlo, dado que cada uno necesita de hecho del otro. El humanismo, entonces, es el proyecto contradictorio, incesante, contraproducente de resolver ese problema del Hombre.

En *Las palabras y las cosas*, Foucault traza un plano de las variedades del humanismo moderno mediante la identificación de tres formas del doblete Hombre. En primer lugar, está el doble trascendental/empírico, donde el Hombre constituye al mismo tiempo el mundo de los objetos empíricos y a sí mismo, un objeto empírico como cualquier otro del mundo. En segundo lugar, está el doble cogito/impensado, donde el

---

[9] Heidegger, "The Letter on Humanism".

[10] Michel Focault, *Las palabras y las cosas: una arqueología de las ciencias humanas*, trad. Elsa Cecilia Frost (México, Siglo XXI Editores, 1973) y *Vigilar y castigar: el nacimiento de la prisión*, trad. Aurelio Garzón del Camino, (México, Siglo XXI Editores, 1976).

Hombre se encuentra determinado por fuerzas que le son desconocidas y es consciente de ese modo de determinación; por ende, se ve cargado con la tarea de pensar su propio impensado y así liberarse. Por último, está el doble del regreso y retiro del origen, donde el hombre es al mismo tiempo la apertura originaria a partir de la cual se despliega la historia y un objeto con una historia que lo antecede.

Cada uno de esos tres dobles contiene un polo subjetivo que sugiere la autonomía, la racionalidad y el valor infinito del Hombre. Como quien da constitución trascendental al mundo, el Hombre es dador de sentido y creador de leyes. Como pensador de su propio impensado, se deviene transparente para sí mismo, inalienado y libre. Y como horizonte propiciador de la historia, es su medida y su destino. Pero en cuanto ese polo subjetivo lo dota de ese privilegio y ese valor, define el polo objetivo opuesto que lo niega. Como objeto empírico, el Hombre es sujeto de predicción y control. Desconocido para sí mismo, lo determinan fuerzas ajenas. Y como ser con una historia que lo antecede, está cargado de una densidad que no le es en rigor propia.

El proyecto político humanista, por ende, es el de resolver el problema Hombre. Es el proyecto de promover el triunfo del polo subjetivo por sobre el objetivo, de lograr la autonomía mediante el dominio del otro en la historia, en la sociedad, en uno mismo, de convertir la substancia en sujeto. La afirmación de Foucault, tanto en *Las palabras y las cosas* como en sus escritos posteriores, es que dicho proyecto, tal como se basa en la premisa de la "soberanía sometida" del Hombre, es contraproducente, paradójico y en la praxis sólo puede llevar a la dominación. La única salida posible es una configuración por completo nueva –una configuración posthumanista que ya no produzca ese extraño doblete Hombre sino, por el contrario, un objeto por completo diferente–.

La lectura de Foucault como mero rechacionista filosófico considera que los escritos posteriores a *Las palabras y las cosas* elaboran las implicaciones sociales de la crítica filosófica del humanismo. A *Vigilar y castigar* se lo considera una crónica de la fabricación del lado objetivo del Hombre; al primer volumen de *La historia de la sexualidad* y obras más cortas como "Verdad y subjetividad" se los considera crónicas de la fabricación del lado subjetivo[11]. Si bien podría esperarse que los humanistas criti-

---

[11] Foucault, *La historia de la sexualidad, Volumen 1: la voluntad de saber,* trad. Ulises Guiñazú (México, Siglo XXI Editores, 1977) y "Truth and Subjectivity", Howison Lectures, Universidad de California, Berkeley, 20-21, octubre de 1980.

caran la cosificación del Hombre en nombre de la subjetividad, la obra de Foucault sobre la sexualidad muestra, se supone, que la subjetividad es tan problemática como la objetividad. De hecho, la complicidad y la simetría de ambos polos se revelan de manera radical en otras dos obras: *Pierre Rivière* y *Herculine Barbin*[12]. En cada uno de esos libros Foucault yuxtapone el discurso subjetivo en primera persona de un individuo (en el primero, un parricida francés del siglo XIX; en el segundo, un hermafrodita francés del siglo XIX) a los discursos médicos y legales objetivos de la contemporaneidad sobre él o ella. Si bien nunca explicita sus intenciones en dichos libros, parece seguro suponer que su propósito no es el humanista de reivindicar el discurso subjetivo por sobre el objetivo. Por el contrario, debe de ser el antihumanista de poner ambos al mismo nivel, de mostrar que dependen el uno del otro y se necesitan entre sí, que se generan juntos dentro de la formación discursiva del humanismo moderno y la ejemplifican.

Cuando las obras de Foucault se leen así, es posible tratar su rechazo del humanismo como un rechazo sólo conceptual o filosófico. Así como la delimitación del humanismo de Heidegger tenía el propósito de ampliar la dignidad humana en lugar de socavarla, la crítica de Foucault, *pace* Habermas, no es un ataque contra las nociones de libertad y razón per se. Es más bien un rechazo de un lenguaje o una formación discursiva contingentes y desbancados donde dichos valores han encontrado su expresión en los últimos tiempos. Lo nuevo e importante de la crítica social de Foucault, desde esta lectura, no es su contenido normativo implícito –*eso*, a todos los fines prácticos, es "humanista" en algún sentido laxo–. La novedad es más bien que raspa el apuntalamiento filosófico moderno clásico de dicho contenido. Foucault ha producido con éxito una especie de *Kulturkritik* que no se apoya en el marco sujeto-objeto en todas sus formas conocidas y de hecho lo repudia de manera explícita. Rechaza la noción de progreso –no sólo en su forma liberal autocomplaciente sino también en la forma más crítica y sofisticada en la cual aparece en el marxismo y en algunas versiones de la teoría crítica alemana–. Así, produce críticas genuinas de aspectos cuestionables de la cultura moderna sin presuponer una teleología hegeliana y un sujeto unitario de la historia.

---

[12] Foucault, *Yo, Pierre Riviére, habiendo degollado a mi madre, a mi hermana y a mi hermano* (MaxiTusquets, 2001) y *Herculine Barbin: Being the Recently Discovered Memoirs of a Nineteenth-Century French Hermaphrodite*, trad. Richard McDougall (Nueva York, 1980).

De manera similar, rechaza la distinción entre necesidades o intereses "reales" y "administrados", donde, se supone, los primeros se fundan sobre algo más que un régimen de poder/conocimiento contingente e histórico o un trasfondo de prácticas sociales. Por ende, puede reprobar prácticas cuestionables sin presuponer la noción de subjetividad autónoma. Así, David Hoy trata las obras de explícito corte político de Foucault (*Vigilar y castigar* y el primer volumen de *La historia de la sexualidad*) como demostraciones de cuán dispensables son esas nociones anacrónicas y cuestionables[13]. Foucault ha mostrado que no se necesita el humanismo para criticar las prisiones, la ciencia social, los pseudoprogramas de liberación sexual y demás instituciones similares; que el humanismo no es la última palabra en los escritos críticos sobre la sociedad y la historia; que hay vida (y crítica) después del cartesianismo. No es necesario temer que al renunciar al marco paradójico y aporético del sujeto-objeto también esté renunciándose por necesidad a la posibilidad de la reflexión política comprometida.

Esa lectura de Foucault como mero rechacionista filosófico es atractiva. Sugiere la posibilidad de combinar algo así como el postmodernismo filosófico de Heidegger y de Foucault con algo semejante al modernismo político de Habermas. Por ende ofrece la atractiva promesa de poder quedarse con el pan y con la torta. Se renuncia a la metainterpretación fundacionalista de los valores humanistas: la idea de que dichos valores se fundan en la naturaleza de algo (el Hombre, el sujeto) independiente de regímenes de prácticas sociales que cambian a lo largo de la historia y son más perdurables que ellos. Se renuncia también al lenguaje en virtud del cual los valores humanistas han encontrado su expresión moderna clásica: los términos "autonomía", "subjetividad" y "autodeterminación" pierden su privilegio. Pero no se renuncia al núcleo crítico substancial del humanismo. Lo que Habermas llamaría la "fuerza emancipadora" permanece. Tan sólo se emplean otros recursos retóricos y estrategias para hacer en esencia el mismo trabajo crítico que el humanismo intentó hacer, a saber, identificar y condenar aquellas formas de discurso y praxis modernos que, con el pretexto de promover la libertad, amplían la dominación.

Fuera de la cuestión de la fidelidad de esa lectura, ¿el proyecto que le atribuye a Foucault es un proyecto defendible y deseable? Considero

---

[13] Hoy, "Power, Repression, Progress" y "The Unthought and How to Think it".

que un rechazo sólo filosófico del humanismo es defendible y deseable en principio. Está en gran medida en la agenda político-filosófica actual, como puede verse a partir de una amplia variedad de obras recientes: por ejemplo, las explicaciones analíticas del concepto de autonomía de John Rawls y Gerald Dworkin[14]; las reconstrucciones antifundacionalistas del liberalismo de Richard Rorty y Michael Walzer[15]; las versiones antihumanistas del marxismo que inspirara Louis Althusser[16]; y las reconceptualizaciones deconstructivas de "lo político" de los filósofos franceses influidos por Derrida[17]. Incluso partes de la obra de Habermas pueden considerarse una versión (moderada) de dicho proyecto: su reconstrucción "comunicativa" de la ética kantiana, por ejemplo, es un intento de despojar la noción humanista de autonomía de algunas de sus formas cartesianas (su "monologuismo" y su formalismo ahistórico) y al mismo tiempo preservar su eficacia como instrumento de crítica social; su distinción entre la evolución y la historia es un intento de librar al humanismo de la presuposición hegeliana de un sujeto metaconstitutivo de la historia; y su "giro lingüístico" es un intento de desprender al humanismo del punto de vista de la filosofía de la conciencia.

Pero respaldar en principio el programa general de humanismo descartizante y deshegelizante no equivale todavía a resolver muchísimos problemas muy importantes y difíciles. Sólo es comenzar a explicar las tareas y las normas en términos de las cuales ha de evaluarse el rechazo meramente filosófico que Foucault hace del humanismo. Entre esas tareas y normas, creo, está la adecuación de cuanto Foucault tiene para decir en respuesta al siguiente tipo de cuestión metaética: si suponemos que se abandona un sustento fundacionalista de los valores humanistas, entonces ¿qué tipo de justificación no fundacionalista pueden afirmar tales valores?

[14] John Rawls, *A Theory of Justice* (Cambridge, Massachusetts, 1971) y "Kantian Constructivism in Moral Theory", *Journal of Philosphy*, 77, n.° 9 (septiembre de 1980): 505-572; y Gerald Dworkin, "The Nature and Value of Autonomy" (1983).

[15] Richard Rorty, "Postmodern Bourgeois Liberalism", *Journal of Philosophy* 80 (octubre de 1983): 583-589 y "Solidarity and Objectivity?" en *Post-Analytic Philosophy*, ed. John Rajchman y Cornel West (Nueva York, 1985), 3-19; y Michael Walzer, *Spheres of Justice: A Defense of Pluralism and Equality* (Nueva York, 1983). Véase una exposición sobre Rorty en mi Capítulo 5.

[16] Louis Althusser, *For Marx*, trad. Ben Brewster (Nueva York, 1970).

[17] Véanse, por ejemplo, los ensayos de Philippe Lacoue-Labarthe y Jean-Luc Nancy en *Rejouer le politique* (París, 1982). Véase una exposición sobre su trabajo en mi Capítulo 4.

Esa, sin embargo, es una cuestión que Foucault nunca enfrentó de forma directa; por el contrario, intentó desplazarla mediante la insinuación de que los valores no pueden tener ni necesitan justificación. Y así y todo no ha proporcionado razones convincentes para la adopción de esa postura metaética extrema.

Eso pone a Foucault en la paradójica posición de no poder explicar ni justificar los tipos de juicios políticos normativos que hace en todo momento –por ejemplo, que la "disciplina" es algo malo–. Además, plantea la cuestión de si los valores implícitos en las descripciones cargadas sin vergüenza de valor que hace de la realidad social constituirían, si se los hiciera explícitos, una perspectiva normativa de primer orden coherente y uniforme. Esa cuestión tiene especial importancia, dado que, a pesar de repetidas insinuaciones, Foucault nunca logró demostrar que la crítica social pueda prescindir de una perspectiva normativa de primer orden coherente (véase el capítulo 1 de este volumen).

Pero los problemas que surgen cuando leemos en Foucault una propuesta de rechazo meramente filosófico del humanismo todavía van más profundo. Incluso si lo absolviéramos de la responsabilidad de producir una teoría moral aceptable, todavía podemos cuestionar si ha producido una retórica política no humanista satisfactoria, una retórica que de hecho lleve a cabo, y de mejor forma, el trabajo crítico que la retórica humanista buscaba hacer. Podemos cuestionar, por ejemplo, si su retórica logra en verdad distinguir entre mejores y peores regímenes de praxis social; si logra de hecho identificar formas de dominación (o si pasa por alto algunas o interpreta mal otras); si, en referencia a las formas de resistencia a la dominación, en verdad logra distinguir las fructíferas de las infructíferas, las aceptables de las inaceptables; y, por último, si logra sugerir no sólo que el cambio es posible sino también qué tipo de cambio es deseable (véase el Capítulo 3 de este volumen). Esas, considero, son algunas de las principales tareas de la crítica social y son tareas con respecto a las cuales la crítica social de Foucault bien podría considerarse deficiente.

Vale la pena recordar que la lectura de Foucault como rechacionista meramente filosófico del humanismo incluía la afirmación de que había logrado producir una especie de *Kulturkritik* sin apoyarse en apuntalamientos cartesianos. Pero tal afirmación ahora parece abierta a un cuestionamiento. Deberíamos entonces concluir que, más allá de lo loable que pueda ser el proyecto general, la versión de rechazo meramente filosófico de Foucault o la versión que lectores como David Hoy le han atribuido es incompleta y, por ende, insatisfactoria. Tiende, por ende, a promover la suposición de que en la obra de Foucault uno trata con un rechacionista de tipo más fuerte.

2

Una segunda lectura de Foucault sostiene que, además de rechazar el humanismo por motivos filosóficos, también lo rechaza por motivos estratégicos. Dicha lectura ofrece una interpretación correspondiente de la postura de Foucault: afirma que considera el humanismo una retórica y una praxis políticas que se desarrollaron al principio de la era moderna para oponerse a lo que en esencia eran formas premodernas de dominación y opresión. Sus blancos eran instituciones tales como el absolutismo monárquico, el uso de la tortura para arrancar confesiones a delincuentes y las ejecuciones públicas espectaculares y crueles. Mediante su oposición a tales prácticas, el humanismo buscaba limitar los ataques a los cuerpos de las personas; proclamaba un nuevo respeto por la interioridad, la persona, la humanidad y los derechos. No obstante, el resultado no fue la abolición de la dominación sino, por el contrario, el reemplazo de las formas premodernas de dominación por formas nuevas, con quintaesencia moderna. La nueva inquietud por la "humanidad" contribuyó con el desarrollo de una poderosa batería de tecnologías de la ciencia social que transformaron en masa y ampliaron mucho el alcance y la penetración del control social. El asombroso crecimiento y la casi ubicua propagación de dichas técnicas equivalió a una revolución de la naturaleza misma del poder en la cultura moderna. El ejercicio del poder sufrió una transformación tan profunda que hizo al humanismo irrelevante y *dépassé*. Las salvaguardas democráticas forjadas en la lucha contra el despotismo premoderno no tienen fuerza contra los nuevos modos de dominación. No vale de nada hablar de derechos y de la inviolabilidad de las personas cuando el enemigo no es el déspota, sino el trabajador social psiquiátrico. De hecho, tal discurso y la praxis de reforma asociada con él sólo empeoran las cosas. El humanismo, por ende, debe rechazarse por razones tanto estratégicas como filosóficas. En la situación actual, está vacío de fuerza emancipadora.

Dicha lectura da gran importancia al argumento de *Vigilar y castigar*. Allí Foucault hace una crónica de la emergencia de la "norma" y su reemplazo de la "ley" como instrumento primario de control social moderno. Dicho cambio se produjo, afirma, como resultado del desarrollo de un nuevo régimen de poder/conocimiento que generó un nuevo sujeto y objeto de conocimiento y un nuevo blanco del poder, a saber, el Hombre. Mientras que un régimen anterior había producido un conocimiento de acciones manifiestas (delitos o pecados) y un poder cuyo blanco eran los cuerpos, el nuevo régimen buscaba conocer y disciplinar el carácter o el "alma". Ese nuevo objeto de poder/conocimiento era más profundo: era la sensibilidad o la personalidad lo que subyacía en las acciones manifiestas; el fundamento o la causa de dichas acciones era el yo o el conjunto de actitudes. Su temporalidad misma era diferente; persistía mucho más allá de las acciones más efímeras, meras expresiones exteriores. Por ende, el conocimiento de dicho objeto tiene una estructura fundamentalmente diferente y la producción de tal conocimiento empleó técnicas fundamentalmente diferentes. Junto con el Hombre nacieron las "ciencias humanas". Dichas ciencias investigaban las leyes que regían la formación, perseverancia y alteración de la sensibilidad. Producían tipologías de carácter y clasificaciones de "almas". Constituían a los individuos como casos y trataban sus acciones abiertas como signos manifiestos de realidades latentes. Tales signos debían descifrarse de manera de poder determinar la "naturaleza" particular del individuo en cuestión —entonces podría explicarse su acto en virtud de dicha naturaleza—. Además, los conocimientos sinópticos complementaban a los conocimientos individualizadores. Se desarrollaron métodos estadísticos para estudiar y evaluar a las masas poblacionales. Se formularon normas estadísticas que hicieron posible ubicar a los individuos en escalas de conmensuración. Desde el punto de vista del control social, las categorías relevantes dejaron de ser las anticuadas categorías jurídicas de culpable e inocente. Por el contrario, pasaron a ser relevantes las categorías de normalidad y desviación creadas por la ciencia social. A partir de entonces, el mundo pasó a estar poblado menos por malhechores que por "desviados", "pervertidos" y "delincuentes".

Así, *Vigilar y castigar* describe la emergencia y el carácter de una forma de poder nueva, de claro carácter moderno: el poder normalizador-disciplinario. Es un tipo de poder más apropiado para el estado de bienestar burocrático que para los regímenes despóticos a los que se opone el humanismo. Es un poder que se ejerce en silencio y sin espectacularidad pero, a pesar de eso, de forma continua, penetrante y ubicua. No tiene centro que pueda identificarse con facilidad sino que es "capilar", está disperso por todo el cuerpo social. Sus agentes característicos son científicos sociales, peritos, trabajadores sociales, psiquiatras, docentes, criminalistas progresivos y ciudadanos legos que internalizan sus categorías y valores. Por sobre todo, es un poder contra el cual el humanismo no tiene defensa.

La lectura de Foucault que ahora estamos estudiando considera, entonces, que su rechazo del humanismo tiene motivos tanto estratégicos como filosóficos. Se afirma que, según su argumento, las nociones de subjetividad, autonomía y personalidad a las cuales apela el humanismo son de hecho componentes integrales del régimen disciplinario. Lejos de ser ideales en verdad críticos y oposicionales con fuerza emancipadora, son de hecho las normas y los objetos mismos mediante los cuales se ejerce la disciplina. Las personas y los sujetos comenzaron a existir en el sentido propio de la palabra recién cuando comenzó a existir el régimen moderno de poder/conocimiento. El crítico humanista que apela a ellos no está por ende en una posición desde la cual pueda oponerse a ese régimen con eficacia. Por el contrario, está atrapado en el movimiento multiplicador que define la "era del Hombre".

¿Es defendible esa perspectiva? El argumento de *Vigilar y castigar* consiste en un ejemplo histórico extendido: el movimiento de reforma penal europeo del siglo XVIII. Dicho movimiento buscaba poner fin a la praxis del *ancien régime* de tortura de cuerpos y reemplazarlo por una práctica penal que apuntara a la mente del delincuente. Reordenaría las representaciones mentales del delincuente para hacerlo reflexionar e instruirlo, con lo cual lo rehabilitaría como agente y como sujeto. Pero, según Foucault, la reforma humanista nunca se materializó; enseguida se transformó en un modo normalizador y disciplinario de castigo en el cual el delincuente se convirtió en objeto de una tecnología de reacondicionamiento causal.

Hay obvias razones lógicas para dudar de que dicho argumento establezca que deba rechazarse el humanismo por motivos estratégicos: extrapola de un caso, con una antigüedad de más de cien años, la conclusión general de que la concepción humanista de libertad como autonomía hoy en día carece de fuerza crítica con respecto a las instituciones disciplinarias.

Además, si se examina con más detenimiento dicho caso, se puede ver un nuevo detalle muy importante. La explicación de Foucault implica que el movimiento humanista de reforma penal contenía una ambigüedad importante. No queda claro si el nuevo objeto de castigo, la "mente" o la "humanidad" del delincuente, implicaba la capacidad de elección racional y libre (a grandes rasgos, las capacidades que Kant atribuye al yo nouménico) o el núcleo o continente de representaciones condicionado por las causas (a grandes rasgos, el yo que propone la psicología asociacionista con las propiedades que Kant le atribuye al yo empírico). El resultado fue que no quedaba claro si el proyecto de restauración del sujeto jurídico implicaba la generación de un proceso de reflexión sobre uno mismo en virtud del cual el delincuente se sometería a un cambio de su *yo*, un proyecto que requeriría adoptar, en relación al delincuente, lo que Habermas llama "la postura de la interacción comunicativa" (o persuasión dialógica) o si significaba reformular la asociación de ideas mediante condicionamiento cognitivo, un proyecto que significaría adoptar lo que Habermas llama "la postura de la acción estratégica" (o control tecnológico). La explicación de Foucault sugiere que el movimiento de reforma penal combinaba esos dos objetos y sus correspondientes proyectos y orientaciones de acción y así, en efecto, contenía dentro de sí las semillas de la disciplina. Postulaba, al menos en forma embrionaria, un Hombre cosificado, predecible y manipulable y así de hecho abría la puerta a los ingenieros conductuales y los tecnólogos del bienestar.

Pero, de ser así, entonces lo que el argumento de *Vigilar y castigar* desacredita no es el humanismo en sí en absoluto sino, más bien, cierta forma híbrida parecida al utilitarismo. (Tampoco eso debería sorprender, dado que el archivillano del libro es Jeremy Bentham, inventor del panóptico.) Por ende, no se sigue que un humanismo no utilitario, kantiano o cuasikantiano carezca de fuerza crítica contra el condicionamiento psicológico y la manipulación mental que son los blancos reales de la crítica del poder disciplinario que hace Foucault. Recuérdese que Habermas ha concebido una versión del humanismo kantiano que, al menos en cierta medida, apunta a responder a las objeciones filosóficas consideradas en la sección anterior del presente ensayo[18]. Ha elaborado una reinterpretación pragmática de la ética de Kant, una reinterpretación que despega el contraste autonomía-heteronomía de los vestigios de la ontología sujeto-objeto fundacional que conservaba en Kant y por el contrario la fija a la distinción pragmática entre interacción comunicativa y acción estratégica.

[18] Habermas, *Legitimation Crisis*, traducción Thomas McCarthy (Boston, 1975).

Ese cambio consolida la fuerza normativa y crítica de la noción de autonomía frente a la disciplina. Condena de hecho la acción estratégica más allá de si el objeto de castigo es un cuerpo, un "alma" o un "yo".

Me parece factible seguir esa línea habermassiana y así y todo reconocer que Foucault tuvo razón al sostener que, en el contexto del castigo, el resultado de la reforma penal de la Ilustración no fue sólo contingente. De hecho parece dudoso que el proyecto de llegar a un acuerdo con un delincuente, de postularlo como sujeto autónomo de conversación, pudiera haber sido en algún momento algo distinto a una manipulación y control del comportamiento lingüístico, dado que *ex hypothesi*, ha de llevarse a cabo en una "situación discursiva [de quintaesencia no] ideal" de encarcelamiento involuntario. Lo mismo puede decirse de las mujeres de la familia burguesa liderada por el hombre, los estudiantes de las instituciones de educación obligatoria, los pacientes de los hospitales psiquiátricos, los soldados del Ejército –de hecho, de todas las situaciones en las cuales el poder que estructura el discurso es jerárquico y asimétrico y donde a algunas personas se les impide hacer sus reclamos, bien mediante fuerza manifiesta o encubierta, bien por características estructurales tales como la carencia de vocabulario apropiado para interpretar sus necesidades–.

Pero el hecho de que el ideal humanista de subjetividad autónoma sea irrealizable, e incluso cooptable, en tales contextos "disciplinarios" no debe considerarse un argumento en contra de dicho ideal. Puede considerárselo, por el contrario, un argumento contra el poder jerárquico y asimétrico. No es necesario llegar a la conclusión, con Foucault, de que los ideales humanistas deben rechazarse por motivos estratégicos. Puede llegarse por el contrario a la conclusión, con Habermas, de que una condición de posibilidad de la realización de dichos ideales es que el "poder" que estructura el discurso sea simétrico, no jerárquico y, por ende, recíproco. De hecho, podría reinterpretarse la noción de autonomía de manera de incorporar esa idea, como lo ha hecho Habermas. Para él, la autonomía deja de referirse a un proceso "monológico" de formación de la voluntad en el cual un individuo aislado excluye toda necesidad, deseo y motivo empíricos y considera sólo lo que requiere la razón formal pura. Autonomía se refiere más bien a un proceso "dialógico" ideal en virtud del cual personas con iguales derechos e igual poder para cuestionar las normas imperantes buscan consenso mediante la conversación sobre cuál de las necesidades y los intereses empíricos, en apariencia individuales, son de hecho generalizables. En dicha interpretación, los casos de dominación disciplinaria que describe Foucault en *Vigilar y castigar* son ejemplos no de autonomía sino de heteronomía, precisamente porque involucran modos de producción de discurso que no cumplen con los requisitos procedimentales especificados por la "situación discursiva ideal".

Además, vale la pena observar que cualquier argumento estratégico contra el humanismo depende de consideraciones empíricas complejas. Los antihumanistas deben demostrar que el carácter real del mundo contemporáneo hace del humanismo algo irrelevante y *dépassé*. Deben mostrar, por ejemplo, que de hecho en nuestra época la principal amenaza para la libertad es el estado de bienestar burocrático moderno y no otras formas de represión u opresión. Pues incluso los "humanistas-utilitarios" pueden sostener que, con todos sus problemas, la sociedad "carcelaria" descrita en *Vigilar y castigar* es mejor que la dictadura del Estado-partido, la junta o el imam; que, *pace* Foucault, la prisión reformada es preferible al gulag, la celda de tortura sudafricana o salvadoreña y la "justicia" islámica; y que en *este* mundo (que es el mundo real), el humanismo sigue teniendo un considerable nivel de impacto crítico y emancipador.

Además, para humanistas no utilitarios como Habermas, la continua relevancia estratégica del humanismo es incluso más amplia. No está confinada a la crítica de las formas premodernas de dominación sino que rige por igual para formas "disciplinarias" de poder más modernas.

3

Hay incluso otra forma de leer a Foucault que nos queda por considerar. Dicha forma considera que rechaza el humanismo no sólo con fundamentos conceptuales o estratégicos sino, por el contrario, con fundamentos normativos sustantivos. Sostiene que Foucault cree que el humanismo tiene un carácter indeseable intrínseco, que la concepción de libertad como autonomía es una fórmula de dominación *tout court*. Además, algunos exponentes de esta línea de interpretación, como Hubert L. Dreyfus y Paul Rabinow, sostienen que tiene razón en rechazar el humanismo por motivos normativos[19].

Dicha lectura es o debería ser el blanco real del ataque de Habermas, pues niega que la reconceptualización pragmática y dialógica de la auto-

---

[19] Dreyfus y Rabinow, *Michel Foucault*.

nomía responda a las objeciones de Foucault. El argumento de Habermas tendría peso, se sostiene, si Foucault estuviera sólo sosteniendo que la disciplina es el uso de la ciencia social en programas utilitarios cuyo propósito es la normalización de desviaciones en contextos de poder asimétrico o jerárquico y que el humanismo no es eficaz contra ello. No obstante, de hecho su tesis es mucho más fuerte. Foucault sostiene que incluso una subjetividad autónoma realizada a la perfección sería una forma de dominación normalizadora y disciplinaria.

Dicha lectura depende mucho del trabajo más reciente de Foucault: el primer volumen de su *Historia de la sexualidad* y la conferencia "Verdad y subjetividad", donde se adelanta la dirección a seguir en los volúmenes posteriores de la *Historia*[20]. Se considera que dichos textos hacen por el lado subjetivo del doblete Hombre lo que *Vigilar y castigar* hizo por el lado objetivo: proporcionan una explicación genealógica de la fabricación del sujeto hermenéutico, un sujeto que no es el continente empírico, condicionado por la causalidad, de representaciones, sino, por el contrario, el sujeto supuestamente libre, cuasinouménico de interacción comunicativa. Foucault demuestra, se sostiene, que lejos de proporcionar un punto de vista de emancipación, la fabricación de dicho sujeto sólo sella la dominación del Hombre. La subjetivación del Hombre es en realidad su sujeción.

Dicha lectura observa con acierto que la obra posterior de Foucault se concentra en una variedad de prácticas subjetivadoras. Un lugar central entre ellas lo ocupan aquellas formas discursivas de quintaesencia humanista que apuntan a la liberación y el dominio propio mediante la tematización y la crítica de contenidos del yo con anterioridad no tematizados ni criticados: deseos, pensamientos, anhelos y necesidades no expresados. Foucault busca los orígenes de la noción de que mediante el desciframiento hermenéutico del sentido profundo y oculto de tales contenidos puede alcanzarse la lucidez sobre el otro en uno mismo y así dominarlo y liberarse. Traza el recorrido de dicha noción desde sus comienzos en el examen de conciencia estoico y la penitencia cristiana hasta sus variantes modernas en el psicoanálisis y la política supuestamente pseudorradical de liberación sexual. Foucault busca mostrar que "la verdad no es por

---

[20] Foucault, *La historia de la sexualidad*, vol. 1; "Subjetividad y verdad"; *La historia de la sexualidad*, vol. 2, *El uso de los placeres* (Buenos Aires, 1984); y *La historia de la sexualidad*, vol. 3, *La inquietud de sí* (México, 2014).

naturaleza libre", que "criar un animal que se confiese" llevó siglos de coacción e intimidación[21].

Sin lugar a dudas, las primeras formas de subjetivación hermenéutica implicaban una suerte de distribución asimétrica y jerárquica del poder en la cual una autoridad silenciosa ordenaba, juzgaba, descifraba y terminaba por absolver el discurso confesional y a su autor, pero para la lectura que ahora estamos tomando en consideración Foucault no supone que dicha asimetría y jerarquía sean la esencia del poder disciplinario ni cree, se sostiene, que sean lo más objetable de él. Por el contrario, es posible imaginar una sociedad disciplinaria perfeccionada en la cual el poder normalizador se haya devenido tan omnipresente, tan por completo adaptado, tan penetrante, interiorizado y subjetivado, y por ende tan invisible, que ya no hubiera necesidad de confesores, psicoanalistas, guardiacárceles y demás. En esa sociedad por completo "panoptizada", la dominación jerárquica y asimétrica que algunas personas ejercieran sobre otras pasaría a ser superflua; todos se vigilarían y se controlarían a sí mismos. Las normas disciplinarias se habrían internalizado tanto que no se sentirían como algo proveniente del exterior. Por ende, los integrantes de dicha sociedad serían autónomos. Se habrían apropiado del otro tanto como de sí mismos y habrían convertido la substancia en sujeto. La dominación de clase habría dado lugar al reino de los fines. La situación del discurso ideal se habría hecho realidad. Pero, se sostiene, no sería libertad.

Dicha imagen del panopticismo total, triunfante se considera significativa no desde el punto de vista empírico –como una predicción del rumbo futuro del desarrollo histórico– sino, por el contrario, desde el conceptual –por la nueva luz que arroja sobre los ideales humanistas de autonomía y de reciprocidad–. Sugiere que, después de todo, no se los puede considerar ideales de genuina oposición sino que son, más bien, los objetivos mismos del poder disciplinario. Por el contrario, sugiere que la jerarquía y la asimetría no son, como suponen los humanistas, esenciales para dicho poder, sino, más bien, imperfecciones que deben eliminarse mediante una mayor refinación. Por ende, sugiere que incluso la versión de los ideales humanistas de Habermas es interna al régimen disciplinario

---

[21] Foucault, "Nietzsche, Genealogy, History", en *Language, Counter-Memory, Practice: Selected Essays and Interviews*, ed. Donald F. Bouchard, trad. Buchard y Sherry Simon (Ithaca, Nueva York, 1977).

y está desprovista de fuerza crítica y emancipadora con respecto a él. Por ende, tales ideales deben someterse a fundamentos normativos.

¿Es defendible dicha postura? Considérese cómo podría responder un humanista habermassiano sofisticado a la línea de razonamiento recién resumida. Supóngase que, según su postura, cuanto Foucault concibe como la realización de la subjetividad autónoma no es sino pseudoautonomía en condiciones de pseudosimetría; que a pesar de las apariencias, el lado subjetivo y el lado objetivo no coinciden todavía en realidad; que el otro internalizado sigue siendo otro; que la vigilancia de uno mismo sigue siendo vigilancia e implica la dominación jerárquica de una fuerza sobre otra; que el hecho de que todo el mundo lo ejerza sobre sí mismo por igual no lo hace un gobierno genuinamente simétrico sobre uno mismo de sujetos autónomos.

Supongo que un humanista habermassiano estaría en apuros para contestar a tales afirmaciones. Por hipótesis, los integrantes de la sociedad por completo panotpizada están en una situación discursiva ideal, de manera que dicha noción no tendrá fuerza crítica aquí. Será necesario invocar algún otro criterio para distinguir entre autonomía "real" y "pseudoautonomía", y no queda claro cuál podría ser tal criterio.

Sin embargo, supóngase que el humanista habermassiano toma un rumbo diferente y concede a Foucault su supuesto de autonomía y simetría "reales". Supóngase que se pone firme y dice, "si eso es disciplina, estoy de acuerdo con ella". Sería conceder que esas nociones humanistas no tienen fuerza crítica con respecto a la sociedad por completo panoptizada, pero también implicaría afirmar que no supone una objeción para ellas, dado que no hay ninguna buena razón para oponerse a tal sociedad. Esa sociedad sólo parece objetable porque Foucault la ha descrito de una manera que promueve la falacia genética, es decir, porque la ha hecho el resultado de un proceso histórico de coacción jerárquica y asimétrica en virtud del cual, según términos nietzscheanos, a las personas se las ha "criado" para ser autónomas. Pero esa descripción es muy tendenciosa. ¿Por qué no describirla, por el contrario, como una forma de vida desarrollada sobre la base de nuevas competencias comunicativas emergentes, competencias que, si bien quizá no convertidas en la lógica misma de la evolución, permiten sin embargo por primera vez en la historia la socialización de individuos orientados a la práctica política dialógica? ¿Por qué no describirla como una forma de vida deseable, dado que ya no considera las necesidades y los deseos humanos hechos brutos y dados que deben satisfacerse o reprimirse sino, por el contrario, como algo accesible a reinterpretación y transformación lingüística intersubjetiva? Tal éxito, después de todo, ampliaría la esfera de la deliberación político-práctica y reduciría la del control y la manipulación técnico-instrumentales.

Esta respuesta devuelve la responsabilidad de la argumentación a Foucault. Al sostener que la autonomía panóptica no es el espectáculo de horror que consideró Foucault, el humanista habermassiano lo desafía a declarar, en términos independientes del vocabulario del humanismo, qué tiene de malo exactamente esa sociedad hipotética y por qué deberíamos resistirnos a ella. Además, no bastaría a tal fin con que Foucault se limitara a invocar términos tales como "subyugación" y "normalización". Decir que tal sociedad es objetable porque es normalizadora equivale a decir que es conformista o representa la regla de *das Man*: eso, en efecto, equivaldría a apelar a algo así como la autenticidad que (como la entendieran Derrida e incluso quizá el mismo Heidegger en su última época) es sólo otra versión de la autonomía, si bien una versión descentralizada.

En última instancia, entonces, todo rechazo normativo del humanismo requerirá apelar a algún paradigma alternativo, posthumanista, ético capaz de identificar rasgos objetables de una sociedad autónoma realizada por completo. Requerirá, en otras palabras, nada menos que un nuevo paradigma de libertad humana. Sólo desde el punto de vista de tal paradigma Foucault o sus intérpretes pueden sostener un rechazo normativo convincente del humanismo.

No obstante, Foucault no ofrece paradigma ético alternativo y posthumanista alguno. En ocasiones sugiere que la protesta promovida en nombre de los placeres de nuestros cuerpos puede haber tenido un mayor potencial emancipador que la protesta promovida en nombre del ideal de autonomía, pero nunca justifica ni elabora tal sugerencia. Tampoco nos da razones convincentes como para creer que las afirmaciones expresadas en un "lenguaje corporal" nuevo estén menos sujetas a mistificación y abuso de lo que lo han estado las afirmaciones humanistas (véase el Capítulo 3 de este volumen).

Por ende, parece que la lectura de Foucault como rechacista normativo del humanismo nos lleva a elegir entre un paradigma ético conocido y una *x* desconocida. Mientras mantengamos la discusión en este plano filosófico-moral, se justifica nuestra parcialidad hacia Habermas; debemos resistirnos a rechazar la idea de autonomía, al menos hasta que los foucaultianos completen su *x*. Pero sospecho que será más fructífero evitar esa conclusión por un rato y cambiar el debate a un plano más hermenéutico y sociológico. Permítaseme reformular en cierta medida el problema como una elección entre dos conjuntos de temores o concepciones del peligro.

Recuérdese la pesadilla de Foucault de la sociedad por completo panoptizada. Ahora considérese que Habermas también describe una situación de "mundo nuevo" para el futuro –pero su versión es el opuesto diametral de la de Foucault–. Habermas teme "el fin del individuo", una forma de vida en la cual la gente ya no se socialice para exigir legitimaciones racionales y normativas de autoridad social[22]. En esta visión distópica, todo el mundo se limita a apegarse con cinismo a consideraciones estratégicas privatizadas y la instancia de la interacción comunicativa en efecto termina por desaparecer.

En lugar de preguntarnos cuál de estos "mundos nuevos" es el bueno y cuál es el malo, podríamos preguntarnos cuál capta mejor nuestros peores temores sobre las tendencias sociales contemporáneas, pero dicha pregunta es demasiado compleja como para resolverla de forma exclusiva por medios filosófico-morales. Es en parte una pregunta sobre las tendencias empíricas dentro de las sociedades occidentales contemporáneas y en parte una pregunta sobre los temores y, por ende, sobre las identidades sociales de los integrantes de tales sociedades y las interpretaciones históricas que hacen de sí mismos. Por lo tanto, es una cuestión de una dimensión hermenéutica irreductible: exige que sopesemos formas alternativas de situarnos con respecto a nuestra historia y nos concibamos en relación a futuros posibles, por ejemplo, como agentes políticos y participantes potenciales de movimientos sociales opositores. Plantear el problema de esa manera equivale a reconocer la necesidad de un esfuerzo interdisciplinario y hermenéutico *importante* –un esfuerzo que hace uso de todas las herramientas de deliberación histórica, sociológica, literaria, filosófica, política y moral para evaluar tanto la viabilidad de nuestras tradiciones muy tensas y polivalentes como las posibilidades de movimientos sociales opositores–. No obstante, después de reconocer eso, no hay seguridad de que tal esfuerzo pueda contenerse dentro de los términos de una elección entre Habermas y Foucault.

---

[22] Habermas, *Problemas de legitimación en el capitalismo tardío*.

Este último punto queda en especial en evidencia cuando consideramos que un movimiento social e intelectual sin vínculos fuertes con Habermas ni con Foucault está emprendiendo tal reconsideración interdisciplinaria del humanismo. Me refiero a la comunidad interdisciplinaria de académicas y activistas feministas que está cuestionando el concepto de autonomía como valor central de la cultura occidental moderna dominada por el hombre. Dentro de dicho movimiento están debatiéndose una cierta cantidad de perspectivas diferentes sobre la autonomía. En un extremo del espectro están quienes, como Simone de Beauvoir, entienden la liberación femenina precisamente como una garantía de nuestra autonomía en el sentido humanista clásico[23]. En el otro extremo están quienes, como Alison M. Jaggar, rechazan la autonomía con el fundamento de que es un valor de intrínseco carácter masculinista, sobre la base de la premisa de un dualismo mente-cuerpo, intelecto-afecto, voluntad-naturaleza vinculado con una injusta dicotomía masculino-femenino que presenta a la mujer (la naturaleza, el afecto, el cuerpo) como el otro que debe dominarse y suprimirse[24]. En medio hay varias posturas intermedias. Están quienes, como Carol Gould, sostienen que la autonomía es sólo una mitad de una concepción por completo humana de la libertad y la buena vida y que debe complementársela con los valores "femeninos" de la atención y la relación con el otro que la ideología humanista ha denigrado y reprimido[25]. Están quienes, influidas por Carol Gillian, afirman que debemos reconocer que ahora hay en funcionamiento dos moralidades (en la actualidad asociadas con el género) con dos conceptos diferentes de autonomía correlacionados con la vida pública y la vida privada respectivamente[26]. Y están quienes, como Iris Young, insisten en que la tarea consiste más bien en superar la división entre esas moralidades y rechazar la oposición entre autonomía y "femineidad" o humanismo y antihumanismo[27].

[23] Simone de Beauvoire, *El segundo sexo* (Madrid, 2001).

[24] Alison M. Jaggar, *Feminist Politics and Human Nature* (Totowa, Nueva Jersey, 1983).

[25] Carol Gould, "Private Rights and Public Virtues: Women, the Familiy and Democracy", en *Beyond Domination*, ed. Gould (Totowa, Nueva Jersey, 1983).

[26] Carol Gillian, *In a Different Voice: Psychological Theory and Women's Development* (Cabridge, Massachusetts, 1982).

[27] Iris Young, "Humanism, Gynocentrism, and Feminist Politics", *Hypatia: A Journal of Feminist Philosophy*, 3, edición especial de *Women's Studies International Forum* 8, n.º 3 (1985): 173-185.

No podemos en el presente anticipar el resultado de dichos debates, pero podemos reconocer su capacidad para resituar, si no desplazar por completo, la dimensión normativa de la disputa Habermas-Foucault, pues la interrogación feminista de la autonomía es la arista teórica que, en un sentido literal, está reformulando las identidades sociales de grandes cantidades de mujeres y de algunos hombres y las interpretaciones históricas que hacen de sí mismos. Dado que la disputa normativa entre Habermas y Foucault es en última instancia una cuestión hermenéutica sobre tales identidades e interpretaciones, no puede sino verse afectada, y quizá incluso transformada, por tales sucesos.

¿Entonces Foucault nos ha dado buenas razones para rechazar el humanismo por motivos normativos? En un sentido estricto, no, pero con respecto a la cuestión más amplia de la viabilidad del humanismo como ideal normativo todavía no conocemos los resultados; todavía no se han expresado todos los sectores.

4

¿Michel Foucault es un "joven conservador"? ¿Ha demostrado la superioridad de la crítica rechacista de la modernidad con respecto a la crítica dialéctica? Tras hacer un balance, el tablero se ve más o menos así.

En primer lugar, cuando se interpreta que Foucault sólo rechaza el humanismo con fundamentos conceptuales y filosóficos, la acusación de Habermas fracasa. Foucault no aspira necesariamente a una ruptura total con los valores y las formas de vida de la modernidad sólo por rechazar una metainterpretación fundacionalista de ellos. De hecho, el proyecto del humanismo descartizante es en principio loable. Pero, por el otro lado, es entendible que Habermas haya seguido el rumbo que siguió, dado que Foucault no ha hecho el trabajo conceptual necesario para elaborar y completar un rechazo de mero carácter filosófico del humanismo.

En segundo lugar, cuando se interpreta que Foucault rechaza el humanismo con fundamentos estratégicos, la acusación de Habermas da en el blanco. Foucault no ha logrado establecer que un humanismo pragmático, descatizado carezca de fuerza crítica en el mundo contemporáneo. Por el contrario, hay razones para creer que tal humanismo sigue siendo eficaz y de hecho en un doble sentido. Por un lado, obra en contra de las formas todavía existentes de dominación premoderna; por el otro, obra en contra de las formas de dominación racionalizada con métodos administrativos descritas en *Vigilar y castigar*. Entonces Foucault no ha formulado argumentos convincentes a favor del rechacismo estratégico.

Por último, cuando se interpreta que Foucault rechaza el humanismo con fundamentos normativos, las consideraciones filosófico-morales sustentan la postura de Habermas. Sin un paradigma ético no humanista, Foucault no puede presentar argumentos normativos convincentes para oponerse al humanismo. No puede responder a la pregunta: ¿por qué deberíamos oponernos a una sociedad por completo panoptizada y autónoma? Y, sin embargo, resulta ser que habrá fundamentos para rechazar, o al menos modificar y resituar, el ideal de autonomía. Si las feministas logran reinterpretar nuestra historia de manera de vincular ese ideal con la subordinación de las mujeres, entonces el paradigma normativo mismo de Habermas no permanecerá ileso. La cuestión más amplia sobre la viabilidad normativa del humanismo sigue abierta.

Al fin de cuentas, Michel Foucault no es un "joven conservador", pero tampoco logra demostrar la superioridad del rechacismo por sobre la crítica dialéctica de las sociedades modernas.

Capítulo 3

El lenguaje corporal de Foucault: ¿una retórica política posthumanista?

Agarras a la chica por la muñeca: "¡Basta de disfraces, Lotaria! ¿Hasta cuándo seguirás dejándote manejar por un régimen policial?"
Esta vez Sheila-Ingrid no logra ocultar cierta turbación. Libera la muñeca de su apretón. "No entiendo a quién estás acusando. No sé nada de tus cuentos. Yo sigo una estrategia muy clara. El contrapoder debe infiltrarse en los mecanismos del poder para derrocarlo".
"¡Y para reproducirlo luego tal cual! ¡Es inútil que te camufles, Lotaria! ¡Si desabrochas un uniforme hay siempre debajo otro uniforme!"
Sheila te mira con aire desafiante.
"¿Desabrocharlo...? Sólo inténtalo..."
Ahora has decidido dar la batalla, no puedes echarte atrás. Con mano espasmódica desabrochas la bata blanca de Sheila, la programadora, y descubres el uniforme de agente de policía de Alfonsina; arrancas los botones de oro de Alfonsina y encuentras la parca de Corinna; bajas el cierre de Corinna y ves las insignias de Ingrid...
Ella misma se arranca las prendas que le quedan: aparecen dos pechos macizos redondos como un melón, un estómago algo cóncavo, un ombligo hundido, dos caderas amplias de falsa delgadez, un pubis orgulloso, dos muslos sólidos y largos.
"¿Y éste? ¿Es un uniforme?", exclama Sheila.
Te has quedado turbado. "No, éste no...", murmuras.
"¡Pues sí!", grita Sheila. "¡El cuerpo es un uniforme! ¡El cuerpo es milicia armada! ¡El cuerpo es acción violenta! ¡El cuerpo es reivindicación de poder! ¡El cuerpo está en guerra! ¡El cuerpo se afirma como sujeto! ¡El cuerpo es un fin y no un medio! ¡El cuerpo significa! ¡Comunica! ¡Grita! ¡Impugna! ¡Subvierte!"

Italo Calvino, *Si una noche de invierno un viajero*

Una larga y distinguida tradición de crítica social e interpretación histórica moderna y normativa se ha desarrollado en torno de las nociones humanistas de autonomía, reciprocidad, reconocimiento mutuo, dignidad y derechos humanos. Estas a su vez suelen depender de una metafísica de la subjetividad. A las claras, el pensamiento social de Kant, Hegel, Marx, Husserl, Sartre y Habermas deriva su fuerza normativa de tales nociones y (con las posibles excepciones de Marx y de Habermas) de tal metafísica. No obstante, en los últimos tiempos Michel Foucault ha ofrecido un tipo de crítica social e interpretación histórica diferente, un tipo "posthumanista", que rechaza de forma explícita la metafísica de la subjetividad. Para Foucault, el sujeto es sólo un producto derivado de un determinado conjunto contingente, específico del momento histórico, de prácticas sociales infundidas mediante el lenguaje que inscribe relaciones de poder en los cuerpos. Así, desde su punto de vista, no hay fundamento para una crítica orientada en torno de las nociones de autonomía, reciprocidad, reconocimiento mutuo, dignidad y derechos humanos. De hecho, rechaza dichos ideales humanistas por considerarlos instrumentos de dominación empleados dentro del "poder disciplinario/ régimen de conocimiento" actual.

¿De dónde, entonces, deriva *su* fuerza crítica la obra de Foucault, su descripción de "la sociedad carcelaria", por ejemplo? ¿Cómo logra Foucault hacerla ver tan fea y amenazante sin apelar a los ideales humanistas asociados con el concepto del sujeto? ¿Presupone algún punto de vista normativo alternativo, posthumanista? Y de ser así, ¿qué *lo* justifica? ¿Presupone alguna metafísica alternativa, por ejemplo, una metafísica de cuerpos? ¿O su crítica tiene un radical carácter antifundacionalista? Y, de ser así, ¿qué tipo de justificación puede afirmar?

El mismo Foucault está lejos de tener una única postura invariable con respecto a estos temas; no obstante, hay una cierta cantidad de cosas que son claras. De hecho, no ha elaborado ninguna alternativa normativa sustancial para el humanismo y, más aún, como algunos de los integrantes de la escuela de Fráncfort, sospecha por completo de todo intento de formular fundamentos teóricos positivos para la crítica. Supone que tales esfuerzos tienen un implícito carácter totalitario por totalizar, que deben ser normalizadores por ser normativos[1]. Pero incluso cuando rechaza el proyecto de una nueva *teoría moral* posthumanista, en efecto proclama la necesidad de un nuevo *vocabulario* o una nueva *retórica* de crítica so-

---

[1] El mismo Foucault no sostiene de manera explícita esas suposiciones. No obstante, su maestro, Georges Canguilhem, intentó demostrar una relación interna entre lo normativo y lo normalizador en la medicina; véase *Le normal et le pathologique* (París, 1966). A mi entender, no se ha expresado de manera verosímil por qué debería considerarse que tal relación tiene una validez más general.

cial[2]. Seguir usando el mismo vocabulario humanista moderno, la misma retórica es, afirma, ampliar y perpetuar la forma de vida misma a la cual desea oponerse. De allí la necesidad de un nuevo *paradigma crítico*.

Lo que deseo explorar aquí es el proyecto de una crítica sin fundamentos normativos tradicionales, una crítica arraigada en una *retórica* postmoderna más que en una *teoría* postmoderna. Para hacerlo, examinaré algunas observaciones un tanto asistemáticas de Foucault, observaciones que en efecto esbozan algunos requisitos para un nuevo paradigma crítico y sugieren, si bien de modo tentativo y abstracto, cómo podría ser tal paradigma. En otras palabras, me enfocaré en el aspecto de su pensamiento que no se contenta con ser sólo el contradiscurso inmanente mismo del humanismo, su consciencia crítica y autorreflexiva, por así decirlo, sino que por el contrario aspira a "transgredir" o trascender el humanismo y a reemplazarlo por algo nuevo[3]. El resultado interesante de tales consideraciones, por revelar el final, es que, a la luz de todas las dificultades expuestas, el viejo humanismo moderno, o alguna versión de él destrascendentalizada como corresponde, van resultando cada vez más atractivos.

Para comenzar, permítaseme observar que una cosa es criticar un vocabulario político afianzado y otra es dejar de usarlo. Foucault no sólo no elabora una alternativa postmoderna sustancial para el humanismo, sino que sigue haciendo uso tácito de la misma retórica humanista que afirma estar rechazando y deslegitimando. *Vigilar y castigar*, por ejemplo, incluso cuando acusa a la reforma humanista de complicidad con el poder disciplinario, basa su *propia* fuerza crítica en la familiaridad del lector con los ideales modernos de autonomía, reciprocidad, dignidad y

---

[2] Hayden White ha observado la centralidad de la retórica, a diferencia de la de la epistemología y la de la ética, en el proyecto de Foucault; véase su "Michel Foucault" en *Structuralism and Since: From Lévi-Strauss to Derrida*, ed. John Surrock (Oxford, 1979). Richard Rorty desarrolla el contraste entre un *vocabulario* moral y una *teoría* moral en "Method, Social Science, and Social Hope", en *Consequences of Pragmatism: Essays, 1972-1980* (Mineápolis, 1982).

[3] La distinción entre estas dos líneas del pensamiento de Foucault me quedó grabada como resultado de los comentarios de James Bernauer sobre un borrador anterior de este trabajo leído en una reunión de la Sociedad de Fenomenología y Filosofía Existencial el 29 de octubre de 1981 en Evanston, Illinois. Los comentarios del Profesor Bernauer resaltaron lo que llamo la línea de "inmanentismo" de Foucault, mientras que mi trabajo resaltaba lo que llamo la línea "transgresiva". A las claras, ambas están presentes en Foucault. Regresaré a este contraste entre ellas al final del trabajo.

derechos humanos y su compromiso con ellos[4]. ¿Qué si no la adhesión a tales nociones –al menos como los ideales de la cultura propia, cuando no como las categorías fundacionales ineludibles de la reflexión moral per se– explica el rechazo que genera la descripción gráfica que Foucault hace de los procesos de producción de "cuerpos dóciles"?

Ahora bien, no debe achacársele a Foucault el seguir hablando (o al menos murmurando) el lenguaje del humanismo. Todo buen derrideano admitirá que no hay, al menos por el momento, ningún otro lenguaje que pueda usar. Cauteloso, quizá, ante los peligros de las "falsas salidas"[5], él mismo reconoce que no puede tan sólo rechazar de plano cuando quiera las nociones normativas asociadas con la metafísica de la subjetividad. Admite que

> Cuando hoy se quieren objetar de alguna manera las disciplinas y todos los efectos de poder y conocimiento vinculados con ellas, ¿qué es lo que se hace en concreto, en la vida real… sino apelar precisamente a este canon de derecho, este famoso derecho formal que, se dice, es burgués y en realidad es el derecho de la soberanía?[6]

Pero incluso cuando no puede sino recurrir a la retórica del "derecho" contra la disciplina, no se contenta con ella. Afirma que es inadecuada por varias razones. En primer lugar, el vocabulario de los derechos es fundacionalista; se propone ser el "lenguaje mismo de la moralidad", por parafrasear a Richard Rorty, es decir, estar fundado en "la naturaleza de las personas como en realidad son en sí mismas" fuera de su participación en regímenes contingentes de prácticas sociales específicos del momento histórico. Esa falta de adecuación podría ser corregible si no sucediera también, según Foucault, que el discurso sobre el derecho funciona en la sociedad contemporánea como un lenguaje de mistificación que obscurece los procesos reales de dominación social y contribuye a producir los sujetos de dichos procesos.

---

[4] Defiendo esta tesis en "Foucault on Modern Power: Empirical Insights and Normative Confusions"; véase el capítulo I de este volumen.

[5] La "salida falsa" es la expresión de Jacques Derrida para el esfuerzo abstracto y prematuro en virtud del cual uno se catapulta fuera del cierre metafísico sólo para terminar por reproducirlo; véase "The Ends of Man", *Philosophy and Phenomenological Research*, 30, n.º 1 (septiembre de 1969): 56.

[6] Foucault, "Two Lectures", en *Power/Knowledge*, ed. Colin Gordon, trad. Gordon y otros (Nueva York, 1980), 108.

La explicación de Foucault del funcionamiento mistificador de la retórica humanista depende de algunas suposiciones sobre la temporalidad histórica que contribuyen a definir su *propio* proyecto de una retórica política posthumanista. Dichas suposiciones salen a la luz con el curioso hecho de que acuse a la retórica de los derechos de dos faltas que en apariencia se contradicen entre sí.

Por un lado, el derecho no es el parámetro normativo propio para la tematización crítica de la disciplina porque es *anacrónico*. Se remonta a un período anterior en el cual el poder todavía no se ha desperdigado por completo por la totalidad del cuerpo social mediante microprácticas disciplinarias diarias. Así, Foucault sostiene que la crítica psicoanalítica del fascismo, por más admirable que fuera, fue "en última instancia una 'retrovisión' histórica", porque se expresaba en las categorías de la ley, el derecho y la soberanía[7].

Pero, por otro lado, Foucault *también* rechaza el paradigma del derecho (de la "soberanía" como a veces lo llama) con el fundamento de que es precisamente *contemporáneo* con el régimen disciplinario y, por ende, es interno a él y cómplice con él. Dice,

> No es mediante el uso de la soberanía en contra de la disciplina que pueden limitarse los efectos del poder disciplinario, porque la soberanía y los mecanismos disciplinarios son dos constituyentes por completo integrales del mecanismo general de poder de nuestra sociedad[8].

Es sin lugar a dudas ese rechazo de la crítica contemporánea lo que está en juego cuando Foucault insinúa que el marxismo puede ser inadecuado porque se opone al régimen del "biopoder" en los términos propios de este último, a saber, en nombre de la "vida"[9].

Por supuesto, en el estricto sentido de la palabra, Foucault no puede quedarse con el pan y con la torta y sostener que el derecho es al mismo tiempo anacrónico a la disciplina y contemporáneo de ella. De hecho, para reconciliar la aparente contradicción sostiene que el poder moderno se aplica precisamente mediante esa heterogeneidad entre las prácticas disciplinarias y la organización ideológica y jurídica atávica del derecho. En otras palabras, el derecho, por el mismo hecho de ser *anacrónico*,

---

[7] Foucault, *The History of Sexuality, Volumen I: An Introduction*, trad. Robert Hurley (Nueva York, 1978), 150.

[8] Foucault, "Two Lectures", 108.

[9] Foucault, *The History of Sexuality*, 144-145.

tiene la función ideológica *contemporánea* de enmascarar la dominación disciplinaria y así contribuir a ella.

Pero sea como fuere, lo importante aquí es que Foucault quiere descartar en principio todo paradigma crítico que sea anacrónico al régimen que ha de criticar o contemporáneo de él. Ni el vocabulario del pasado ni el del presente son adecuados. A las claras, eso deja sólo el vocabulario del futuro. Foucault parece suponer que toda crítica adecuada de la disciplina debe esperar la aparición de una retórica política por completo nueva, la cual en su esquema de cosas equivale a una nueva visión moral.

> Si se quiere buscar una forma no disciplinaria de poder o, más bien, luchar contra las disciplinas y el poder disciplinario… debería recurrirse a… la posibilidad de una nueva forma de derecho, una forma que debe de hecho ser antidisciplinaria pero al mismo tiempo debe estar liberada del principio de soberanía[10].

Eso pone a Foucault en una postura similar a la del Heidegger maduro, la postura de esperar una *Ereignis* que revele una nueva dirección de desarrollo cultural por completo desconectada de la forma agonizante del humanismo moderno, pero dado que Foucault no está de acuerdo con la crítica que Heidegger hace de la voluntad, su tipo de "espera" no es en esencia receptividad pasiva ("Ahora sólo Dios puede salvarnos"), sino, por el contrario, una espera de múltiples resistencias locales que se llevan a cabo en nombre de ideales positivos no expresables. Parece ser, entonces, que su suposición sobre la temporalidad histórica y la crítica lo condenan a una política de la negación.

Pero Foucault hace un intento poco definitivo de superar esta instancia de resistencia de defensa de la posición a la espera de la aurora de un nuevo parámetro posdisciplinario, posthumanista del derecho. Lanza un indicio ocasional sobre cómo podría ser ese parámetro o al menos dónde sería apropiado buscarlo. Sin embargo, esos indicios son desconcertantes porque la alternativa que sugieren parece vulnerable precisamente a los tipos de objeciones que, según el parecer de Foucault, viciaban el humanismo: parece involucrar un alejamiento del antifundacionalismo y un giro a una nueva metafísica –una metafísica de los cuerpos– y puede estar no menos sujeta a cooptación y mistificación de lo que, Foucault sostiene, lo ha estado la crítica humanista.

[10] Foucault, "Two Lectures", 108.

Foucault concluye el primer volumen de su *Historia de la sexualidad* con la sugerencia de que "el punto de reunión para el contraataque al ejercicio de la sexualidad no debería ser el deseo sexual, sino los cuerpos y los placeres"[11]. Las razones para el rechazo del "deseo sexual" son las típicas razones deconstructivas y desmitificadoras. El "sexo", según Foucault, es un objeto ficticio inventado a fines del siglo XVIII que funciona como instrumento de dominación en el régimen del biopoder. No existió hasta el régimen de poder/conocimiento moderno

> agrupados en una misma unidad artificial, los elementos anatómicos, las funciones biológicas, las conductas, las sensaciones y los placeres... [hicieron] uso de esa unidad ficticia como principio causal, un sentido omnipresente, un secreto a descubrirse en todo lugar[12].

El sexo tiene una función en el régimen moderno como objeto epistémico y blanco de poder; justifica procedimientos asimétricos de coerción e intimidación e induce la formación de hábitos de vigilancia y control del *yo*. Pero el sexo no se corresponde con nada fuera de esa función. Tan sólo *es* esa función, un objeto dentro de un conjunto de prácticas.

Por supuesto, con respecto a esto no difiere de ningún otro elemento del esquema de cosas de Foucault. Desde su punto de vista, todas y cada una de las cosas son un constructo social, pero no todo es "ficticio" como lo es el sexo. Lo distintivo del sexo es que, a diferencia de muchos otros objetos incluidos en las prácticas, su propósito es remitir a una entidad trascendente que existe separada de todas las prácticas sociales y que se puede identificar con independencia de ellas. "Sexo", entonces, es el nombre que un régimen de poder histórico particular da a un objeto ilusorio que postula como existente fuera de todos los regímenes de poder y sujeto a la represión y la distorsión que ellos ejercen. Por lo tanto, el sexo es un objeto ilusorio mediante el cual el régimen actual canaliza la protesta para integrarla al mecanismo de su propio funcionamiento, el cual alimenta con ella. Las protestas en nombre del sexo no hacen sino seguir expresando la organización de la sexualidad propia del régimen. "No debemos pensar que cuando uno dice sí al sexo le dice no al poder; por el contrario, se recorre el camino marcado por la aplicación general de la sexualidad"[13].

[11] Foucault, *The History of Sexuality*, 157.

[12] *Ibid.*, 154.

[13] *Ibid.*, 156.

De una manera equivalente a su tratamiento del "Hombre" y el sujeto, Foucault rechaza entonces el "deseo sexual" como categoría normativa por dos razones diferentes desde el punto de vista analítico pero interrelacionadas desde el funcional: (1) es fundacionalista y (2) es un instrumento de dominación. Como lo hizo en el caso del "Hombre" y el sujeto, supone que el sexo es un instrumento de dominación *tout court*, no tiene fuerza crítica y emancipadora frente al régimen actual.

Por el contrario, sugiere la resistencia en nombre de "los cuerpos y los placeres". ¿Pero ese parámetro escapa a las dificultadas que plagaban el deseo sexual? Debe de ser que la noción de placer corporal no es ficticia como lo es el sexo o que no funciona como un instrumento de dominación dentro del ejercicio actual de la sexualidad.

¿Qué podría querer decir que los cuerpos son no ficticios como lo es el sexo? ¿Podría ser que Foucault eximiera a los cuerpos de su tesis general de que todo es interpretación de pie a cabeza? En otras palabras, ¿podría ser que sostenga que el cuerpo no es sólo un objeto dentro de un régimen de prácticas sino, por el contrario, algo con significancia trascendental?

Hay cierta evidencia para sustentar esa lectura en *Vigilar y castigar*, cuando sostiene que más allá de la manera en la cual diferentes prácticas penales constituyen o instituyen sus respectivos objetos, en realidad es siempre el cuerpo al cual está castigándose. Cuando el soberano tortura los cuerpos de los malhechores, cuando los reformadores rehabilitan a sujetos jurídicos, cuando los disciplinarios normalizan a los pervertidos, todos de hecho están ejerciendo fuerza sobre los cuerpos. Siempre es el cuerpo el que se cuestiona.

Pero si de hecho Foucault sostiene la idea de que el cuerpo tiene significancia trascendental y si es por *esa* razón que afirma que los cuerpos son el fundamento apropiado para la crítica política postmoderna, ¿cómo evita él mismo el tipo de fundacionalismo por el cual ataca al humanismo?

De hecho, Foucault no identifica característica positiva alguna de los cuerpos, "dado que en realidad están en sí" separados de las formas en las cuales se los "invistió" a lo largo de la historia. Tampoco deriva ideal político normativo universal alguno de esa corporalidad suprahistórica putativa. Por el contrario, llama a su proyecto el estudio de la historia de la tecnología política del cuerpo. Insiste con que no es la historia de lo que la gente ha dicho y pensado sobre el cuerpo ni la de algún referente idéntico anterior a la historia. Por el contrario, es una historia del cuerpo investido por la política y la historia, de las maneras particulares en las cuales los diferentes regímenes de poder/conocimiento sucesivos instituyen el cuerpo como objeto dentro de sus respectivas técnicas y prácticas. Por ejemplo, está la tortura del cuerpo del *ancien régime*, el objeto del "arte de sensaciones insoportables"; después está el cuerpo mecánico, analizable de la ciencia de Galileo, el objeto de fuerzas y movimientos espaciotemporales calculables; y también está el cuerpo natural, orgánico de la disciplina, el objeto educable, manipulable de *adiestramiento* y en última instancia el "cuerpo dócil".

A las claras, ninguno de esos es el cuerpo *simpliciter*. Por el contrario, cada uno de ellos es el cuerpo ya investido de alguna forma de poder específica de la historia. De hecho, la noción del cuerpo *simpliciter*, como substrato anterior al poder, sobre el cual el poder inscribe sus figuras, desaparece por completo del panorama. Ese tipo de cuerpo sería sólo otra versión de la *Ding-an-sich*, dado que nunca puede encontrarse y no tiene propiedades identificables en absoluto. El antifundacionalismo de Foucault le exige rechazar tal noción. No puede apelar con coherencia a ella para fundamentar una visión política posthumanística ni para justificar sus interpretaciones históricas.

De ser así, uno podría preguntarse: ¿con qué derecho sigue hablando del cuerpo *simpliciter* en absoluto? ¿Qué justifica que llame a su trabajo una historia de la tecnología política de "*el* cuerpo"? ¿Qué justifica su suposición de que los cuerpos investidos de diferentes maneras recién mencionados sean todas especies del mismo género? Si no hay referente común identificable subyacente a todos ellos, ¿por qué organizar el material de esa manera? Y ¿por qué darle al cuerpo una función especial en la crítica política?

Para evitar un desacertado regreso desde su postura antifundacionalista a una postura metafísica, es probable que Foucault deba responder a esas preguntas como lo haría un pragmático. Debería decir que, si bien no hay fundamento *ontológico* para organizar su discurso sobre la sucesión de los regímenes de poder/conocimiento en términos de cómo instituyen a los cuerpos en lugar de hacerlo en algún otro término, *hay* un fundamento *programático* en cuanto a que tal discurso brinda una perspectiva crítica que nos ayuda a avanzar. Es, en ese sentido, el discurso más eficaz para tematizar la problemática de la emancipación en las sociedades modernas.

Pero si la afirmación de *Vigilar y castigar* de que es en realidad siempre una cuestión de cuerpos se reduce, en efecto, a la afirmación de que el "lenguaje del cuerpo" tiene mayor potencial emancipador que las alternativas, entonces debemos preguntarnos si esa última afirmación es de hecho así. ¿El "lenguaje del cuerpo" es en verdad más eficaz que el "lenguaje de los derechos" o el "lenguaje de los deseos" o el "lenguaje de las necesidades y los intereses"?

Sin lugar a dudas, la respuesta de Foucault será que el lenguaje de los derechos y los otros funcionan como instrumentos de dominación dentro del régimen de poder disciplinario, mientras que el lenguaje del cuerpo no lo hace; pero para abordar la primera mitad de esa respuesta, podría decirse que incluso si el discurso de los derechos funciona así, no se sigue de ello que sea por completo ineficaz o esté vacío de fuerza crítica. El mismo Foucault ha citado casos en los cuales grupos de oposición se han apropiado de vocabularios afianzados para sus propios fines y los usaron contra aquellos que los empleaban para excluirlos y oprimirlos. Observa, por ejemplo, que a quienes se descalificaba como "pervertidos" en el vocabulario de la nueva *scientia sexualis* del siglo XIX defendían su legitimidad en un contradiscurso que empleaba algunos de los términos mismos de ese vocabulario[14]. Ahora, si en ese caso fue posible una "inversión estratégica", ¿por qué no podría ocurrir algo similar en el caso del discurso de los derechos? ¿Por qué Foucault descarta tal posibilidad sin pensarlo dos veces? ¿Por qué supone que el discurso sobre los derechos no tiene potencial emancipador en absoluto, que es reducible por completo a su función mistificadora putativa actual?

Quizá crea que el historial de la retórica humanista es tan triste que está más allá de toda posibilidad de redención. Pero, de ser así, ¿no podría cuestionarse su historiografía? Sin lugar a dudas, no es necesario ser defensor whiguista de la ideología del progreso ni positivista fundacionalista en cuestiones de epistemología para dudar de que le haya hecho justicia al "momento emancipador" de la historia del humanismo. En última instancia, la decisión de rechazar la retórica de los derechos exige sin lugar a dudas una evaluación más sensata de tales consideraciones que la brindada por Foucault y un estudio de las alternativas disponibles.

---

[14] *Ibid.*, 134. El ejemplo y el argumento general se encuentran en Jonathan Arac, "The Function of Foucault at the Present Time", *Humanities in Society*, 3, n.º 1 (invierno de 1980): 73-86.

Eso me lleva a la segunda mitad de la afirmación que acabo de atribuirle a Foucault, a saber, que el lenguaje del cuerpo no funciona en la actualidad como instrumento de dominación disciplinaria. Sin lugar a dudas eso es verdad, pero sólo en un sentido trivial, dado que nadie habla hoy en día ese lenguaje del cuerpo, *no* tiene función, bien que genere dominación, bien de cualquier otro tipo, en el régimen actual. Por lo tanto, satisface el requisito de Foucault de que toda retórica o paradigma críticos adecuados deben ser radicalmente externos o situarse en el futuro. Sin embargo, eso sólo muestra, desde su punto de vista, cuán insuficiente (y de hecho extraño) es el criterio de Foucault, pues lo mismo podría decirse de una enorme cantidad de lenguajes que en la actualidad no se hablan ni nacieron. ¿Qué justifica la sugerencia de que el lenguaje relacionado con los cuerpos y con sus placeres es el lenguaje que necesitamos ahora? ¿Por qué *él* en particular parece promisorio como estratagema antidisciplinaria?

Una manera de responder a esa pregunta es recurrir al valor táctico del lenguaje del cuerpo frente a la "ideofilia" de la cultura humanista[15]. En otras palabras, puede decirse que la retórica de los cuerpos y del placer es útil para exponer y oponerse, de una manera espectacular, al excesivo privilegio que la cultura occidental moderna les ha atribuido a la subjetividad, la sublimación, la idealidad y demás; pero eso equivale a tratar la sugerencia de Foucault como un llamativo ardid estratégico tendiente a *épater les bourgeois*. A menos que pueda decirse algo más sobre los usos del discurso del cuerpo para tematizar siquiera algunos de los principales problemas sociales y políticos de la actualidad –problemas tales como la perspectiva de un socialismo democrático, no burocrático ni autoritario; la crisis ecológica; el cientificismo, el teologismo y la deformación de la vida pública; el sexismo, el racismo, la homofobia y los chauvinismos nacionales y religiosos; las relaciones entre culturas modernas y tradicionales; el desarme; la cultura de masas; la familia; la pobreza–, a menos que el discurso del cuerpo pueda hablar de alguna de esas maneras, sería entendible que la propuesta de Foucault pudiera considerarse insustancial.

¿Qué podría entonces permitirnos decir y hacer mejor con respecto a tales cosas el lenguaje del cuerpo que el vocabulario del humanismo? Aquí es donde se agota mi capacidad para imaginar una posible respuesta foucaultiana. No puedo formar una imagen concreta de cómo sería la

[15] Por este término estoy en deuda con James Bernauer (véase nota 3 precedente). La observación también me la hizo Hayden White.

resistencia a la aplicación de la sexualidad en el régimen de biopoder en nombre de los cuerpos y sus placeres. O, en la medida en que puedo hacerlo, con la más irónica de las coincidencias la imagen se asemeja al utilitarismo hedonista del arquitecto mismo del panóptico, Jeremy Bentham. Sin embargo, incluso más inquietante es la idea de que, dado que la aplicación disciplinaria de la sexualidad según Foucault ha producido su propio abanico de placeres corporales (incluso los asociados con las situaciones de sadomasoquismo, de cazador y presa, de gato y ratón descritas en el primer volumen de *La historia de la sexualidad*) –en otras palabras, dado que el poder disciplinario ha marcado por completo los únicos cuerpos que tenemos los potenciales manifestantes–, no queda claro cómo las afirmaciones en nombre de los placeres de nuestros cuerpos tendrían un mayor peso crítico en el régimen que, por ejemplo, las afirmaciones en nombre de los derechos reconocidos por la tradición pero *no realizados en general* en la cultura occidental moderna.

De hecho, es probable que de las propias suposiciones antifundacionalistas de Foucault se siga que no hay punto arquimídeo normativo para la crítica política. Ningún vocabulario en absoluto es intrínsecamente inmune a toda posibilidad de cooptación y mal uso. Abandonar la búsqueda filosófica del "lenguaje mismo de la moralidad" por considerarla ilusoria equivale a admitir que, dadas las circunstancias correctas, cualquier concepto normativo, ideal emancipador o retórica política puede o podría ser usado como instrumento de dominación, y probablemente vaya a serlo[16]. Y del mismo modo equivale a reconocer que no es necesario reducir paradigma crítico alguno sin restos de esa condición, dado que las "inversiones estratégicas" a veces son posibles. La moraleja aquí es que las afirmaciones expresadas en el lenguaje de los placeres de nuestros cuerpos no son más intrínsecamente inmunes a la cooptación y el abuso de lo que lo son las afirmaciones hechas en cualquier otro vocabulario. Su capacidad de generar peso crítico y escapar a la cooptación depende por completo de su situación.

Parece entonces que lo mejor que se puede hacer es examinar en detalle la crítica social de Foucault y formular la pregunta directa: ¿qué es después de todo lo que nos resulta objetable del régimen de disciplina y biopoder descrito de manera tan gráfica aquí? ¿Para hacer un resumen más eficaz de nuestras objeciones podemos decir que las prácticas panóp-

---

[16] Véase Richard Rorty, "Method, Social Science, and Social Hope".

ticas y demás producen una economía ofensiva de cuerpos y placeres o decir que no respectan los derechos que expresan nuestra idea de cómo debería tratarse a las personas?

Sospecho que a la mayoría de las personas la segunda formulación le parecerá más mordaz. La mayoría de las personas objetará el régimen de poder moderno con el fundamento de que (1) cosifica a las personas y niega la autonomía que suele preferirse concederles y (2) se basa en la premisa de relaciones jerárquicas y asimétricas y niega la reciprocidad y la mutualidad con frecuencia valoradas en las relaciones humanas. Pero expresar así las cosas equivale a sugerir que después de todo puede haber algún potencial emancipador sobreviviente en el humanismo. Equivale a sugerir la posibilidad de la suerte de crítica inmanente que consiste en condenar las instituciones de una cultura por su incapacidad para hacer realidad sus propios ideales muy aceptados.

No obstante, puede sostenerse que lo que a la mayoría de las personas le parece más mordaz no es la última palabra. Reconozco que ese enfoque tiene algo de inquietante carácter conservador. Las objeciones recién formuladas se expresan en el vocabulario de la teoría normativa occidental y las instituciones que la sustentan no son inocentes de dicha teoría y dicha tradición. Por el contrario, esas instituciones en sí están saturadas con las presuposiciones de los últimos siglos de nuestra cultura. Por lo tanto, parece una petición de principio tomarlas como norma cuando lo que ha de decidirse es cuán deseable es una revolución en la cultura política que produzca una reestructuración importante de nuestras instituciones, presuposiciones y vocabulario. En otras palabras, parece demasiado tendencioso suponer que conservaremos nuestros parámetros actuales o deberíamos hacerlo.

Pero después de reconocer ese problema, no hay manera de pasar por alto el hecho de que nuestros parámetros actuales son los únicos que tenemos en la actualidad. Es verdad que pueden no regirnos para siempre, que puede darse una revolución en la cultura política (si bien, por supuesto, no hay garantía de que eso genere una mejora –según los parámetros de *cualquiera*). Pero ante la ausencia de tal revolución– es decir, ante la ausencia de alguna visión social positiva, concreta, palpable alternativa o un ejemplo capaz de ganarse nuestra lealtad y reestructurar nuestra forma de ver las cosas –, los parámetros que tenemos son los parámetros que tenemos. No obstante, tenemos una gran autoconsciencia reflexiva del hecho de que somos *nosotros* quienes los tenemos. Entonces, cuando aparece alguien que no ofrece una alternativa expresada de manera convincente y nos dice que nuestros intentos de criticar la disciplina en términos de humanismo son sólo un testimonio de cuán inmersos estamos en la matriz disciplinaria, y que, de hecho, son movidas realizadas para expresar y fortalecer dicha matriz, cabe tener una dosis sana de escepticismo –siempre y cuando, por supuesto, tal escepticismo no degenere hasta convertirse en una suerte de adhesión ciega a la tradición que descarte la receptividad de nuevos paradigmas críticos, si emergen y cuando lo hagan–.

Si esta conclusión parece ser demasiado severa con Foucault, podría valer la pena recordar que se sigue de un análisis de sólo una línea de su pensamiento –la línea que aspira a "transgredir" o trascender el humanismo y reemplazarlo por algo nuevo–. Es ese Foucault "transgresivo" a quien parece faltarle genuina seriedad política, quien parece carecer de los recursos teóricos, léxicos y críticos necesarios para sostener una visión política viable.

Pero cerrar así el asunto implicaría ignorar la *otra* línea del pensamiento de Foucault –la que en efecto constituye el contradiscurso inmanente mismo o la consciencia crítica del humanismo–. Esa es la línea que aspira menos a derribar el humanismo que a mantener su sinceridad. No ofrece soluciones propias sino sólo un olfato muy agudo para detectar la hipocresía, el sesgo y el engaño de sí mismo, por un lado, y la lógica histórica en virtud de la cual "los modos del conocimiento y la praxis humanistas escapan a las buenas intenciones de quienes los formulan y defienden, por el otro"[17]. Ese es el Foucault revelador, socrático, el Foucault que quizá haya hecho más que nadie desde Marx por exponer y advertir sobre la enorme variedad de formas en las cuales la retórica humanista puede haber sido y ser objeto de mal uso y cooptación. A *ese* Foucault debemos estarle muy agradecidos.

Pero incluso esa conclusión más equitativa puede no parecer del todo satisfactoria. A pesar de (o quizá debido a) su eminente razonabilidad, uno podría sentirse incómodo con una interpretación que subdivide a Foucault de esa manera y resalta para su aprobación sólo la parte de su pensamiento que es, por expresarlo en términos derrideanos, recupera-

---

[17] Bernauer, véase nota 3 precedente.

ble dentro del cierre humanista. En otras palabras, uno podría querer encontrar alguna otra manera de valorar mejor al Foucault irrecuperable.

Se sugieren dos posibilidades. Primero, podría seguirse más en la línea de Derrida y ver al Foucault inmanentista y al Foucault transgresivo como dos fases de un "doble gesto" deconstructivo. La no identidad de esas fases sería entonces el "intervalo" que marca el texto como la suerte de "escrito bifurcado" necesario para "*des*plazar" (en lugar de *re*emplazar) al humanismo[18]. Por más intrigante que sea, no queda claro cuáles serían las implicaciones políticas de tal lectura. ¿El desplazamiento es reforma? ¿Revolución? ¿O alguna nueva tercera posibilidad? ¿Significa que el Foucault inmanentista es sólo una táctica aplicada al servicio, en última instancia, del Foucault transgresivo? Y de ser así, ¿todas las objeciones precedentes a este último no se reafirman?

Quizá haya otra manera más simple en la cual podría valorarse al Foucault irrecuperable. Podríamos tomar un indicio de Susan Sontag, quien escribe:

> Los grandes escritores son maridos o amantes. Algunos escritores tienen las sólidas virtudes de un marido: confiabilidad, inteligibilidad, generosidad, decencia. Hay otros escritores de quienes se valoran los dotes del amante, los dotes del temperamento más que los de la bondad moral. Las mujeres tienen fama de tolerar cualidades en sus amantes –mal humor, egoísmo, falta de confiabilidad, brutalidad– que nunca soportarían en sus maridos a cambio de emoción, de una inyección de sentimiento intenso. De la misma manera, los lectores toleran la falta de inteligibilidad, la obsesión, las verdades dolorosas, las mentiras, la mala gramática siempre y cuando, como compensación, el escritor les haga sentir emociones poco comunes y sensaciones peligrosas. Y, al igual que en la vida, en el arte son necesarios los dos: los maridos y los amantes. Es una gran pena cuando nos vemos forzados a elegir entre uno o el otro[19].

Podría concluirse que Foucault no sirve mucho como marido; desde el punto de vista político, no se querría cohabitar con él de manera indefinida. Pero constituye de hecho un amante interesante. La indig-

---

[18] Véase Derrida, "Positions: Interview with Jean-Louis Houdebine and Guy Scarpetta", en *Positions*, trad. Alan Bass (Chicago, 1981), 41-42.

[19] Susan Sontag, "Camus' *Notebooks*", en *"Against Interpretation" and Other Essays* (Nueva York, 1966), 52. Le agradezco a Martin Jay haberme puesto al tanto de este pasaje.

nación misma con la que rechaza las virtudes, convenciones narrativas y categorías políticas comunes del humanismo generan la sacudida que en ocasiones se necesita para descosificar nuestros patrones comunes de interpretación de nosotros mismos y recuperar nuestra sensación de que, quizá, puedan no estar contándonos todos los detalles.

PARTE 2
SOBRE LO POLÍTICO Y LO SIMBÓLICO

Capítulo 4

Los derrideanos franceses: ¿politizar la deconstrucción o deconstruir lo político?

En el verano de 1980 se dictó una conferencia en Cerisy, Francia, llamada "Los fines del hombre: derivaciones de la obra de Jacques Derrida" ("Les fins de l'homme: A partir du travail de Jacques Derrida"). Entre los participantes había muchos filósofos franceses del círculo derrideano y cercanos a él así como a una cierta cantidad de críticos literarios estadounidenses. Es probable que los lectores de las minutas de dicho evento descubran que la parte más interesante de la reunión –la cual, con posterioridad, resultó ser la más fructífera– fue el "Seminario político"[1]. Allí, por fin, se plantearon de manera explícita todas las preguntas que desde hacía mucho tiempo habían estado aquejando a quienes han seguido la carrera de los escritos de Derrida y su peculiar recepción en los Estados Unidos: ¿la deconstrucción tiene alguna implicación política? ¿Tiene alguna importancia política más allá de las luchas complicadas e incestuosas que ha provocado en los departamentos de crítica literaria de las universidades estadounidenses? ¿Es posible –y deseable– expresar una política deconstructiva? ¿Por qué, a pesar de la retórica revolucionaria de sus escritos de alrededor de 1968[2] y a pesar de la suposición generalizada de ser "de Izquierda", Derrida ha esquivado con tanto sistematismo, deliberación y habilidad el tema de la política? ¿Por qué, por ejemplo, ha circunvalado con tanta ligereza los esfuerzos tenaces de los entrevis-

La investigación para este trabajo contó con el respaldo de una beca de la Fundación de Investigación de la Universidad de Georgia que agradezco mucho.

[1] Véase *Les fins de l'homme: A partir du travail de Jacques Derrida* (París, 1981); citado en adelante como *Fins*.

[2] Véase, en especial, el ensayo cuyo título dio nombre a la conferencia: Derrida, "The Ends of Man", trad. Edouard Morot-Sir, Wesley C. Piersol, Hubert L. Dreyfus y Barbara Reid, *Philosophy and Phenomenological Research* 30, n.º 1 (septiembre de 1969): 31-57.

tadores por establecer cuál es su posición con respecto al marxismo?[3] ¿Por qué ha seguido "posponiendo por tiempo indefinido" el cruce de la deconstrucción con "el texto de Marx" que en ocasiones ha prometido? ¿O *ya* hay una política implícita en su obra? De ser así, ¿cuál es? ¿Es sostenible? ¿Qué problemas formula la muy compleja relación de Derrida con Heidegger para quienes desean politizar la deconstrucción? ¿Qué tipo de política es posible al "fin de la metafísica" o "siguiendo los pasos de la deconstrucción"? ¿Qué tipo de pensamiento político sigue siendo posible después de haberse deconstruido todas las bases tradicionales de la reflexión política? ¿Es posible repensar lo político desde el punto de vista derrideano? ¿Cómo sería tal tarea?

Los participantes del "Seminario político" de Cerisy propusieron una cierta cantidad de respuestas incompatibles entre sí a esas preguntas. No resulta sorprendente que el principal resultado de las sesiones haya sido la proliferación de preguntas y un reconocimiento de la necesidad de una investigación continua y sistemática si había de dárseles una respuesta satisfactoria. Unos meses más tarde, en el École Normale Supérieure de París se abrió el Centro de Investigación Filosófica sobre lo Político. Auspiciado por él y organizado por los filósofos de Estrasburgo Jean-Luc Nancy y Philippe Lacoue-Labarthe, un grupo compuesto sobre todo por filósofos, que incluía entre otros a muchos participantes de Cerisy, ha estado buscando desde entonces la respuesta[4]. El centro lleva a cabo unas seis reuniones al año para escuchar y discutir trabajos de personas a las que llamaré "miembros" (quienes asisten con regularidad, han estado asociados con Derrida o influidos por él y no han hecho necesariamente trabajos anteriores con una orientación directa a cuestiones de especí-fico carácter político) y de personas a las que llamaré "no miembros" (quienes no asisten con regularidad, no se han identificado en especial con la deconstrucción y cuyo trabajo se ha dedicado de forma explícita desde hace mucho tiempo a la política –por ejemplo, Claude Lefort, los exalthusserianos Etienne Balibar y Jacques Rancière y el editor de *Esprit* Paul Thibaud–). Los trabajos presentados durante el primer año de existencia del centro, junto con el texto de su declaración inaugural de fundación, se han recopilado y publicado bajo el título de *Rejouer le*

---

[3] Véase Derrida, "Positions: Interview with Jean-Louis Houdebine and Guy Scarpetta" en *Positions*, trad. Alan Bass (Chicago, 1981), 37-96.

[4] El resumen actual cubre sólo los dos primeros años de la existencia del centro.

politique[5]. Los trabajos del segundo año aparecieron en otro volumen, *Le retrait du politique*[6].

La trayectoria central del trabajo del centro, en especial conforme la definen los trabajos de los miembros publicados en dichos volúmenes, es interesante y original. Se trata de una trayectoria que quizá sorprenda a muchos lectores estadounidenses, tanto defensores de la deconstrucción como opositores a ella, pues está muy marcada por temas heideggerianos y arendtianos y muestra una profunda sospecha de los tipos de proyectos de politización de la deconstrucción o la expresión de una política deconstructiva que han surgido en los Estados Unidos[7]. Para entender esa línea inesperada de pensamiento, para ver por qué y cómo ha cobrado la forma que cobró y, por último, para evaluar sus méritos, es necesario primero examinar las discusiones del "Seminario político" de Cerisy.

Podría decirse que dos de las presentaciones de Cerisy, a pesar de su excelente concepción y redacción y de la cantidad de temas originales y provocadores que las marcaban, han sido predecibles. Cada una de ellas buscaba aislar lo que sus autores consideraban el "gesto" más fundamental de la deconstrucción derrideana y determinar su importancia política. Cada una de ellas hacía de ese gesto el fundamento para una política de la deconstrucción e intentaba elaborar a partir de él una orientación política sustancial y programática. A los lectores de Derrida no les resultará sorprendente que los dos trabajos en cuestión se hayan erigido sobre diferentes gestos y, por ende, presentaran políticas deconstructivas diferentes –y, de hecho, opuestas–.

La crítica literaria Gayatri Chakravorty Spivak presentó lo que podríamos llamar el "gesto de izquierda" y, por ende, la versión de izquierda de la política deconstructiva[8]. Si bien reconoció que "Derrida ya no invoca ese proyecto" (511), Spivak orientó sin embargo su trabajo al cierre apocalíptico de su ensayo de 1968 "Los fines del hombre". "El proyecto de la deconstrucción –citó con aprobación– es el de una agitación [*ébranlement*] [que] sólo puede provenir del afuera y tiene lugar [*se joue*] en

---

[5] *Rejouser le politique* (París, 1982); en adelante citado como *Rejouer*.

[6] *Le retrait du politique* (París, 1983); en adelante citado como *Retrait*.

[7] Véase, por ejemplo, Michael Ryan, *Marxism and Deconstruction: A Critical Articulation* (Baltimore, 1982). Más abajo se expondrá trabajo relacionado de Gayatri Chakravorty Spivak.

[8] Spivak, "Il faut s'y prendre en s'en prenant à elles", en *Fins*, 505-515; en adelante citado entre paréntesis, por número de página, en mi texto. Las traducciones son mías.

la relación violenta –sea 'lingüística'… etnológica, económica, política o militar– entre *todo* Occidente y su otro"[9]. En otras palabras, el objetivo es allanar el camino para la revolución, desestabilizar Occidente en virtud de forzarlo a confrontarse con el otro al que excluye. Para Spivak, ese otro es "las mujeres… el mundo no occidental… las víctimas del capitalismo" (513). Pero, sostuvo, "*todas* las relaciones entre Oriente y Occidente se expresan hoy en día en términos de la posibilidad de la producción, a nivel máximo, de plusvalía absoluta y, a nivel mínimo, de plusvalía relativa; y eso no es sólo en el sentido 'puro' de un efecto excedente del texto" (511). Desde su punto de vista, fue Derrida mismo quien mostró que "el cuerpo de trabajo, aun cuando sea un texto, no es sin lugar a dudas un texto entre otros" y que "la economía no es un ámbito entre otros" (511). Por ende, concluyó Spivak, el discurso de la deconstrucción no puede seguir excluyendo al de la economía política. Persistir en la reducción de esta última a "la condición de método precrítico engañado por su propia axiomática" es engañarse a su vez a uno mismo (507). Es recaer "en un espacio precrítico, ideológico" (513), reproducir el gesto mismo de exclusión-marginalización que el mismo Derrida ha condenado en repetidas ocasiones desde su *La voix et le phénomène* de 1967 (508). Es establecer una "oposición binaria" mediante "una cierta decisión ético-política" que establece "normas centralizadas por medio de exclusiones estratégicas" (506). Eso ignora la "enseñanza 'política' más importante" que ha de adquirirse de Derrida: la teoría es una práctica; debe tenerse cuidado de "no excluir el otro término de una polaridad o los márgenes de un centro", debe "cuestionarse el carácter normativo de las instituciones y las disciplinas en las cuales y por las cuales vivimos" (506).

Así, en defensa del proyecto de una "agitación radical de Occidente desde el afuera", Spivak abogó por que la deconstrucción deconstruyera su propia exclusión de la economía política. Afirmó que una sutil lectura de Marx revelaría una *avant la lettre* deconstructora. Los derrideanos contemporáneos deberían seguir el ejemplo de Marx y "confrontar el falso otro de la filosofía, hacer que una contingencia performativa o revolucionaria estalle en [ella, hacer] sentir la heterogeneidad del ser y el conocimiento y del ser y el hacer". Deberían descentrar su propio discurso, "abrirlo a un 'afuera' constituido por contingencias ético-políticas" (514).

---

[9] Derrida, "The Ends of Man", 56. He hecho leves alteraciones a la traducción.

La discusión que siguió a la presentación de Spivak en Cerisy no confrontó ni cuestionó de manera directa la orientación política que ella propuso. Por el contrario, los participantes observaron que había elementos metafísicos del marxismo mismo que necesitaban deconstrucción: la presuposición de una fuerza laboral "cuasidivina" que produce más de lo que consume; la elaboración de esa fuerza laboral como "fuente u origen de la plusvalía en aras de asignarle un término propio (un *propre*) al movimiento, en verdad producido por nada, de la producción de la plusvalía"; los conceptos de desapropiación, mediación y apropiación[10]. Pero sucesos posteriores del "Seminario político" pronto revelaron que muchos de los participantes no compartían el compromiso de Spivak con una deconstrucción politizada al servicio del marxismo, por menos clásica que fuera.

Mientras que la versión de la política deconstructiva de Spivak se basó en el gesto de cierre apocalíptico de "Los fines del hombre", la siguiente presentación propuso una política alternativa basada en el rechazo explícito de dicho gesto. El filósofo francés Jacob Rogozinski tituló su trabajo "Deconstruir la revolución"[11]. Sostuvo que, *pace* Spivak, el "gesto inaugural" de la deconstrucción, el que abre su campo de ejercicio, es el *rechazo* del corte o quiebre (*coupure*) radical. A su cita de "Los fines del hombre", Rogozinski contrapuso el siguiente pasaje de *Posiciones*: "no creo en los quiebres definitivos, en un 'corte epistemológico' inequívoco, como se lo llama hoy en día. Los cortes siempre, y con fatalidad, se reinscriben en un viejo trapo que debe destruirse en todo momento y sin fin"[12]. Entonces no hay transgresión que sea irrecuperable, que no pueda reinstalarse dentro del cierre que intenta superar. De hecho, es la imposibilidad del corte lo que hace necesaria la deconstrucción. Para Derrida, sostuvo Rogozinski, la idea de tal quiebre es un mero ardid del sistema, una estrategia astuta mediante la cual recupera la protesta. Por ende, se necesita una contraestrategia incluso más astuta. La deconstrucción sólo puede ser un "doble juego, una doble escritura". Debe sustituir la temporalidad violenta y explosiva del corte (y del marxismo de Spivak) por una temporalidad propia: una temporalidad de trabajo paciente, perdurable,

---

[10] Exposición transcrita en *Fins*, 515-516.

[11] Jacob Rogozinski, "Déconstruire la revolution", en *Fins*, 516-526; en adelante citado entre paréntesis, por número de página, en mi texto. Las traducciones son mías.

[12] Derrida, "Semiology and Grammatology: Interview with Julia Kristeva", en *Positions*, 24.

interminable, una labor penelópea o sisífea, "una vigilancia aguda y quizá una angustia silenciosa" (518).

Por ende, sostuvo Rogozinski, sólo puede darse inicio a una política de deconstrucción mediante un rechazo de la revolución. Dicha política debe deconstruir la revolución como el proyecto metafísico de un corte radical imposible. Debe exponer la "estructura arqueteleológica" de esta última, que proyecta un origen y un fin donde se promete un "fin del hombre" (comunismo, el proletariado) como la reapropiación absoluta de su *propre* y como el retorno a la *parousia* de su presente. Debe mostrar que el marxismo, cual proyecto de revolución, es "el último avatar de la metafísica política" (520).

Pero, continuó Rogozinski, una política deconstructiva que se contentara sólo con deconstruir la metafísica del *propre* de la filosofía política no sería adecuada. No lograría ver que en la filosofía política *anterior* a Marx esa metafísica funcionaba como una protección contra la tiranía y el Terror que era su "otro inadmisible", pues para definir las condiciones de autoridad legítima, la tradición siempre evocaba la figura del peligro mayor, la decadencia más extrema de *Mitsein*. Y elegía vincular esta última en todo caso con una perturbación del *propre*. La exigencia del *prope*, entonces, fue siempre la antistrofa de un coro que lloraba la amenaza de la tiranía. Esa tradición alcanzó su apogeo con Hegel, donde el gesto de la *Aufhebung* –cual absoluta reapropiación de la pérdida absoluta– se convirtió en la protección que resguardaba del Terror. En las secciones de la *Fenomenología* que tratan la Revolución Francesa, la *Aufhebung* era el mecanismo para superar el impensable horror de una muerte *sans phrase*; superaba la muerte sin sentido, no compensada, producida por la afirmación revolucionaria de la libertad absoluta y abstracta de la consciencia no mediada de sí mismo. En lugar de esa "muerte peor que la muerte", la *Aufhebung*, cual recuperación del *prope*, sustituyó una "hermosa muerte bajo el yugo de la Ley" (521-522).

Se sigue, *pace* Spivak, que es Hegel, no Marx, quien es el deconstructor *avant la lettre*, pues Hegel, afirmó Rogozinski, concibe el Terror como la prevención de la *différance*, como la presencia realizada de lo absoluto. En oposición al terror, la filosofía política hegeliana se establece "en el cobijo de la *différance*". Arroja lo absoluto a otro mundo fuera de la historia y del tiempo, se abstiene de intentar realizarlo aquí y ahora, lo posterga a la eternidad. Mantiene las diferenciaciones dentro de la sociedad civil así como la diferenciación entre la sociedad civil y el Estado. Así, tiene en cuenta la *différance* mediante la aceptación y la reinscripción de las diferencias en el corazón del espacio social. La política hegeliana entonces preserva una escisión no dialéctica, no suprimible (522-523).

Pero eso la pone en oposición diametral con el marxismo, que busca superar o abrogar la *différance* mediante la dialéctica en su "utopía de '*une-société*' por completo transparente y reconciliada consigo misma" (523). La política marxiana ataca por ende "el baluarte de la discreción que protege la reserva de lo absoluto" y libera el Terror revolucionario. Si el *prope* es la protección de la metafísica contra el Terror, su "otro inadmisible", entonces el marxismo es "el abandono de esa protección [y] por lo tanto (por desgracia) el menos metafísico de los proyectos" (523). Citando a Adorno, Rogozinski concluyó que la deconstrucción debe ponerse del lado de Hegel y oponerse a Marx; no debería tan sólo deconstruir la metafísica sino que debería "ser solidaria con la metafísica en el momento de su caída" (523).

Rogozinski terminó su trabajo con la formulación de lo que, consideraba, es el dilema actual de la deconstrucción: por un lado, se inicia a partir del rechazo del corte radical y se contenta con el tipo de resistencia paciente, leal y desinteresada que corresponde a una política de la resistencia; pero, por el otro, lo hace en nombre de otra ruptura más radical. Invocando el tono apocalíptico por excelencia, "pone sus ojos en el '*outre-clôture*' [y] se rinde a la fascinación del más allá, busc[ando] el 'Oriente de su texto', el otro espacio más allá de las fronteras que delimitan la metafísica occidental" (523). La deconstrucción contiene así dos llamados diferentes a la *différance*, dos entonaciones e intensidades distintas. Una nos llama a una política de la resistencia que preserve la *différance* como protección contra el Terror. La otra nos llama a una "política por completo diferente", una política de la revolución más radical de lo que se concibió alguna vez, la cual celebre la *différance* como "peligro absoluto" y "la monstruosidad del futuro" (524). La deconstrucción se desliza en todo momento –de manera estratégica, diría ella– entre una política de la revolución y una política de la resistencia. Dice que es imposible decidir entre las alternativas y se mantiene en el umbral, negada a elegir. Pero, concluyó Rogozinski, "ahora no tienes elección: debes elegir. La elección imposible de tu muerte te exige cada vez más. Debes elegir, y con rapidez, entre una 'muerte bella' bajo el yugo de la Ley y esa otra muerte monstruosa que es peor que la muerte" (525).

La discusión que siguió a esa admirable proeza fue vivaz y conflictiva[13]. Si bien los participantes del seminario no estuvieron dispuestos a aceptar la interpretación de Marx hecha por Spivak, no les gustó más la de Rogozinski. Muchos oradores objetaron su hipostatización de *un* marxismo y *un* proyecto de revolución; apelaron a la variedad de teorías, partidos y tendencias políticas marxianas y revolucionarias. Pero la respuesta más interesante fue la del mismo Derrida, quien hizo algunas de sus observaciones más directas y reveladoras a la fecha sobre el tema de la política. Afirmó estar de acuerdo con las líneas generales de la argumentación pero no coincidir con las conclusiones de Rogozinski. Dijo que no había producido un discurso contra la revolución o contra el marxismo adrede, para evitar contribuir con el "concierto antimarxista" del período de 1968. No quería, y no *quiere*, debilitar "cuanto el marxismo y el proletariado pueden constituir como fuerza en Francia" (527). A pesar de su desconfianza en la idea de revolución cual concepto *metafísico*, no "quita valor a cuanto [esa idea] podría aportar... como fuerza de 'reagrupación' [*rassemblement*]" (527).

Por lo tanto, en aras del objetivo tradicional izquierdista de no dividir a la Izquierda, Derrida afirmó haber adoptado una estrategia "compleja" y "abrumadora". Se había abstenido de todo ataque frontal y al mismo tiempo había marcado una serie de "diferencias o divergencias virtuales" con el proyecto revolucionario. Dicha estrategia estaba marcada en sus escritos, dijo, por "una suerte de alejamiento o retiro [*retrait*], un silencio sobre el marxismo –una ausencia que significaba... que no se atacaba como tal o cual otro consuelo teórico... Esa ausencia no fue neutra... Fue un gesto político perceptible" (527). Pero tras haber considerado esa estrategia apropiada para el contexto político de 1968, no protestó cuando Jean-Luc Nancy respondió que ahora se había vuelto necesario sustituir esa "ausencia" por una lectura de Marx (528).

Aún queda por verse si de hecho se llevará a cabo tal lectura –y, de ser así, cómo será–. Pero lo evidente incluso ahora mismo es la determinación de Derrida de evitar o rechazar la alternativa Spivak-Rogozinski. Su propio trabajo de Cerisy fue un rechazo a la alternativa entre un discurso

---

[13] Exposición transcrita en *Fins*, 526-529; en adelante citado entre paréntesis, por número de página, en mi texto. Las traducciones son mías.

apocalíptico y uno antiapocalíptico[14]. Y su rechazo pareció estar a tono con la opinión general del "Seminario político". De hecho, el no querer elegir entre las dos orientaciones políticas propuestas allí habría de convertirse más tarde en efecto en el "gesto inaugural" del Centro de Investigación Filosófica sobre lo Político, pues en una repetición implícita de una jugada filosófica que se remonta cuando menos a Kant, los miembros del centro se han rehusado a defender un lado de la antinomia frente al otro y por el contrario se han retraído a un nivel de análisis más profundo donde se investigan las condiciones de posibilidad compartidas por ambas.

Esa jugada ya se presagió en Cerisy en una presentación de Jean-Luc Nancy hecha fuera del marco del "Seminario político". En "La voz libre del hombre", Nancy exploró el importante y difícil problema de la condición de los diferentes imperativos u obligaciones cuasiéticos –los *il faut's*– de los escritos de Derrida: *il faut déconstruire la philosophie; il faut penser l'écriture; il faut entendre doublement*; y demás[15]. Más importante que su solución, me parece, fue la forma en la cual planteó el problema. Comenzó por evocar la respuesta de Heidegger de "Carta sobre el Humanismo" a la pregunta: "¿cuándo van a producir una ética?". Nancy observó que Heidegger rechazaba la sugerencia con el argumento de que toda ética, así como toda lógica o toda física, sólo tenía sentido dentro de los confines de la tradición metafísica y la tarea del pensamiento tras el fin de la metafísica era pensar lo "no pensando" de esa tradición –pensar, en este caso, el trasfondo anterior, propiciador, en sí no ético, sobre el cual se instituye el ámbito de lo ético–. Nancy sostuvo que Derrida debería dar una respuesta similar a la exigencia de producir una ética, en especial, afirmó, si tal exigencia entendiera la ética como la traducción a la práctica de una teoría filosófica, pues Nancy defendió lo que consideraba la perspectiva de Heidegger sobre el tema: a saber, que la ética es metafísica en cuanto que se la ha concebido en la tradición occidental como *la efectuación práctica de lo filosófico*, es decir, como la efectuación en la práctica del conocimiento teórico y, por ende, como algo que presupone el establecimiento anterior del ámbito de lo filosófico. Nancy infirió que la deconstrucción "cumple con su deber" (*fait son devoir*) cuando rechaza la exigencia de una ética y por el contrario deconstruye esa exigencia y

[14] Derrida, "D'un ton apolyptique adopté naguère en philosophie", en *Fins*, 445-479.
[15] Nancy, "La voix libre de l'homme", en *Fins*, 163-182.

muestra así de dónde viene e interroga la "esencia" (en el sentido de lo "trascendental" de Heidegger) de lo ético.

Si bien el Centro de Investigación Filosófica sobre lo Político nunca abordó de manera explícita la cuestión de la relación entre la ética y la política, ha tratado a ambas de hecho como si fueran análogas. Ha sometido lo político a una línea de interrogación paralela a la propuesta por Nancy para lo ético. Eso ha equivalido a rechazar las exigencias de Spivak y de Rogozinski de la producción de una política de la deconstrucción –la praxis de la teoría– y al mismo tiempo propuso por el contrario deconstruir lo político.

Las líneas generales de ese programa ya podían verse en otras dos presentaciones del "Seminario político" de Cerisy. Christopher Fynsk abordó el problema de lo político mediante una observación de una cierta duplicidad de la obra de Derrida[16]. Por un lado, está el *retrait* de la política y con respecto a ella en sus escritos; Derrida evita todo tratamiento directo de cuestiones políticas y se resiste a las exigencias de una politización explícita e inmediata de su obra. Pero, por otro lado, y al mismo tiempo, afirma que su praxis *es* política y que la actividad filosófica en general es una praxis política. En un intento de explicación de esa aparente contradicción, Fynsk observó que el considerar a la política el horizonte de toda práctica, el que todo acto se inscriba por necesidad dentro del dominio de lo político, con lo cual presupone instituciones políticas y produce efectos políticos, se ha convertido en un tópico de la era moderna. Pero, sostuvo, esa omnipresencia "evidente" de lo político dificulta asignar sentido determinado alguno al término "política". Cuando todo es político, el sentido y la especificidad de lo político disminuye y da lugar a incluso otra inflexión de la expresión *le retrait du politique*: el retiro o alejamiento de lo político. A partir de entonces, esa expresión evocará el diagnóstico de la modernidad que hiciera Hannah Arendt como la era en la cual lo socioeconómico acapara la esfera de lo político, donde la toma de decisiones administrativas, la negociación de intereses y la obsesión por los problemas (putativamente prepolíticos) del "gobierno nacional" superan el espacio público para la deliberación normativa sobre fines comunes –un diagnóstico donde, a propósito, el marxismo aparece como la culminación de la triste tendencia[17]–.

[16] Christopher Fynsk, "Intervention", en *Fins*, 487-493.
[17] Véase Hannah Arendt, *The Human Condition* (Chicago, 1958).

El tema del *retrait du politique* más tarde se convertiría en el leitmotiv del trabajo del centro. Philippe Lacoue-Labarthe lo elaboró más en profundidad en Cerisy[18]. Citó la observación de Derrida de "Los fines del hombre" según la cual hay una "copertenencia [*co-appartenance*] esencial de lo político y lo filosófico". Dicha observación, afirmó Lacoue-Labarthe, planteó la cuestión del "vínculo que une de manera indisoluble lo filosófico con lo político" (494). En una paráfrasis de las afirmaciones de Heidegger sobre la tecnología[19], sostuvo que "el dominio incondicional [o total] de lo político en la era moderna representa la compleción de un programa filosófico. En [la omnipresencia evidente de] lo político hoy en día reina lo filosófico" (494). Esa afirmación haría eco de la perspectiva de Nancy, en sí inspirada en Heidegger, de que la tendencia de la cultura contemporánea a considerar todo político presupone una determinación anterior de lo político como la efectuación práctica de lo filosófico. Dado dicho análisis, Lacoue-Labarthe defiende el retiro (*retrait*) de Derrida de la política por considerarlo una respuesta necesaria para el alejamiento (*retrait*) de lo político. Quienes se opusieron al dominio de lo filosófico, afirmó, no pueden evitar tal retiro (494).

Pero, prosiguió Lacoue-Labarthe, ese retiro de lo político no puede ser un simple gesto. No es como si uno pudiera alejarse de lo político y acercarse a otra cosa. Por el contrario, hoy no hay y no pude haber algo que no sea lo político. Retirarse de lo político, entonces, no equivale a resguardarse en un *retraite* (un refugio no político) (495); es, por el contrario, dar un paso atrás con respecto a "nuestra obsesión apasionada con lo político" para interrogarlo. Equivale a rechazar la "intimidación" de lo político, en especial conforme la ejerce el marxismo (495). Se resiste la presión de producir una política deconstructiva y por el contrario se cuestiona la *obviedad* de lo político. Se interroga la "esencia de lo político" (497).

Las discusiones de Cerisy que siguieron a las presentaciones de Fynsk y Lacoue-Labarthe abordaron una cierta cantidad de temas que han se-

[18] Lacoue-Labarthe, "Interventions", en *Fins*, 493-497; en adelante citado entre paréntesis, por número de página, en mi texto. Las traducciones son mías.

[19] Martin Heidegger, "The Question concerning Technology", en *"The Question concerning Technology" and Other Essays*, trad. William Lovitt (Nueva York, 1977) y "Overcaming Metaphysics" en *The End of Philosophy*, trad. Joan Stambaugh (Nueva York, 1973).

guido siendo objeto de controversia entre los miembros del centro[20]. Uno de ellos fue la cuestión de la adecuación de la suposición heideggeriana de una unidad básica u homogeneidad de la metafísica Occidental que nos permita hablar de "*lo filosófico*" en singular. Otro fue la cuestión que planteó el crítico literario estadounidense David Carroll sobre cuán factible es aplicar la noción de "la dominación total de lo político" fuera de Francia –en los Estados Unidos, por ejemplo–. En un sentido más general, la filósofa francesa Sarah Kofman cuestionó cuán apropiado es suponer un marco cuasiheideggeriano. ¿Por qué apelar a Heidegger –se preguntó– para pensar las implicaciones políticas de la deconstrucción, dadas las enormes diferencias que separan las respectivas praxis políticas de Heidegger y de Derrida? La respuesta de Lacoue-Labarthe estableció una distinción que habría de convertirse en un canon del centro: se puede reconocer, afirmó, que puede haber un estrato de pensamiento común a Heidegger y a Derrida con respecto a *lo político (la politique)* sin ignorar las diferencias entre ellos a nivel de *la política (la politique)*. Por un lado, hacer una distinción semejante entre *le politique* y *la politique* no obvia la necesidad de preguntarse si ambos están relacionados y cómo es esa relación. Llega un punto, afirmó Lacoue-Labarthe –como sin lugar a dudas sucedió desafortunadamente con Heidegger–, en el cual el pensamiento de *la política* usurpa la concepción de *lo político*.

Casi todos los temas más importantes del trabajo del centro ya se abordaron en las presentaciones que en Cerisy hicieron Nancy, Fynsk y Lacoue-Labarthe: el tema del *retrait du politique* (con su doble significado de, en primer lugar, el rechazo y la resistencia a las exigencias insistentes de, por ejemplo, Spivak y Rogozinski de una política de la deconstrucción y, en segundo lugar, la especificidad cada vez menor de lo político en el tópico contemporáneo de que "todo es político"); el tema de la *esencia de lo político* (el programa de interrogar la constitución e institución de lo político en la cultura occidental); el tema de la *esencial copertenencia de lo político y lo filosófico* (la manera en la cual la constitución e institución de lo político se relacionan con la constitución e institución de lo filosófico); y el tema de la distinción entre *le politique* y *la politique*. En conjunto, estos temas comprenden una decisión de reemplazar el proyecto de politizar la deconstrucción por el proyecto de deconstruir lo político.

---

[20] Exposición trascrita en *Fins*, 497-500.

Ese proyecto y sus temas más sobresalientes se elaboraron de manera más sistemática en la "Obertura" o conferencia inaugural de Nancy y Lacoue-Labarthe durante la primera reunión del Centro de Investigación Filosófica de lo Político del 8 de diciembre de 1980[21]. Vale la pena explicar con cierto detalle ese extraordinario documento. Los autores comenzaron por explicar la elección del nombre del centro. Afirman que, al llamar al espacio de trabajo que desean crear "Centro de Investigación Filosófica de lo Político", su intención es sugerir un doble objetivo: en primer lugar, prevén una interrogación *filosófica* de lo político, una interrogación que excluya otros enfoques posibles; pero, en segundo lugar, la interrogación filosófica no supone que se privilegie o se quite problematicidad en sí a la filosofía –por el contrario, también se problematiza la filosofía mediante la relación de esta con lo político (12-13)–.

La justificación del primero de esos objetivos es la siguiente: la investigación empírica de lo político –una investigación cuyo objetivo es establecer una ciencia política o teoría política o descubrir o investigar un nuevo concepto de lo político– se excluye porque ya no puede ser "decisiva". Tal investigación en sí surge de un campo filosófico preestablecido, el cual la determina –un campo viejo, pasado, cerrado–. Los discursos que afirman ser independientes de lo filosófico, bien en virtud de tratar lo político mismo como un ámbito positivo autónomo bien mediante su subordinación a algún otro ámbito positivo autónomo, (por ejemplo, el económico o el psicoanalítico), no son en realidad independientes. Por el contrario, contienen presuposiciones filosóficas –y no por razones sólo accidentales–. Dichos discursos por necesidad llevan las marcas de la "esencial copertenencia" de lo filosófico y lo político en la tradición occidental (13-14).

Es esa "esencial copertenencia" lo que justifica también el segundo elemento del objetivo doble del centro. En la cultura occidental, desde la institución contemporánea de la filosofía y la política griegas, la implicación recíproca de lo político y lo filosófico jamás ha hecho a ninguno de los elementos anterior o exterior al otro. De hecho, la implicación recíproca es parte integral de lo que Nancy y Lacoue-Labarthe consideran nuestro dilema actual (14-15). Vivimos, dicen los autores de la "Obertura", en la era de la "total dominación de lo político". Es la era

---

[21] Nancy y Lacoue-Labarthe, "Obertura", en *Rejouer*, 11-28; en adelante citado entre paréntesis, por número de página, en mi texto. Las traducciones son mías.

de la compleción o realización (*l'accomplissement*) de lo político en un sentido precisamente análogo a aquel en el cual Heidegger afirmaba que la metafísica se completaba o realizaba *en* la tecnología moderna[22]. Por necesidad actuamos dentro del "cierre de lo político" (15). Sartre tenía razón, si bien no como él pensaba, cuando afirmaba que el marxismo era el horizonte no usurpado de nuestro tiempo. Eso es verdad cuando se interpreta que quiere decir que el socialismo ("el socialismo existente en realidad") es la realización más completa del anhelo de imponer la filosofía a la existencia. En el discurso que analiza Rogozinski lo que está completándose y realizándose es la *filosofía*: el gran discurso "ilustrador", progresivo, escatológico-secular de la revolución como reapropiación y realización de la humanidad por parte de la humanidad misma (si bien de eso no se sigue que por lo tanto deba defenderse el contradiscurso de los *nouveaux philosophes* [16]).

Desde el punto de vista de Nancy y de Lacoue-Labarthe, reconocer nuestro confinamiento al cierre de lo político es darnos cuenta de que, a pesar de las posibilidades reales de levantamientos acá o allá (en realidad, menos acá que allá), la Historia con *H* mayúscula se terminó. Ya no podemos aceptar teorías que ofrezcan soluciones políticas globales a la falta de humanidad, pues hemos visto, afirman Nancy y Lacoue-Labarthe, que el proyecto de transparencia social, de homogenización utópica del "vínculo social", conduce al totalitarismo. De hecho, si la definición de totalitarismo es la universalización de un ámbito de referencia al punto en el cual usurpa y excluye a todos los otros, entonces la época de la compleción de lo filosófico en lo político es la época totalitaria por excelencia (16-17).

Pero, dicen los autores, el proyecto de interrogar la esencia filosófica de lo político no equivale a tan sólo denunciar, desde afuera, por así decirlo, mediante una simple crítica *política*, los diferentes programas metafísicos tendientes a fundar lo político o programar la existencia con la filosofía. Por el contrario, el trabajo del centro debe tomar en consideración el hecho de que tales denuncias –que ya son un lugar común– son en sí internas al desarrollo de la filosofía y están determinadas por tal desarrollo. Son parte de un proceso de época semejante a lo que Nietzsche llamó el "nihilismo europeo" y lo que Heidegger llamó "la superación de la metafísica": un proceso en el cual la filosofía está socavando su propio fundamento, des-

---

[22] Véase nota 19 precedente.

legitimando su propia autoridad, *des*instituyéndose[23]. La deconstrucción es en sí un componente inmanente de dicho proceso (17-18).

Nancy y Lacoue-Labarthe infieren que el reconocimiento del cierre de lo político y de la *desinstitución* que la filosofía hace de sí misma nos exige pensar el *re-trait du politique* en dos sentidos: primero, como un *alejamiento* por nuestra parte de la enceguecedora evidencia de lo político, que marca nuestro confinamiento en su cierre; y, segundo, como un *desandar* lo político desde el punto de vista de su esencia. Además, debemos distinguir en rigor entre lo político (*le politique*) y la política (*la politique*) (18).

La última distinción complica el carácter del trabajo del centro. Por un lado, dicen los autores, deconstruir lo político y la esencial copertenencia de lo político y lo filosófico *no* significa asumir una *postura política*; por el contrario, implica cuestionar la *postura* misma de *lo político*. La tarea, en otras palabras, no es *instituir una nueva política* sino, en lugar de eso, *pensar la institución de lo político* en el pensamiento occidental (15). Pero, por otro lado, afirman que el trabajo del centro no se retira ni puede retirarse a lo apolítico (18). No hay ni puede haber *outre-clôture* no político al cual se pueda emigrar con seguridad; además, es inevitable que el trabajo del centro genere efectos políticos (20). Por lo tanto, interrogar la esencia de lo político no puede equivaler a desechar o sublimar luchas políticas o de clase. Tales luchas son los elementos dados de la época y no hay forma de evitarlos (24). Para Lacoue-Labarthe y Nancy se sigue que el *retrait du politique* debe ser en sí un gesto político, si bien poco común. Permite "superar algo de lo político" –pero no mediante una *salida* de lo político (18-19)–. Es un tipo de *compromiso* –pero un compromiso que no consiste en jurar lealtad a una u otra política (19)–.

Los autores de la "Obertura" prosiguen diciendo que el carácter "comprometido" del trabajo del centro requiere que la institución examine de nuevo una variedad de nociones políticas heredadas. Por ejemplo, ya no puede aceptar la máxima tradicional de izquierda, que invocara Derrida en Cerisy, en virtud de la cual se guarda silencio sobre ciertos temas para evitar hacer daño a la Izquierda. Mantener el silencio hoy en día, afirman, equivale a jugar con un riesgo mucho mayor, a saber, la extinción misma

---

[23] Véase Friedrich Nietzsche, "Euopean Nihilism" en *The Will to Power*, ed. Walter Kaufmann, trad. Walter Kaufmann y R. J. Hollingdale (Nueva York, 1968); y Heidegger, "Overcoming Metaphysics". Véase asimismo Heidegger, *Nihilism*, trad. Frank A. Capuzzi, volumen 4 de *Nietzsche* (Nueva York, 1982).

de toda Izquierda (20). Así, el centro debe dedicarse a estudiar el marxismo. Para dicha tarea, no es necesario que comience desde cero, sino que puede apropiarse con espíritu crítico de recientes trabajos importantes de pensadores no deconstruccionistas, por ejemplo, el de Claude Lefort sobre la "laguna de lo político" en Marx. Debería pensarse de nuevo, desde el punto de vista de la problemática del centro, la falta de atención que Marx le presta a lo político, junto con su proyecto anterior de negar el Estado como instancia separada de la sociedad, lo cual en Oriente implica la incursión del Estado en todas las instancias sociales. Debería relacionarse con la manera en la cual la cuestión de la especificidad de lo político ha salido a la superficie en repetidas ocasiones en corrientes marxianas tan diversas como el comunismo de consejos, el gramscismo, el althuserianismo y el maoísmo. Asimismo, el centro debería abordar la cuestión de la forma temporaria de lo político que se deviene necesaria en la transición revolucionaria al comunismo (la dictadura del proletariado –una forma arraigada en los países socialistas–). El centro tampoco debería ignorar la cuestión de la forma suprema de lo político, dado el proyecto de superar la brecha entre la sociedad civil y el Estado, es decir, la engullición completa de lo político por parte de lo social (20-21)[24].

Además de trabajar sobre Marx y el marxismo, Nancy y Lacoue-Labarthe proponen una línea de investigación orientada a pensadores como Heidegger y Bataille, quienes han producido discursos "en el límite o el borde extremos de lo político". Dichos discursos buscaron sin éxito evitar la presuposición del *sujeto*, una presuposición que siempre ha marcado a los discursos políticos en rigor más metafísicos y de forma paradigmática a los de Hegel, para exceder así lo político. Heidegger y Bataille intentaron ubicar un *outre-sujet* de lo político (22-23); no obstante, fracasaron y terminaron por reintroducir sin darse cuenta cuasisubjetividades, con lo cual confirmaron que "detrás de la evidencia de lo político se disimula la evidencia del sujeto" (23). A partir de ello, los autores de la "Obertura" infieren que el centro debe pensar de nuevo el Estado, el poder y las luchas políticas sin asumir la "dominación arqueteleológica del sujeto" (24).

Para no presuponer el sujeto, será necesario, afirman, problematizar la noción misma del "vínculo social", pues esa noción siempre se ha concebido como una relación entre sujetos constituidos con anterioridad.

[24] Cf. Karl Marx, "On the Jewish Question, Part I" y "Contribution to the Critique of Hegel's *Philosophy of Right*" ambos en *The Marx-Engels Reader*, ed. Robert C. Tucker, 2da edición (Nueva York, 1978).

Por ende, también puede vérsela como una "cuestión del límite" de lo político, una cuestión que debe resurgir en repetidas ocasiones como tal en la tradición. Así, sostienen Lacoue-Labarthe y Nancy, el centro debe interrogar las diversas formas en las cuales surge, en la filosofía política en repetidas ocasiones, la problemática de "el otro": las cuestiones de "formas de simpatía", conflicto y *Mitsein* (24-25). Una lectura de Freud, por ejemplo, puede demostrar cómo los temas de la sociabilidad y la alteridad hacen de la cuestión del "vínculo social" una cuestión límite para el psicoanálisis, una cuestión que no puede ni evitar ni resolver. En su lectura de Freud, el nacimiento o la fabricación del sujeto surgen de su vínculo con el paradigma de la subjetividad representado "en la forma del Padre" (25-26). Pero, sugieren, ese vínculo sólo se logra con el retiro concomitante de lo que no es ni sujeto ni objeto: "la madre". A pesar del riesgo de que tal fórmula pueda dar origen a una horda de *Schwärmerei*, podría decirse, afirman los autores de la "Obertura", que "detrás de lo político (si ha de identificárselo con el Padre), [está] 'la madre'" (26).

Es aquí, dicen Lacoue-Labarthe y Nancy, que el trabajo del centro se une a la fuente derrideana que lo inspira. Al tratar de pensar un proceso en el cual algo se aleja conforme se instala lo político, se preguntan ¿qué negatividad no dialéctica, qué no unidad y no totalidad se aleja, o retrocede, o se divide y substrae en la fabricación de "vínculo social" (26)? Pues la esencia de lo político no puede ser un organismo social originario, ni armonía, ni comunión más de lo que puede ser una división de funciones y diferencias. Tampoco puede ser anarquía. Debe ser, por el contrario, "la anarquía del arkhé mismo" (27). En otras palabras, la cuestión del *retrait du politique* se une a la problemática general de la apertura de la *huella* conforme la elaborara Derrida (27).

Así, en su "Obertura", Nancy y Lacoue-Labarthe resumen el programa para repensar lo político desde el punto de vista de la deconstrucción. En su pureza y rigor, se trata de un programa más fiel al espíritu de la obra de Derrida de lo que lo fueron las observaciones de izquierda, en comparación simplistas, de este último en Cerisy. Pero también –de hecho, *por lo tanto*– revela con mayor claridad las limitaciones de la deconstrucción como perspectiva que busca confrontar lo político.

Considérese de nuevo la manera en la cual emergió el proyecto del centro: en la retórica y la política de Gayatri Spivak, los derrideanos se encontraron enfrentados cara a cara con la auténtica expresión política del *apolitismo* derrideano: la revolución como una celebración de la "monstruosidad" del "completamente otro". Pero eso, a fin de cuentas, es sólo una pose, una postura que no les hace justicia a las profundidades de la experiencia histórica de las cuales emergió la deconstrucción. Rogozinski tenía razón cuando detectó un "dolor silencioso" bajo la bravuconería de Derrida. Es el dolor existencial de una experiencia cultural específica: la experiencia del nihilismo tras el *dépassement* histórico del marxismo. La política de resistencia misma de Rogozinski, más allá de lo inadecuada que pueda ser para las complejidades de la realidad social contemporánea, sigue siendo la expresión auténtica de la corriente profunda, *trágica*, que subyace en la alegría compulsiva de la deconstrucción. Cuando se la confronta con esa corriente trágica, la línea política de Derrida sobre no dividir a la Izquierda suena falsa. Por ende, Nancy y Lacoue-Labarthe encuentran pocas dificultades a la hora demostrar que parodia la ética rigurosa de la deconstrucción, una ética que buscan preservar, incluso cuando Derrida amenace con abandonarla.

El punto de vista de Nancy y Lacoue-Labarthe, por lo tanto, se funda en el fracaso de tres orientaciones políticas, tres versiones de *la politique*: la de Spivak, la de Rogozinski y la de Derrida. Los autores de la "Obertura" rechazan cada una de ellas –desde mi punto de vista, con acierto– por considerarlas inadecuadas. Pero es revelador el hecho de que, al hacerlo, no debatan con sus oponentes en los términos –*políticos*– mismos de este último. Por el contrario, refutan el género mismo del debate político y de esa manera, también conservan la ética de la deconstrucción, pues hay un tipo de diferencia que la deconstrucción no puede tolerar: a saber, la diferencia como disputa, como lucha política en el viejo sentido. Por ende, Nancy y Lacoue-Labarthe se mantienen por completo –podría decirse, terriblemente– fieles a la deconstrucción cuando se rehúsan a participar del debate político[25].

Pero eso los deja atrapados entre dos términos de un dilema. Por un lado, con un patetismo que evoca Rogozinski, anhelan una política postmarxiana, un "compromiso" genuino. Pero, por el otro, la supuesta falta de disponibilidad histórica de una postura política fiable en el presente, de *une politique*, elimina ese anhelo y los conduce a *le politique*, a la interrogación filosófica de lo político.

---

[25] John Brenkman me sugirió varias las formulaciones de este párrafo y del precedente.

Parece, entonces, que la "Obertura" de Lacoue-Labarthe y de Nancy es el escenario de una dialéctica del deseo abortado, un escenario repleto de tensiones que amenaza con destrozarla. Pero, de ser así, es probable que su proyecto, como la deconstrucción misma, sea sólo un paso intermedio en el éxodo del marxismo que ahora transitan los intelectuales franceses. No es ni puede ser un destino final. De hecho, la actividad posterior del Centro de Investigación Filosófica de lo Político tiende a dejarlo en evidencia.

El hecho de que durante el primer año de existencia del centro sólo dos de los trabajos presentados hayan abordado de manera directa el programa esbozado en la "Obertura" podría resumir la fragilidad de su proyecto. No resulta sorprendente que los hayan escrito Nancy y Lacoue-Labarthe respectivamente. En "La juris-dicción del monarca hegeliano", Nancy hizo una lectura deconstructiva de *La filosofía del derecho* que mostró cómo el problema del vínculo social era una cuestión límite para un pensamiento sobre lo político que presupusiera la evidencia del sujeto[26]. En "Fines de la trascendencia en la política", Lacoue-Labarthe investigó tanto la "esencial copertenencia" de lo político y lo filosófico como la relación entre *le politique* y *la politique* en los escritos del Heidegger durante la época nazi[27].

Durante el segundo año de existencia del centro hubo algunos intentos de parte de los integrantes de criticar el programa de la "Obertura". Denis Kambouchner cuestionó la exclusión del trabajo empírico y sostuvo que Nancy y Lacoue-Labarthe corrían el peligro de sucumbir al idealismo[28]. Philippe Soulez opuso algunas consideraciones lacanianas a la fórmula: "detrás de lo político [cual Padre, está] 'la madre'"[29]. Pero fue la intervención de Claude Lefort, ajeno al centro, la que provocó la expresión más evidente de la fragilidad del programa de sublimar el deseo de *la politique* en una interrogación de *le politique*.

---

[26] Nancy, "La jurisdiction du monarch hegelien", en *Rejouer*, 51-90; en *Social Research* 49, n.º 2 (verano de 1982), 481-516 aparece una traducción al inglés de Mary Ann Caws y Peter Caws.

[27] Lacoue-Labarthe, "La transcendence finit dans la politique" en *Rejouer*, 171-214; en *Social Research* 49, n.º 2 (verano de 1982), 405-440 aparece una traducción al inglés de Peter Caws.

[28] Denis Kambouchner, "De la condition la plus générale de la politique" en *Retrait*, 113-158.

[29] Philippe Soulez, "La mère est-elle hors-jeu de l'essence du politique?" en *Retrait*, 159-182.

El tema del trabajo de Lefort fue la diferencia entre democracia y totalitarismo[30]. Suscitó, en respuesta, la sección más interesante de otro texto incluso de Lacoue-Labarthe y Nancy[31]. En la sesión del cierre del segundo año del centro, los principales organizadores buscaron evaluar el trabajo de los dos años anteriores y ver en qué situación estaban las cosas en relación con las cuestiones planteadas en la "Obertura". Tras repetir una cierta cantidad de los principales temas de ese documento y responder a la acusación de idealismo, trataron de posicionar su propia concepción del totalitarismo en relación con la de Lefort. Distinguieron dos sentidos de "totalitarismo". En primer lugar, está su propio sentido muy general sugerido en la noción de "la total dominación de lo político". Ese sentido está relacionado con la universalización de lo político al punto de usurpar y excluir todo otro ámbito de referencia. Encuentra expresión sintomática en el tópico contemporáneo de que "todo es político". Ese sentido generalizado de "totalitarismo" no es empírico, afirman, si bien permite la tematización de ciertos "hechos" sobresalientes de la época: la paradoja arendtiana de la desaparición de la especificidad de lo político en su propia dominación; la confusión de lo político con otras instancias, por ejemplo, lo socioeconómico, lo tecnológico, lo cultural y lo psicológico; y la concomitante banalización de lo político. El resultado del ascenso del totalitarismo en dicho sentido, dicen, es que no se plantea en ningún lugar siquiera la más mínima cuestión específicamente política; en ningún lugar tiene la más mínima posibilidad de surgir la cuestión de una nueva política –no obstante, nada de eso evita que se lleve a cabo la "política como de costumbre" (188-189)–.

Nancy y Lacoue-Labarthe distinguen el primer sentido de totalitarismo del segundo, más específico. Este último surge de análisis político-científicos –hechos, por ejemplo, por Arendt y Lefort– de casos notables como el nazismo, el fascismo, el estalinismo y las sociedades de tipos soviéticas. Allí, el totalitarismo es una respuesta a la "crisis de la democracia". Tras la erosión de la autoridad, las tradiciones y la religión, la democracia moderna se apoya en una forma desustanciada y desencarnada del poder. Así, instituye una versión de lo político carente de fundamentos metafísicos, vacía de trascendencia. El resultado es una "deslocalización" de lo político: el desmembramiento del cuerpo político "que ya no es uno salvo

[30] Claude Lefort, "La question de la democratie", en *Retrait*, 71-88.

[31] Lacoue-Labarthe y Nancy, "Le retrait du politique", en *Retrait*, 183-200; en adelante citado entre paréntesis, por número de página, en mi texto. Las traducciones son mías.

en la pura dispersión del sufragio" y el consecuente rendimiento de los asuntos políticos al juego de intereses. Por lo tanto, en respuesta a este "impasse" democrático, el totalitarismo en su sentido más específico es el intento de una resustancialización y reencarnación frenéticas del cuerpo político. Le da forma a lo político por la fuerza de manera de imponer adrede la trascendencia y la unidad (189-190).

Nancy y Lacoue-Labarthe afirman que su adhesión al primer sentido, más generalizado, de totalitarismo no los lleva a rechazar ese segundo sentido más específico. "Toda (la aparente) heterogeneidad" de este último con el primero también debe seguir investigándose (190). Pero, continúan, dicha investigación debe sustentarse en ciertas cuestiones sugeridas por el sentido generalizado de totalitarismo: ¿la noción de "re-encarnación" no es aplicable, sobre todo, a la primera fase histórica (si bien aún existente) pura y de una radical brutalidad de totalitarismo? Y ¿no ha habido desde su instalación, en las sociedades "democráticas", bajo el dominio de sistemas gobernados por criterios técnicos y performativos, una segunda forma discreta, insidiosa, "blanda" de totalitarismo?[32] ¿Ese "totalitarismo blando" no ha sido una respuesta, *interna a la democracia*, a la "crisis democrática", una respuesta que, a diferencia del "totalitarismo duro", no cobra la apariencia de un reproche (*redressement*)? ¿No sucede, entonces, que a pesar de las verdaderas diferencias, la oposición, sin lugar a dudas preconcebida y muy generalizada, entre totalitarismo y democracia es demasiado simple? Cabe reconocer que "no tenemos los campos y nuestra policía, más allá de su 'avance tecnológico', no es una policía política omnipresente. Sin embargo, eso no significa que la democracia que tenemos sea la que describió Tocqueville. Y si la democracia de Tocqueville contenía el germen del totalitarismo clásico, no hay garantías de que la nuestra no esté en proceso de ocultar otra cosa, una forma inédita [*une forme inédite*] de totalitarismo" (191).

Con referencia explícita a la obra de Hannah Arendt, Nancy y Lacoue-Labarthe vinculan el alejamiento de lo político "del totalitarismo blando" con el surgimiento del "complejo económico-socio-tecno-cultural", un complejo que ya no es sólo el Estado. Afirman que lo característico de dicho complejo es (1) el triunfo de los *animal laborans*, (2) la colonización del espacio público por parte de una socialidad *gessellschaftlich*, de manera

---

[32] Nancy y Lacoue Labarthe dan crédito por esta noción a Jean-François Lyotard, miembro del grupo; citan su libro *La condition postmoderne: Rapport sur le savior* (París, 1979).

que la vida común se encuentra regida por consideraciones relacionadas con la subsistencia y no por fines de genuino carácter público o político y (3) la pérdida de autoridad como elemento definido del poder, una pérdida concomitante con la pérdida de libertad. Sostienen que dichas características del totalitarismo blando demuestran la insuficiencia de las críticas simples del totalitarismo clásico. Mientras el totalitarismo clásico surge a partir de la "incorporación y presentación de la trascendencia", el totalitarismo blando surge de la *disolución* de la trascendencia, una disolución que se extiende a toda esfera de la vida y la homogeniza, con lo cual elimina la alteridad (191-192).

Por lo tanto, el *retrait du politique* es el alejamiento de la trascendencia o alteridad de lo político con respecto a otras instancias sociales. Sin embargo, dicen Lacoue-Labarthe y Nancy, de eso no se sigue que la tarea consista en alcanzar una nueva trascendencia política. Ese, de hecho, es el programa del totalitarismo clásico. La tarea consiste, por el contrario, en investigar la manera en la cual el *retrait* requiere que desplacemos y reelaboraremos el concepto de trascendencia política, que pensemos una trascendencia o alteridad "por completo transformada" de lo político (192-193).

Para reinstalar una alteridad (no totalitaria) de lo político hoy en día, afirman, sería necesario lo siguiente: (1) la superación de la disociación actual entre el *poder* (coacción material) y la *autoridad* (trascendencia), (2) la reparación de la relación, hoy en día trastocada, de la comunidad con lo que Arendt llamó la "inmortalidad" (una inmortalidad mundana en la cual la comunidad preserva las palabras y los hechos de los mortales mediante el recuerdo) y (3) la restauración de la capacidad de la comunidad para representarse sus intereses comunes en la esfera política (193-194).

Nancy y Lacoue-Labarthe continúan con una imbricación de esas observaciones cuasiarendtianas con los temas heideggerianos en su sentido más propio. El *retrait du politique*, afirman, no es un fenómeno por completo privativo. Por el contrario, es un alejamiento que libera y entrega otra cosa: hace aparecer algo –a saber, la posibilidad, de hecho la necesidad, de desandar de nuevo lo político–. Además, es probable que lo que se haya alejado o retrocedido fuera algo que nunca había ocurrido en primer lugar; es dudoso que la polis que describe Arendt haya existido alguna vez. Pero Nancy y Lacoue-Labarthe niegan que la tarea consista en hacer que exista hoy en día, en recuperar a lo político de su alejamiento o incluso en alcanzar una nueva fundación de lo político. Por el contrario, quieren plantear lo que consideran una pregunta más fundamental: ¿con qué está vinculado el *retrait du politique*? ¿Está vinculado con el alejamiento de la unidad, la totalidad y la manifestación efectiva de la comunidad (194-195)?

Así, Nancy y Lacoue-Labarthe parafrasean a Heidegger cuando afirman que a partir del alejamiento de lo político, o en tal alejamiento, lo político "mismo" surge como cuestión y como exigencia. Lo que se libera es la apertura de una pregunta: ¿sobre qué base, en comparación con qué, se busca el origen del cierre de lo político? La respuesta no es sólo: sobre la base de lo no político (una respuesta que popularizó la defensa del anarquismo de Pierre Clastres en *La sociedad contra el Estado*)[33], o en comparación con ello. Es, más bien: sobre la base de la "esencia de lo político", la esencia que se aleja en la compleción total de lo político en lo "tecno-social", o en comparación con ella (195-196).

De manera provisoria pueden decirse varias cosas, afirman Nancy y Lacoue-Labarthe, acerca de la "esencia de lo político". Diversos programas metafísicos cuyo propósito es fundamentar el ámbito político en bases trascendentes enmascaran dicha esencia. El principal de ellos en el período moderno es el intento de basar lo político en una subjetividad autónoma preconstituida y prendividualizada. No sorprende, entonces, que quienes buscan evitar el fundacionalismo con frecuencia sustituyan la noción de finitud humana por la noción de subjetividad autónoma. Pero dicha substitución en sí no basta para los propósitos del centro: no garantiza conducirnos más allá de la política de la democracia liberal. Además, dado que la finitud recae sobre la inmersión en una matriz socio-histórica contingente siempre ya dada, no puede problematizar la existencia del vínculo social sino que la da por sentado. En otras palabras, impide las cuestiones que con anterioridad Nancy y Lacoue-Labarthe consideraron cruciales para su proyecto: las cuestiones que giran en torno de la figura oscura y enigmática de "la madre", a saber, las cuestiones de la constitución social de la identidad, de la constitución de la identidad social y de una sociedad "originaria" prepolítica (196-197).

Nancy y Lacoue-Labarthe afirman que dichos temas nos remiten al problema de la especificidad de lo político –al "hecho filosófico" de que, al menos desde Aristóteles, la coexistencia con otros seres humanos del

---

[33] Pierre Clastres, *La société contre l'état* (París, 1974).

zoon politikon no se basa en el supuesto fáctico de las necesidades y los requisitos vitales–. Se basa en ese otro supuesto: el compartir el discurso ético y evaluativo. Es el exceso de ese segundo supuesto por sobre el primero, el del "vivir bien" por sobre la mera "vida" o "coexistencia" social, lo que define al *zoon politikon*[34]. Y es la cuestión de un "bien" que supere toda organización de necesidades y regulación de fuerzas lo que permanece en *retrait* hoy en día y abre por ello la cuestión de lo político (13).

Esa exposición más reciente del programa de Nancy y Lacoue-Labarthe es notable por el claro relieve que da al dilema que resalté con anterioridad. Por un lado, los autores buscan resistir a la presión de generar una política y, por el contrario, se esfuerzan por preservar una investigación pura, rigurosa, deconstructiva, cuasitrascendental de lo político. Pero, por otro lado, conservan la esperanza no tan secreta de que el pensamiento al que pone en peligro dicho enfoque genere ideas relevantes para *la politique*. Por ende, hay un incesante ir y venir entre dos niveles heterogéneos de análisis, un constante aventurarse a asumir una postura política y un retiro a la reflexión filosófica metapolítica.

Dicha oscilación puede verse con claridad en el tratamiento del totalitarismo. La tesis sobre el totalitarismo "duro" y el "blando" es una *postura política* evidente, un aventurarse en *la politique*, pues el totalitarismo es sin lugar a dudas *una noción cuestionada en el plano político*. Nancy y Lacoue-Labarthe lo reconocen cuando contraponen su concepción a la de Lefort y sostienen que esta última no es adecuada para pensar el carácter de las sociedades contemporáneas occidentales. Allí, suponen una *interpretación específica de la realidad social*, una perspectiva que no es sólo deconstructiva y filosófica, sino *empírica, normativa y crítica*. Se enfrentan con el problema *político* del carácter y el significado de la cultura científico-tecnológica contemporánea. Y eso por necesidad los lleva a dialogar –de hecho, a enfrentarse– con posturas e interpretaciones *políticas* encontradas. Por un lado, deben cuestionar a Lefort y a otros teóricos de las sociedades de tipo soviética. Pero asimismo, por otro lado, lo admitan no, deben cuestionar teorías encontradas de la cultura política occidental –de las cuales las más destacadas sean quizá las de Habermas y Foucault, por no mencionar las de Marx y Weber–. Sólo si están dispuestos a enfrentarse con tales alternativas pueden justificar sus afirmaciones sobre "la dominación total de lo político" y el "totalitarismo blando".

[34] Véase Aristóteles, *Política*, libro 1.

Pero justo cuando se exige tal argumentación empírica y política de manera directa, justo cuando está por abordarse *la politique* con sinceridad, Nancy y Lacoue-Labarthe se retiran del escenario de conflicto y se invierten en una especulación cuasiheideggeriana. Reflexionan sobre la "esencia de lo político", el "alumbramiento de la cuestión de lo político", la "finitud", el "vínculo social", una "socialidad originaria", "la madre" y una "alteridad por completo transformada". El problema no es que dicha especulación sea en sí inútil o irrelevante. Es más bien que les sirve de medio para evitar adentrarse en la política a la cual los conduciría por el contrario la lógica de sus propias esperanzas y de su propio pensamiento.

Eso queda en evidencia de una manera un tanto diferente en su tratamiento de los temas arendtianos de la menor especificidad de lo político en el surgimiento del "complejo económico-socio-tecno-cultural"; el triunfo del *animal laborans*; la colonización del espacio público por parte de la socialidad *gesselschaftlich*; la pérdida de autoridad, de inmortalidad mundana, de la trascendencia o alteridad de lo político con respecto a la "vida", las necesidades y lo prepolítico en general. Con la introducción de tales temas, Nancy y Lacoue-Labarthe se colocan una vez más al borde de la política en su sentido propio. De hecho, defienden dichos temas contra la política de Lefort, quien, consideran, es poco crítico de las sociedades "democráticas" contemporáneas. Pero justo cuando se esperaría que continuarán en esa veta arendtiana de exigir una trascendencia o alteridad nuevas o renovadas de lo político, de concebir ahora la "politicidad" de una polis que pudo nunca haber existido, justo en ese punto retroceden una vez más y niegan de manera explícita que se sigan tales tareas y conclusiones *políticas normativas*. Por el contrario, concluyen que debe pensarse el *retrait*, la esencia, la búsqueda del origen del cierre y el resto.

De manera similar, cuando Nancy y Lacoue-Labarthe invocan a Aristóteles al cierre de su texto, se abstienen de aceptar conclusión política normativa alguna. Apelan al exceso de "vivir bien" por sobre la mera vida, de compartir un discurso ético y evaluativo por sobre la mera necesidad y el mero requisito. Afirman que es la cuestión de un "bien" que supere toda la organización de necesidades y regulación de fuerzas lo que abre la cuestión hoy en día del *retrait* de lo político. Pero es significativo que no se basen en dichas observaciones para exigir una institución o restitución de deliberación política no instrumental ni normativa sobre "la vida buena". Es significativo que, por el contrario, resalten entre paréntesis que ese "bien" más allá de toda organización de necesidades y regulación de fuerzas es un bien al cual no "carga[n] de peso moral" (198).

Lo que muestran esas exposiciones sobre el totalitarismo, Arendt y Aristóteles es, considero, el carácter frágil y resbaladizo de la cuerda floja sobre la que caminan Nancy y Lacoue-Labarthe. Están haciendo una suerte de equilibrio que no pueden preservar de manera muy fructífera durante mucho tiempo. Es probable que suceda una de dos cosas: que intenten mantener la exclusión rigurosa de la política y, en especial, de consideraciones empíricas y normativas –en cuyo caso la importancia política de su trabajo filosófico será menor– o que crucen la línea e ingresen en el ámbito de la reflexión política concreta –en cuyo caso su trabajo se devendrá cada vez más empírico y normativo y, por lo tanto, se *cuestionará* cada vez más–. En cualquiera de los dos casos, parece excluirse un camino, el que en apariencia Nancy y Lacoue-Labarthe esperan seguir –a saber, el camino medio de la investigación filosófica de lo político que de alguna manera termina por generar ideas profundas, nuevas, con relevancia política sin ensuciarse las manos en la lucha política–.

Ese impasse parece bastante difícil de resolver. Pero no por eso debería subestimarse la importancia de las preguntas que formulan Nancy y Lacoue-Labarthe. Cuando investigan el sentido, el carácter y los límites del ámbito de lo político conforme se instituyó en la civilización occidental, las transformaciones históricas que ha sufrido el ámbito desde sus inicios griegos y sus características específicamente modernas (y, podríamos agregar, posmodernas), abordan temas centrales para la reflexión política contemporánea. Eso queda en evidencia en la manera en la cual su proyecto se vincula con dos conjuntos más específicos de cuestiones arraigadas en lo empírico y lo normativo.

En primer lugar, y de manera muy explícita, Nancy y Lacoue-Labarthe abordan una serie de problemas relacionados con la relación entre la dimensión política y la dimensión económica de las sociedades contemporáneas. Dichos problemas han surgido como resultado del desarrollo concurrente del capitalismo del estado del bienestar en Occidente y el socialismo del Estado autoritario en Oriente (los cuales han alcanzando un nuevo nivel de expresión e insistencia en Polonia, en la lucha de la Solidaridad por una "sociedad civil autónoma"). Desde la perspectiva de Occidente, puede hacerse una formulación decisiva de dichos problemas: cuando, a fines del período moderno, incluso la producción económica capitalista se socializa al punto de desafiar el rótulo de "empresa privada"; cuando, por ende, la justicia exige que el ámbito de lo político se someta a una ampliación *cuantitativa* que incluya la "cuestión social" excluida con anterioridad y cuando, *pace* Arendt, la política debe devenirse, como resultado, en economía política, ¿qué transformaciones *cuantitativas* de lo político se necesitan para evitar que la razón instrumental lo exceda y lo reduzca a administración? ¿Qué transformaciones pueden surgir de las tendencias homogenizadoras y antidemocráticas que acompañan el oscurecimiento de la división entre la sociedad civil y el Estado (tanto en su forma comunista de gobierno mediante un aparato de planificación estatal centralizado como en su forma capitalista de gobierno mediante una élite gerencial que combina lo empresarial con la burocracia estatal)? ¿Cómo pueden promoverse tanto la democracia participativa como la diversidad cualitativa de la experiencia humana frente a dichos sucesos? ¿Qué modelos postliberales y postmarxianos nuevos y todavía no inventados de economías políticas democráticas, descentralizadas, socialistas o mixtas pueden hacerles justicia tanto a la especificidad de lo político como a su conectividad con lo socio-económico?[35]

En segundo lugar, pero en un sentido mucho más oblicuo, la problemática del centro se vincula con una diversidad de problemas concernientes a la relación entre lo político y las dimensiones familiares o domésticas de las sociedades contemporáneas. Cuando problematizan el tópico contemporáneo de que "todo es político" y sugieren por el contrario que "detrás de lo político (si ha de identificárselo con el Padre) está la 'madre'", Nancy y Lacoue-Labarthe al mismo tiempo hacen referencia a cuestiones que hoy en día plantean las feministas occidentales y retroceden ante ellas. De hecho, el contraste entre su silencio en ese punto y su locuacidad con respecto al marxismo tiene la relevancia de síntoma, dado que la ola actual de estudios feministas es sin lugar a dudas el cuestionamiento postmarxiano de lo político más promovido que esté teniendo lugar[36] hoy

---

[35] Los intentos recientes (pero no del todo exitosos) por tratar tales cuestiones incluyen a André Gorz, *Farewell to the Working Class*, trad. Michael Sonenscher (Londres, 1982); y Michael Walzer, *Spheres of Justice* (Nueva York, 1983).

[36] Entre las muchas obras que podrían citarse aquí, véase Alison M. Jaggar, *Feminist Politics and Human Nature* (Totowa, Nueva Jersey, 1983); Susan Moller Okin, *Women in Western Political Thought* (Princeton, 1979); Linda Nicholson, *Gender and History: The Failure of Social Theory in the Age of the Family* (Nueva York, 1986); Lorenne M.G. Clark y Lynda Lange, editoras; *The Sexism of Social and Political Theory: Women and Reproduction from Plato to Nietzsche* (Toronto, 1979); Carol Gilligan, *In a Different*

en día –un cuestionamiento, debe observarse, que sigue en pie mientras se problematizan conceptos e instituciones aún existentes de lo político y evita las trampas del trascendentalismo mediante la reincorporación de elementos empíricos y normativos a su crítica filosófica–.

Guste o no, entonces, Nancy y Lacoue-Labarthe tienen un compromiso de facto con un diálogo encubierto con un movimiento que está cuestionando la relación entre lo político y lo familiar. Cuando se lo reconoce, hay una cierta cantidad de cuestiones que exigen consideración explícita: si, como argumentó Arendt, la institución de lo político en Occidente dependía, y de hecho era la contracara, de la institución de lo familiar; y si lo familiar, como esfera de desigualdad y explotación, ya no puede ser inmune a la crítica y la transformación, ¿cómo debería cambiar también la esfera política? Por ejemplo, si, como sostuvo Arendt, la cultura política moderna, incluido el marxismo, se ha deformado en virtud de su obsesión con la producción de alimentos y objetos al punto de dejar a un lado la acción simbólica; y sí, *pace* Arendt, donde más evidente es eso es en la subvaloración y privatización del trabajo de crianza de niños que hacen las mujeres (el cual, como cultivo de personas, es la acción simbólica por excelencia), ¿cómo podría una reorganización equitativa de crianza de niños, una organización que pusiera la crianza en el centro de las inquietudes públicas, contribuir a revitalizar y transformar lo político? Por último, si las actividades domésticas tradicionales de las mujeres, incluido el cuidado emocional de hombres y de niños, han contribuido con el desarrollo de enclaves (cuando menos) de culturas características de las mujeres con valores característicos de las mujeres, y si dichos valores, que incluyen la crianza, el cuidado, la afectividad y la no violencia se han denigrado y ocluido en una cultura política sexista y androcéntrica que privilegia la autonomía, la soberanía y la razón instrumental, ¿cómo podría transformarse lo político si las culturas de las mujeres se liberaran de la domesticidad y se permitiera infundirles vida pública?

Juntos, estos dos conjuntos de preguntas forman un horizonte exterior del trabajo de Nancy y Lacoue-Labarthe. En el hecho de que sea

---

Voice: Psychological Theory and Women's Development (Cambridge, Massachusetts, 1982); Nancy Hartsock, *Money, Sex, and Power* (Nueva York, 1983); e Iris Young, "Impartiality and the Civic Public", Seyla Benhabib, "The Generalized and the Concrete Other" y Maria Markus, "Women, Success, and Civil Society", todo en *Feminism as Critique*, ed. Seyla Benhabib y Drucilla Cornell (Minneapolis, 1987). Véase mi propia postura sobre estos temas en mi capítulo 8.

así, para mí, reside en gran parte el interés y la importancia de esa obra. Pero también es una indicación de sus limitaciones, pues para comenzar a responder dichas preguntas con sinceridad es necesario abandonar el discurso trascendental y deconstructivo en miras a un tipo diferente de investigación. El Centro de Investigación Filosófica de lo Político todavía tiene que unirse a las filas de aquellos que buscan ponerse a la altura de tal desafío.

Epílogo:

El resumen precedente se redactó en el otoño de 1982. El 16 de noviembre de 1984, Philippe Lacoue-Labarthe y Jean Luc Nancy anunciaron que suspenderían por tiempo indefinido las actividades del Centro de Investigación Filosófica de lo Político. En un memorándum enviado a los miembros, sostenían que el centro había dejado de ser un lugar en el cual se pudiera proseguir con el proyecto de investigación de "la esencia de lo político". Dicho proyecto exigía que todas las preguntas concernientes a lo político se mantuvieran abiertas y se pusieran entre paréntesis todas las certezas, pero eso ya no sucedía en el centro. Por el contrario, durante los dos años anteriores, se había establecido un cierto consenso facilista que se daba por sentado, que cerró la apertura en la cual había sido posible, por un tiempo, el cuestionamiento radical. Dicho consenso estaba relacionado con tres inquietudes principales. En primer lugar, el "totalitarismo", en un principio signo de una serie de cuestiones sobre las similitudes y las diferencias entre una variedad de sociedades históricas y contemporáneas, se había cuajado en una "designación simple y vehemente del *único* peligro político… a partir de entonces encarnado en los regímenes de procedencia marxista". En segundo lugar, el marxismo también había dejado de cuestionarse y se había convertido –tan sólo– en una ideología antigua, pasada de moda, obsoleta y desafortunada del siglo XIX a la cual ahora se oponían concepciones de un siglo XVIII por alguna razón todavía relevante –las concepciones de libertad (opuesta a la de igualdad) y de derecho (opuesta a la de política)–. Por último, lo político mismo había adquirido la significación unidimensional de un peligro y un impasse, por lo cual ya no era posible considerar el carácter y la organización de la identidad colectiva y la soberanía –lo cual significaba que "lo ético o lo estético, incluso lo religioso" habían pasado a tener privilegio por sobre lo político–. El resultado era el abandono del objeto mismo de investigación del centro y, al mismo tiempo, el triunfo del apolitismo. Pero esa era, en realidad, la capitulación a una determinada postura política, a saber, el "neoliberalismo económico" y el "neoconformismo político" que entonces invadían Francia, un liberalismo renacido que surgía de lo que, proclamaba, eran las cenizas del marxismo.

Esa es, por supuesto, sólo una versión de la historia. Por desconocer las otras, bien podría dudarse en hacerse un análisis. No obstante, no puedo resistirme a señalar que la desaparición del centro recapitula su dilema constitutivo.

En su memorándum, Nancy y Lacoue-Labarthe observan que con la disolución del centro están respondiendo a una exigencia política. De hecho, han asumido una postura que, desde un punto de vista, parece ser de directo carácter político: se oponen al neoliberalismo antimarxista. Pero desde otro punto de vista, la situación es más complicada. El impulso dominante de su memorándum de disolución no es presentar argumentos *políticos* contra los neoliberales; es, más bien, acusarlos de violar el pacto trascendental, de quebrar la fe en la investigación de la esencia de lo político. El problema, en otras palabras, es menos que sus adversarios tengan una mala política que el hecho de que tengan política –lo cual permite conjeturar con cierto grado de precisión cómo la tendencia neoliberal ganó la hegemonía del centro para empezar–.

Además, hay un sentido en el cual la postura neoliberal representa una solución legítima –cuando no *la* solución– para al menos algunas de las perspectivas mismas de Nancy y Lacoue-Labarthe. Lo que ahora vilipendian de "apolitismo", por ejemplo, no es una elaboración de todo infiel de su propio tema de "la dominación total de lo político". Después de todo, ese tema siempre tuvo una ambigüedad inherente. Combinaba la ya exagerada sospecha de Heidegger ante la tecnología con la ya demasiado categórica sospecha de Arendt de "lo social" en una sospecha incluso más global e indiferenciada de lo político, con lo cual parecía renunciar a la posibilidad de oposición *política* a la razón instrumental y la administración. No asombra, entonces, que algunos miembros llegaran a la conclusión de que a partir de entonces tal oposición debe llevarse a cabo bajo la bandera de "lo ético o lo estético, incluso lo religioso".

Podría sin lugar a dudas sostenerse un argumento similar con respecto al antimarxismo. De hecho, de los tres temas expuestos en el memorándum de disolución, sólo uno –a saber, el totalitarismo– carece por completo de ambigüedad. Pues ese es el único tema con respecto al cual Nancy y Laboue-Labarthe asumen una postura inequívoca. Primero, rechazan todo uso del término "totalitarismo" que siga el de la OTAN al pie de la letra, y *eso* es una postura política. Segundo, insisten con distinciones conceptuales adecuadas para la complejidad empírica de la realidad social contemporánea, de Oriente y Occidente, y *eso* es una postura metodológica postrascendental. El "totalitarismo", entonces, sigue siendo la línea más desarrollada de su pensamiento, la línea que, en principio, podría llevar a la superación del impasse actual y transformar su problemática.

Hace dos años sostuve que el Centro de Investigación Filosófica de lo Político no sería más que un "paso intermedio en el éxodo del marxismo que ahora transitan los intelectuales franceses [y no] un destino final". Hoy en día es más evidente el carácter preciso de la travesía –sus destinos posibles y reales–. Una ruta pasa por el Centro de Investigación Filosófica de lo Político hacia el "neoliberalismo apolítico". Otra, apenas visible, exigiría que los postmarxistas franceses desarrollaran vínculos con la teoría crítica alemana y el feminismo socialista angloamericano. Dadas las corrientes más amplias de la cultura francesa contemporánea, incluida la desilusión generalizada con el gobierno de Mittérrand, las presiones para seguir la primera ruta son enormes. El hecho de que Nancy y Lacoue-Labarthe se rehúsen a hacerlo es sin lugar a dudas una virtud de ellos. Aun así, una espera que pronto se aventuren fuera de su cobijo trascendental.

Capítulo 5

¿Solidaridad o singularidad? Richard Rorty, entre el Romanticismo y la tecnocracia

> Nada puede servir de crítica de un vocabulario final salvo
> otro vocabulario tal; no hay respuesta para una nueva descripción
> salvo una nueva, nueva descripción.
>
> Richard Rorty, *Contingencia, ironía y solidaridad*[1].

Considérese una caracterización un tanto caricaturesca del impulso romántico. Piénsese en dicho impulso como la valoración de la invención individual entendida como formación de uno mismo. Un impulso romántico de ese tipo idolatraría la figura del individuo extraordinario que no sólo actúa, sino más bien reescribe el guión cultural que su medio sociohistórico le ha preparado. Representaría a tal individuo como "genio" o "poeta fuerte", más allá del campo de su creatividad. Ciencia, política, lo que fuere: desde el punto de vista del impulso romántico, todo ámbito de invención sería una rama de la literatura en un sentido ampliado, así como todo acto importante sería un acto estético y toda elaboración sería una elaboración de uno mismo. Allí, la novedad se valoraría por sí misma; sería la mera diferencia entre cuanto tan sólo se encuentra o hereda, por un lado, y cuanto se hace o sueña ex nihilo, por el otro, lo que conferiría valor e importancia. En la medida en que en el impulso

Agradezco a Jonathan Arac el haberme sugerido este título, así como el haberme hecho la invitación que me brindó la ocasión para redactar este ensayo. Saqué provecho de las útiles conversaciones con Jonathan Arac, Sandra Bartky, Jerry Graff, Carol Kay, Tom McCarthy, Linda Nicholson, Joe Rouse, Michael Williams y Judy Wittner y de inspiradoras preguntas de miembros del público del Instituto Inglés de la Universidad de Harvard, agosto de 1987. Richard Rorty tuvo la generosidad de brindarme borradores inéditos de varios ensayos citados aquí.

[1] Richard Rorty, "Private Irony and Liberal Hope", en *Contingency, Irony and Solidarity* (Cambridge), 1989, 80.

romántico está presente tal creación de diferencia como obra de individuos extraordinarios, en la medida en que los trata a ellos y a su trabajo como fuente de todo cambio histórico importante, en la medida en que ve la historia en su mayoría como la sucesión de tales genios, se vuelve esteticista, individualista y elitista. Es, en pocas palabras, el impulso de engendrarse a uno mismo, de ser *causa sui*, de separarse de la comunidad propia. Por lo tanto, el pronombre masculino es apropiado[2].

Contrástese ahora esa versión caricaturesca del impulso romántico con una caracterización por igual caricaturesca del impulso pragmático. Considérese que esta última consiste en una impaciencia ante diferencias que no marcan una diferencia. Considéreselo una falta de gusto por toda invención complicada y epiciclos inútiles, por cualquier cosa que no vaya al punto. Así, el impulso pragmático estaría enfocado en el objetivo y sería resuelto; se preocuparía menos por la originalidad que por los resultados. Problemas resueltos, necesidades satisfechas, bienestar asegurado: esos serían sus valores emblemáticos. Sustituiría las metáforas poéticas y lúdicas de los románticos por metáforas de producción y trabajo. Despreciaría todo el engranaje que no formara parte de un mecanismo, toda herramienta que no cumpliera con un propósito útil, los artilugios de Rube Goldberg que no hacen trabajo real alguno. De hecho, desde el punto de vista de dicho impulso, las palabras serían herramientas y la cultura sería un juego de herramientas enorme que deberían desecharse sin más en caso de quedar obsoletas o haberse oxidado. El impulso pragmático, entonces, sería resplandeciente y activo. Preferiría la conciencia cívica del reformador que resuelve problemas al narcisismo del poeta que se da forma a sí mismo. Su héroe sería el hombre que cumple con el trabajo y resulta útil a su sociedad, no quien siempre está pavoneándose y regodeándose con sus cosas. Además, el impulso pragmático vería la historia como una sucesión de problemas sociales formulados y problemas sociales resueltos, una sucesión que de hecho es una progresión. Su ética, que acreditaría el progreso al sentido común, la competencia técnica y la solidaridad, sería reformista y optimista y su política sería liberal y tecnocrática.

[2] Vale la pena recordar que uno de los ídolos de Rorty es Harold Bloom, en especial el de *The Anxiety of Influence* (Nueva York, 1973). Mi propia perspectiva del carácter masculinista del impulso romántico de Rorty se ha visto influida por la crítica feminista de Bloom que hacen Sandra M. Gilbert y Susan Gubar en *The Madwoman in the Attic: The Woman Writer and the Nineteenth-Century Literary Imagination* (New Haven, Connecticut, 1979).

Si bien estas caracterizaciones caricaturescas no les hacen justicia a las complejidades de la tradición romántica y la tradición pragmática, confío en que no obstante marquen dos líneas reconocibles de los escritos recientes de Richard Rorty. Dichos escritos, considero, son el campo de batalla entre un impulso romántico y un impulso pragmático tales. Además, es una lucha que ninguno de los dos impulsos parece poder ganar de forma definitiva. A veces uno, a veces el otro sacan una ventaja temporaria acá o allá, pero el resultado general es un punto muerto.

Un síntoma de la incapacidad de Rorty para resolver esa contienda es que oscila entre tres diferentes perspectivas de la relación entre el Romanticismo y el pragmatismo, la poesía y la política. Ellas, a su vez, conllevan tres concepciones diferentes del papel social y la función política de los intelectuales.

A la primera postura la llamo la concepción de la "mano invisible". Su postura es que el Romanticismo y el pragmatismo son "socios naturales". Allí, el "poeta fuerte" y el "político reformista utópico" son sólo dos variantes levemente diferentes de la misma especie. Sus respectivas actividades son complementarias cuando no por completo idénticas, lo cual proporciona agua para el mismo molino democrático liberal.

A la segunda postura la llamo la concepción de "¿sublimidad o decencia?". Es la idea de que el Romanticismo y el pragmatismo son antitéticos entre sí, que debe elegirse entre la "crueldad" sublime del poeta fuerte y la hermosa "amabilidad" del reformista político. Esa perspectiva pone énfasis en el "lado oscuro" del romanticismo, en su tendencia a estetizar la política y, por ende, a devenirse antidemocrático.

Es evidente que la concepción de la "mano invisible" y la de "¿sublimidad o decencia?" se contraponen entre sí. Por ende, cada una de ellas puede leerse como una crítica de la otra. Si el Romanticismo y el pragmatismo no son con exactitud "socios naturales" pero si, al mismo tiempo, se está dispuesto a abandonar alguno de ellos, quizá puedan aprender a vivir con el otro. Así, en los últimos tiempos Rorty esbozó términos de una tregua entre ambos, una tregua que asigna a cada uno de ellos una esfera de influencia independiente. El impulso romántico regirá con libertad lo que en adelante será "el sector privado", pero no se le permitirá pretensión política alguna. El pragmatismo, por otro lado, tendrá derechos exclusivos al "sector público", pero se le prohibirá albergar nociones de cambio radical que puedan cuestionar la hegemonía cultural "privada" del Romanticismo.

Un compromiso ingenioso, sin lugar a dudas. No bastante, los compromisos basados en divisiones son famosos por ser inestables. Tienden a no resolver sino sólo a paliar por un tiempo la fuente básica del conflicto. Tarde o temprano, de una forma u otra, el conflicto resurge.

1. La tentación soreliana

Considérese la función que desempeña el impulso romántico en el pensamiento de Rorty. Recuérdese su insistencia sobre la diferencia entre vocabularios y proposiciones. Es precisamente la tendencia a confundirlos, a tratar los vocabularios como si pudieran justificarse cual proposiciones, lo que constituye el pecado cardinal de la filosofía tradicional. Desde su punto de vista, la elección de vocabulario siempre es indeterminada. No hay peticiones de principio, razones no insertas ya en un vocabulario, que puedan establecer de forma definitiva que se cuenta con el vocabulario *correcto*. Fingir lo contrario equivale a buscar la comodidad metafísica de una visión divina.

Ahora considérese también cuánto depende, según la perspectiva de Rorty, de los giros del vocabulario. La mera distribución de valores de verdad en un conjunto de proposiciones formuladas en un vocabulario que se da por sentado es una nimiedad en comparación con los cambios de vocabulario. Con los giros de vocabulario, las cuestiones urgentes de repente pierden su punto, las praxis establecidas sufren modificaciones radicales, constelaciones culturales enteras se disuelven para dar lugar a otras nuevas, hasta ese momento inimaginables. Así, para Rorty, los giros de vocabulario son el motor de la historia, los principales vehículos del progreso intelectual y moral.

Considérese, por último, cómo es con exactitud que, según Rorty, se producen los giros de vocabulario. Todo giro del vocabulario es la literalización de una nueva metáfora, la aplicación generalizada de la nueva forma de hablar de alguien, la adopción de la idiosincrasia de algún poeta por parte de toda la comunidad. Se sigue que los poetas, en el sentido amplio, son "los legisladores no reconocidos del mundo social"[3]. Son sus

---

[3] Se trata del Rorty que hace eco de Shelly en "Philosophy as Science, as Metaphor, and as Politics", en *The Institution of Philosophy: A Discipline in Crisis?*, ed. Avner Cohen y Marcelo Descal (Perú, Illinois, de próxima publicación).

palabras casuales, que caen como rayos provenientes del "espacio lógico exterior", lo que determina la forma de la cultura y la sociedad posteriores.

En Rorty, el impulso romántico es el impulso que eleva a la sublimidad de la metáfora, la excitación del "discurso anormal". Cuando se encuentra bajo su influencia, considera que el poeta es el héroe de la cultura y le otorga mayor jerarquía que no sólo al sacerdote y al filósofo sino incluso que a los héroes tradicionales del pragmatismo: el científico y el político reformista. En general, entonces, es su impulso romántico de lo que determina su "ideal utópico" de "una cultura estetizada", una cultura sin otro objetivo más que crear "productos multicolores cada vez más variados", sin otro propósito más que "facilitarles la vida a los poetas y los revolucionarios"[4].

El impulso romántico es bastante fuerte en Rorty, pero no es un impulso con el cual se sienta por completo cómodo. Y por una buena razón. Considérese cómo sería una política que diera rienda suelta al impulso romántico. Recuérdese el carácter individualista, elitista y esteticista de dicho impulso, su deificación del poeta fuerte, la manera en la cual toma la creación ex nihilo como fetiche. Hace falta apenas mirar de reojo para ver la visión de Georges Sorel: una "sociología" que clasifica a la humanidad en "líderes" y "masas", una "teoría de la acción" por la cual los primeros moldean a los segundos en virtud de un mero "triunfo de la voluntad", una "filosofía de la historia" como lienzo vacío a la espera de los diseños irrestrictos del líder poeta[5].

Considero que algo semejante a esta pesadilla soreliana es lo que perturba el sueño de Richard Rorty. Desde hace ya mucho tiempo se ha esforzado por mostrar que su propia veta romántica no conduce a

[4] Rorty, "The Contingency of Community", *London Review of Books*, 24 de julio de 1986, 11, 13. Apareció una versión revisada de dicho ensayo con el título "La contingencia de una comunidad liberal" en *Contingency, Irony and Solidarity*.

[5] La elección de Sorel como la personificación de dicha posibilidad es mía, no de Rorty. Él tiende, por el contrario, a representarla con Lenin. Desde mi punto de vista, Lenin es mucho menos apropiado al respecto que Sorel. La "sociología", la "teoría de la acción" y la "filosofía de la historia" que he esbozado tienen pocas similitudes con las de Lenin y muchas con las de Sorel. Además, la mucho mayor ambigüedad de Sorel en términos de las nociones comunes de "derecha" e "izquierda" capta mejor las sutilezas del tipo de Romanticismo político que estoy tratando de caracterizar aquí. Por último, la elección que Rorty hace de Lenin como personificación del Romanticismo fuera de control es un gesto político antimarxista que no deseo repetir. En general, Rorty no muestra conciencia alguna de la tradición del marxismo occidental ni de intentos dentro del marxismo de encontrar alternativas a las concepciones vanguardistas de la relación entre la teoría y la práctica.

ese camino, que su propia "visión utópica" de una "cultura estetizada" es liberal y democrática en lugar de ser soreliana y en potencia fascista.

2. La mano invisible; o vivir mejor mediante la química y la poesía

Una de las maneras en las cuales Rorty buscó exorcizar el demonio soreliano es mediante una defensa política positiva de su propia versión del Romanticismo. Así, ha intentado describir la dimensión romántica de su pensamiento como algo compatible con –y que, de hecho, promueve– la dimensión pragmática que parece oponerse a ella. De manera más tajante, ha intentado mostrar que las dos dimensiones son "socias naturales", que se combinan muy bien juntas y que el poeta fuerte es el demócrata personificado.

La principal estrategia en este aspecto consiste en vincular la poetización con la solidaridad, la creación romántica con la identificación social. Así, Rorty sostiene que al renunciarse a los apoyos kantianos de las perspectivas liberales, se pasa de la "objetividad" a la "solidaridad", pues dejar de basar nuestras esperanzas en sustitutos de Dios tales como la Razón, la Naturaleza Humana y la Ley Moral equivale a comenzar a basarlos el uno en el otro[6].

En el mismo sentido, Rorty sostiene que la actitud estética y la actitud moral no son antitéticas. Por el contrario, ni siquiera son distintas, pues al adoptar la actitud estética "desdeificamos" o desencantamos el mundo, con lo cual promovemos la tolerancia, el liberalismo y la razón instrumental[7]. La negativa a hipotecar la creación cultural a las autoridades ahistóricas nos libera para el "experimentalismo" en la política, para ese tipo de "ingeniería social" al mismo tiempo utópica y realista que es el alma misma del progreso moral.

Además, afirma Rorty, tratar al poeta fuerte como el héroe y el modelo de uno equivale "a adoptar una identidad apropiada para uno en lo referente a la ciudadanía en un Estado idealmente liberal", dado

---

[6] Rorty, "Solidarity and Objectivity?" en *Post-Analytic Philosophy*, ed. John Rajchman y Cornel West (Nueva York, 1985), 3-19.

[7] Rorty, "The Priority of Democracy to Philosophy", en *The Virginia Statute of Religious Freedom*, ed. Marrill Peterson y Robert Vaughan (Cambridge, 1988), 39-40. Véase asimismo su "From Logic to Language to Play", *Proceedings and Addresses of the American Philosophical Association* 59, n.º 5 (junio de 1986): 747-53.

que, se supone, la libertad de los intelectuales y "la disminución de la crueldad" encajan "bastante bien" una con otra[8]. Consideramos crueles e injustas costumbres de épocas anteriores sólo porque hemos aprendido a describirlas de nuevo. Y eso lo hemos logrado sólo en virtud de giros de vocabulario debidos a las metáforas de los poetas. Así, a diferencia de las apariencias iniciales, no es en realidad elitista "tratar a las sociedades democráticas como [algo que] existe para los intelectuales"[9]. De hecho, sólo si hacemos que la sociedad sea un lugar seguro para los poetas podemos garantizar que el lenguaje siga cambiando –y sólo si garantizamos que el lenguaje siga cambiando, podemos evitar la normalización de las costumbres actuales que podrían más tarde parecer crueles e injustas–. Así, hacer que la sociedad sea un lugar seguro para los poetas equivale a hacerla un lugar seguro para todo el mundo.

Por último, afirma Rorty, toda cultura organizada para la poesía y el juego promovería la "decencia" y la "amabilidad". Reduciría o equipararía la responsabilidad a una forma de sufrimiento específicamente humana, a saber, la humillación proveniente de una nueva descripción en los términos de otro mientras el vocabulario propio se deja a un lado en tono perentorio. A su vez, la mejor manera de adquirir tal conciencia es mediante la lectura de muchos libros. Así, toda cultura que promoviera intelectuales literarios cosmopolitas promovería la mayor felicidad de la mayor cantidad de gente[10].

En pocas palabras, Rorty afirma que la innovación cultural y la justicia social van de la mano. Se unen en las metáforas liberacionistas de las sociedades liberales, donde la historia se entiende como una sucesión de emancipaciones: siervos de señores, esclavos de dueños de plantaciones, colonias de imperios, trabajadores del poder ilimitado del capital. Dado que ambos están dominados por estas imágenes de liberación, el romanticismo en las artes se combina con la democracia en la política[11].

En todos sus argumentos lo que en realidad está en juego es la acusación de elitismo. Rorty busca impugnar la acusación de que toda política romántica debe elevar la libertad por encima de la igualdad y sacrificar así la mayor felicidad de la mayor cantidad de personas en el altar del

---

[8] Rorty, "The Contingency of Community", 14.

[9] *Ibid.*

[10] Rorty, "Private Irony and Liberal Hope", 89, 94-95.

[11] Rorty, "Liberal Hope and Private Irony" (manuscrito inédito).

poeta fuerte. Su enfoque general consiste en invocar una versión del viejo argumento heredado: la libertad en las artes promueve la igualdad en la sociedad; lo que es bueno para los poetas es bueno para los trabajadores, los campesinos y los desempleados de larga data.

Aquí, entonces, está el Rorty que ha buscado una unión absoluta entre el romanticismo y el pragmatismo. Mediante la adopción de una estrategia de "mano invisible", ha intentado mostrar que el juego estético y la política reformista liberal son dos caras de la misma moneda, que cuanto promueve a uno también promoverá a la otra, que podemos tener una mejor vida mediante la combinación de la química con la poesía.

Esos argumentos no representan el lado más persuasivo de Rorty. Por el contrario, tienden a generar más preguntas de las respuestas que dan. Por ejemplo, ¿despedirse de la objetividad en verdad equivale a adoptar la solidaridad? Sin lugar a dudas, no hay relación de consecuencia lógica entre el antiesencialismo y la lealtad para con la sociedad propia. Tampoco hay siquiera conexión psicológica o histórica contingente alguna cuando se considera en alguna medida a las sociedades occidentales modernas. Además, ¿por qué asumir una perspectiva cuasidurkheimiana según la cual la sociedad se integra mediante una única solidaridad monolítica y abarcadora? ¿Por qué no asumir por el contrario una perspectiva cuasimarxiana según la cual las sociedades capitalistas modernas contienen una pluralidad de solidaridades que se solapan y compiten?

Además, ¿es verdad que las sociedades que producen la mejor literatura también son las sociedades más igualitarias? ¿Los intereses de los poetas y los intereses de los trabajadores coinciden en realidad tan a la perfección? ¿Y qué hay de los intereses de las mujeres? Pues, a pesar del uso del pronombre femenino que hace Rorty, sus poetas siempre se conciben como hijos que buscan desplazar a sus padres culturales. Además, ¿es verdad que el poetizar encaja tan a la perfección con la ingeniería social? ¿Cómo se combina el carácter realista y resultadista de esta última con el extravagante carácter juguetón del primero? Y si vamos al caso, ¿por qué es la "ingeniería social" la concepción preferida de la praxis política? Y ¿por qué la igualdad se define en términos de "amabilidad" y "decencia"? ¿Por qué se la hace depender de una virtud de los intelectuales literarios, de la supuesta inclinación de estos últimos a abstenerse de humillar a otros? ¿Por qué no se considera por el contrario la igualdad en términos de igual participación en el poetizar, la formación de la cultura y la política?

3. ¿Sublimidad o decencia? O el lado oscuro del Romanticismo

Como de costumbre, nadie plantea argumentos en contra de la "solución" de la mano invisible mejor que el mismo Rorty. Hace poco ha reconocido que el Romanticismo tiene un "lado oscuro", un lado al cual ahora designa "ironismo". Cuando habla de ironismo, Rorty se refiere al proyecto de los intelectuales literarios modernistas que da forma al mejor yo posible mediante una continua redescripción. Tras identificarse a sí mismo como ironista, se pregunta si en realidad es posible combinar "los placeres de la redescripción" con la sensibilidad al "sufrimiento de aquellos a quienes se está redescribiendo". Teme que la exigencia de máxima libertad cultural del ironista pueda de hecho ser elitista, compatible con la indiferencia al sufrimiento de quienes no son poetas. El ironismo, reconoce, es por definición reactivo y necesita una cultura pública no ironista de la cual alienarse. Así, incluso en una cultura postmetafísica, el ironismo no puede ser una actitud generalizada de toda la colectividad social; puede ser la actitud de sólo un extracto de la sociedad, de intelectuales literarios o una élite cultural. Además, es imposible negar que el ironismo puede ser cruel. Se deleita con redescribir a otros en lugar de aceptarlos en sus propios términos. No hay duda alguna de que suele ser humillante, como cuando las posesiones favoritas de un niño se colocan junto a las de otro más rico, con lo cual se las hace ver insignificantes. Para peor aún, el ironista no puede afirmar que cuando describe a otros está descubriendo sus verdaderas personalidades e intereses, con lo cual les da poder y los libera. Sólo el político con mentalidad metafísica puede prometer eso. Se sigue de ello que incluso si el ironista profesara su apoyo a la política liberal, no podría ser muy "dinámico" ni "progresivo"[12].

Consideraciones tales como estas llevan a Rorty a una inversión radical de su postura anterior. Ahora ya no supone que sustituir el hacer por el encontrar sea servir a la comunidad propia, que despedirse de la objetividad equivalga a adoptar la solidaridad. Por el contrario, ahora discierne un motivo antisocial y "egoísta" en el Romanticismo, un motivo que representa la antítesis misma de la identificación comunitaria. Se da cuenta de que la búsqueda de lo sublime del Romanticismo se encuentra impulsada por un deseo de desafiliación, una necesidad de "liberarse de la tribu". Así, detrás del amor por lo original y por completo nuevo del poeta fuerte acecha un secreto desprecio por lo familiar y compartido

---

[12] Rorty, "Private Irony and Liberal Hope", 87-91.

por la mayoría. Eso resulta en especial perturbador cuando lo familiar y compartido es un compromiso con la democracia. En una cultura que, se supone, ya está organizada en torno de una metáfora de liberación y reforma social, buscar metáforas nuevas, más vívidas, menos trilladas es exponerse a un desastre político.

Así, Rorty expresa una nueva preocupación de que el Romanticismo y el pragmatismo no puedan mezclarse. Mientras que el pragmatismo es comunitario, democrático y amable, el Romanticismo ahora parece egoísta, elitista y cruel. Mientras que el pragmático apunta a resolver los problemas y satisfacer las necesidades de sus conciudadanos comunes, es más probable que el ironista romántico haga a un lado tales preocupaciones por considerarlas manidas, poco interesantes y de radicalidad insuficiente.

Por ende, los llamados postestructuralistas de izquierda deliran cuando piensan que mediante su rechazo del vocabulario político liberal desperdigado en la actualidad "contribuyen con los desgraciados de la tierra". Por el contrario, lo que en realidad hacen es expresar el desprecio vanguardista tradicional por su prójimo. Heideggerianos, deconstruccionistas, neomarxistas, foucaultianos y diferentes representantes de la Nueva Izquierda: no son diferencias que marquen la diferencia. Todos los potenciales sorelianos confunden las ansias especiales del intelectual ironista por lo sublime con la necesidad general de la sociedad de lo meramente bello[13].

Es en este sentido que Rorty hace poco se ha encargado de manera explícita de distinguir la concepción pragmática de la filosofía de la concepción romántica. Sostiene que el Romanticismo y el pragmatismo representan dos reacciones diferentes contra la metafísica y que no debería combinárselos entre sí. Cabe reconocer que ambos rechazan la perspectiva tradicional de la "filosofía como ciencia", es decir, como la búsqueda de una matriz neutral permanente de investigación. Pero mientras que el Romanticismo quiere reemplazar esa perspectiva por una de la "filosofía como metáfora", el pragmatismo prefieren sustituirla por una de la "filosofía como política". Se sigue de ello que las imágenes de la persona ideal de los dos enfoques difieren mucho: en la perspectiva de la metáfora la persona ideal es el poeta, mientras que en la perspecti-

---

[13] Rorty, "Habermas and Lyotard on Postmodernity", en *Habermas and Modernity*, ed. Richard J. Bernstein (Cambridge, Massachusetts, 1985); "Method, Social Sciente and Social Hope", en *Consequences of Pragmatism: Essays, 1972-1980* (Mineápolis, 1982); y "Thugs and Theorists: A Reply to Bernstein", *Political Theory*, 15, n.º 4 (noviembre de 1987): 564-580.

va política lo es el trabajador social y el ingeniero. Cabe reconocer que ambas perspectivas son holísticas; ambas distinguen el discurso anormal del discurso normal, la invención de una nueva metáfora de su literalización o aplicación social. Pero se diferencian en lo referente al valor de convertir las metáforas vivas en metáforas muertas mediante su diseminación al servicio de la sociedad. Para los románticos, ese tipo de poesía aplicada es el trabajo rutinario más vil, mientras que para el pragmático es precisamente la razón por la cual se consiguen las mejores metáforas. De ello se sigue que las dos perspectivas suponen actitudes sociales muy diferentes. Desde la perspectiva romántica, el mundo social existe para el poeta. Desde la perspectiva pragmática, por otro lado, el poeta existe para el mundo social[14].

En este panorama un tanto complicado, entonces, no hay una sino dos alternativas a la objetividad. Sólo una de ellas conduce a la solidaridad y la democracia; la otra conduce al vanguardismo cuando no al fascismo. Aquí, Rorty formula el problema como Romanticismo versus pragmatismo. Trata a ambos como impulsos antitéticos entre sí y fuerza una elección. ¿Romanticismo o pragmatismo? ¿Sublimidad o decencia? ¿Poesía fuerte o metáforas muertas? ¿Formación de uno mismo o responsabilidad social? No se puede tener ambas cosas.

¿O sí?

4. La postura de la división

En sus ensayos más recientes, Rorty se rehúsa a elegir entre las sublimidad y la decencia, el Romanticismo y el pragmatismo. Por el contrario, ha ideado una nueva formulación cuyo objetivo es con ambos: encontrará un punto medio entre el Romanticismo y el pragmatismo gracias a una división entre la vida privada y la pública.

La idea es que dos cosas que no pueden fundirse en una puedan no obstante coexistir juntas si se establecen fronteras claras y precisas entre ellas. Ahora bien, la sublimidad no puede fundirse con la decencia ni la poesía fuerte con la responsabilidad social. Pero si a cada una de ellas se le atribuyera su propia esfera independiente y se le prohibiera interferir en la de la otra, quizá pudieran ser vecinas bastante buenas.

---

[14] Rorty, "Philosophy as Science, as Metaphor, and as Politics".

Esa es, entonces, la postura de "división" de Rorty: bifurcar el mapa de la cultura por la mitad. De un lado está la vida pública, el dominio del pragmatismo, la esfera en la cual predominan la utilidad y la solidaridad. Del otro lado estará la vida privada, el dominio del Romanticismo, la esfera del descubrimiento de uno mismo, la sublimidad y la ironía. En la esfera pública tiene prioridad el deber que uno tiene con su propia comunidad; la esperanza social, la decencia y la mayor felicidad de la mayor cantidad de personas están a la orden del día. En la esfera privada, por el contrario, la causa imperante es el deber que uno tiene para consigo mismo; allí es posible desafiliarse de la comunidad, prestar atención a la formación de uno mismo y, así, encargarse de la "soledad" propia[15].

Así, Rorty desea preservar tanto el éxtasis como la utilidad, "el impulso de pensar lo Impensable" y "el entusiasmo por la Revolución Francesa"[16]. Pero sólo mediante el aislamiento estricto de la una con respecto a la otra. De hecho, ahora afirma que es el deseo de superar la implacable división entre la vida pública y la vida privada lo que se encuentra en la raíz de muchas dificultades teóricas y políticas. Dicho deseo, resulta, es común a la metafísica y su crítica ironista, al marxismo y a las diferentes formas marxistas de política radical. Es lo que desvió incluso al Heidegger maduro y lo hizo confundir lo que de hecho era su necesidad privada de liberarse de algunas figuras de autoridad locales y personales llamadas Platón, Aristóteles y Kant con el destino de Occidente[17].

Rorty afirma que las dificultades de todos aquellos que se oponen al liberalismo nos enseñan algo: cuando la ironía se hace pública, se mete en problemas. Por ende, la teoría ironista debes seguir siendo privada si ha de seguir siendo cuerda[18].

Resulta ser, por suerte, que hay una manera de neutralizar las implicaciones políticas no liberales del pensamiento radical: consiste en negar que el pensamiento radical tenga implicación política alguna. Por lo tanto, no fue sino un error de parte de Heidegger el imaginar que su pensamiento tenía alguna relevancia pública. Lo mismo sucede con todos aquellos supuestos izquierdistas que apuntan a hacer uso político de la deconstrucción, el posmodernismo, el foucaultianismo y el neomarxismo. De

[15] Rorty, "The Priority of Democracy to Philosophy", 37.

[16] Rorty, "Habermas and Lyotard on Postmodernity", 175.

[17] Rorty, "Self-creation and Affiliation: Proust, Nietzsche, and Heidegger", en *Contingency, Irony and Solidarity*, 100, 110, 114, 118-121.

[18] *Ibid.*, 120.

hecho, la única utilidad de la teoría ironista es privada: reforzar la imagen propia y contribuir con la autoformación de los intelectuales literarios.

A las claras, la postura de la división supone una perspectiva reformulada del papel social y la función política de los intelectuales. El poeta fuerte según se lo concibiera hasta ese momento debe domesticarse, deben bajársele los humos y debe encajar en la vida privada. Debe convertirse en el esteta, una figura despojada de ambición pública y volcada a su interior[19]. Por ende, el intelectual será rey del castillo de su propia autoformación, pero ya no legislará para el mundo social. De hecho, el intelectual no desempeñará papel social ni función política algunos.

Una muestra de la condición domesticada del esteta de Rorty es que puede buscar la sublimidad sólo en su "tiempo privado y dentro de los límites establecidos en *Sobre la libertad*"[20]. Puede tener pensamientos irónicos que involucren redescripciones crueles dentro de la privacidad de su propia esfera narcisista, pero no debe actuarlos de manera alguna que puedan provocar dolor o humillación a otros. Eso significa que el esteta debe tener un vocabulario final bifurcado, un vocabulario dividido en un sector público y un sector privado. El sector privado del vocabulario final del esteta será amplio y exuberante y contendrá todo tipo de términos coloridos y en potencia crueles para redescribir a otros. El sector público de su vocabulario, por otro lado, será más reducido y consistirá en unos pocos términos flexibles, como "amabilidad" y "decencia", que expresan su compromiso con la política del liberalismo[21].

La postura de la división representa un avance nuevo y muy interesante del pensamiento de Rorty. Es su esfuerzo más sofisticado al día de hoy por tomar en serio el problema de la reconciliación del Romanticismo con el pragmatismo. Y, sin embargo, esa postura sufre de graves defectos. Su viabilidad depende de la posibilidad de establecer un límite claro entre la vida pública y la vida privada. Pero ¿eso es en verdad posible? ¿Es en verdad posible distinguir las redescripciones que afectan a las acciones con consecuencias para otros de aquellas que no afectan a las acciones en absoluto o que afectan sólo a las acciones sin consecuencias para otros?[22]

[19] Agradezco a Michael Williams la sugerencia de que la perspectiva del intelectual de Rorty aquí es la del esteta.

[20] Rorty, "Posties", *London Review of Books*, 3 de septiembre de 1987, 11.

[21] Rorty, "Private Irony and Liberal Hope", 92-93.

[22] Este problema se plantea pero desde ningún punto de vista se resuelve en *On Liberty* de Mill.

Sin lugar a dudas, muchos sucesos culturales en cierta medida ajenos a procesos designados de manera oficial como políticos son no obstante públicos. Y las esferas públicas políticas oficiales no son en absoluto impermeables a sucesos de las esferas públicas culturales[23], dado que los procesos culturales contribuyen a dar forma a las identidades sociales, las cuales a su vez afectan a las afiliaciones políticas. Además, los movimientos sociales de más o menos los últimos cien años nos han enseñado a ver cuán cargadas de poder están las interacciones que el liberalismo clásico consideraba privadas, lo cual les da un carácter político. Los movimientos de los trabajadores, por ejemplo, en especial según los expone la teoría marxista, nos han enseñado que lo económico es político. De igual manera, los movimientos de las mujeres, según los ilustra la teoría feminista, nos han enseñado que lo doméstico y lo personal son políticos. Por último, toda una gama de movimientos sociales de la Nueva Izquierda, según los ilustraran la teoría gramsciana, la foucaultiana y, sí, incluso la althusseriana, nos han enseñado que lo cultural, lo médico, lo educativo –todo lo que Hannah Arendt llamó "lo social" como algo distinto de lo privado y lo público–, todo eso también es político[24]. No obstante, la postura de la división de Rorty nos exige ocultar esas perspectivas, dar la espalda a los últimos cien años de historia social. Nos exige además privatizar la teoría. A las feministas, en especial, nos conviene resistirnos a ese último requisito para que nuestra teoría no siga el camino de nuestras tareas domésticas.

5. Discurso anormal reconsiderado

Ninguna de las tres posturas de Rorty representa una resolución satisfactoria de la tensión entre el pragmatismo y el Romanticismo. La postura de la mano invisible fracasa porque despedirse de objetividad no implica por necesidad adoptar una única solidaridad humanitaria y porque lo

---

[23] Uso aquí en la expresión "política oficial" para expresar la existencia de campos sociales sin reconocimiento oficial como políticos que no obstante deberían entenderse como tales. Véase una exposición del tema en el capítulo 8 de este volumen.

[24] Insistir en la carga de poder y, por lo tanto, el carácter político de tales temas no equivale en rigor a autorizar una intervención estatal ilimitada. Es posible inclinarse, por el contrario, por el uso de contrapoderes no gubernamentales como los movimientos sociales y las asociaciones políticas democráticas. Esa es la idea de muchas feministas, incluida yo misma, con respecto a la pornografía: es mejor oponerse a la pornografía dañina para las mujeres de manera difusa más que directa, mediante boicots, piquetes, propaganda opositora y concienciación antes que mediante la censura estatal.

bueno para los poetas no es por necesidad bueno para los trabajadores, los campesinos y los desempleados de larga data. La postura de sublimidad o decencia fracasa porque no toda la teorización radical es elitista, antidemocrática o contraria a las inquietudes colectivas y la vida pública. Por último, la postura de la división fracasa porque los vocabularios finales no marcan una división clara entre sector público y el sector privado y las acciones no pueden dividirse con claridad en públicas y privadas.

Si ninguna de las soluciones propuestas es adecuada, podría valer la pena reconsiderar los términos del dilema original. Podríamos examinar con más detenimiento las categorías y suposiciones que sustentan el pensamiento de Rorty sobre la cultura y la política.

Comencemos con la distinción clave del marco de Rorty, el contraste entre el discurso normal y el discurso anormal. De hecho, Rorty oscila entre dos perspectivas del discurso anormal. La primera es la que desarrollara en *La filosofía y el espejo de la naturaleza* y se deriva de la obra de Thomas Kuhn. Es la simple negación del discurso de la ciencia normal, es decir, del discurso en el cual los interlocutores están de acuerdo sobre qué cuenta como problema o cuestión, hipótesis bien formulada o seria y buen razonamiento o argumento. El discurso anormal, entonces, es aquel en el cual tales asuntos están librados a cualquier persona. Involucra una pluralidad de voces diferenciables cuando no inconmensurables y consiste en un intercambio animado si bien un tanto desordenado entre ellas. Llamemos a esta "la concepción polilógica" del discurso anormal.

Ahora bien, contrastemos la concepción polilógica con otra concepción del discurso anormal que también se encuentra en Rorty, una concepción monológica. La perspectiva monológica es la postura individualista romántica en la cual el discurso anormal es la prerrogativa del poeta fuerte o del teórico ironista que consiste en una voz solitaria que se alza por la noche frente a un trasfondo por completo indiferenciado. La única respuesta concebible a dicha voz es el rechazo incomprensivo o la invitación identificativa. No hay lugar para una respuesta que pueda calificarse de voz diferente. No hay lugar para la interacción.

A las claras, estas dos concepciones diferentes del discurso anormal se corresponden con los dos impulsos distintos que identifiqué más arriba. La perspectiva monológica se desarrolla promovida por el impulso romántico de Rorty, mientras que la perspectiva polilógica se sustenta en su impulso pragmático. Además, la perspectiva monológica encaja en las nociones de teoría radical devenida poesía fuerte y de privacidad, mientras que la perspectiva polilógica encaja en sus nociones de praxis, de política y de publicidad.

En cierto nivel esa correspondencia tiene sentido. Parece que Rorty tuviera toda la razón en desear una política polilógica en lugar de una monológica –de hecho, tiene toda la razón en rechazar la política monológica por considerarla un oxímoron–. No obstante, en otro nivel, hay algo muy perturbador en eso. Es el carácter de claro corte dicotómico del mapa de cultura resultante, la oposición abstracta y no mediada entre la poesía y la política, la teoría y la praxis, el individuo y la comunidad.

Considérese la repercusión de la concepción monológica del discurso normal en las diferentes regiones del mapa del espacio social de Rorty. La concepción monológica, hemos visto, es individualista, elitista y antisocial. Además, Rorty la asocia con la categorización radical, a la cual a su vez trata como una especie poetización. Como resultado, la teorización radical adquiere connotaciones individualistas y se deviene la antítesis misma de la acción colectiva y la praxis política. La teoría radical, en otras palabras, se expresa como una esfera separada de la vida colectiva, una esfera de privacidad y de autoformación individual. Se estetiza, narciciza y aburguesa, se deviene un dominio donde los esfuerzos hacia la trascendencia se ponen en cuarentena, se convierten en algo seguro por esterilizárselos.

Ahora bien, esa concepción privatizada, narcisista de la teoría radical tiene dos consecuencias sociales importantes. En primer lugar, que no hay política cultural legítima, no hay lucha de genuino carácter político por la hegemonía cultural; sólo puede haber levantamientos edípicos de hijos genios contra padres genios. En segundo lugar, no puede haber teoría radical con relevancia política alguna, no puede haber vínculo entre la teoría y la praxis política; sólo puede haber teoría ironista apolítica y praxis reformista ateórica. Por ende, se despolitizan tanto la cultura como la teoría.

La privatización de la teoría radical tiene también repercusiones en la forma de lo político. En manos de Rorty, lo político asume un carácter demasiado comunitario y solidario, como si reaccionara contra el egoísmo y el individualismo extremos de su concepción de la teoría. Así, se supone que podemos pasar de forma directa de la objetividad a la solidaridad, del confort metafísico de la filosofía tradicional al confort comunitario de un único "nosotros". Aquí, Rorty hegemoniza el espacio social y supone de forma tendenciosa que no hay división social profunda capaz de generar solidaridades encontradas y "nosotros" opuestos. De esa ausencia asumida de antagonismos sociales fundamentales se sigue que la política es una cuestión de que todos hagan un esfuerzo conjunto para resolver un conjunto común de problemas. Por ende, la ingeniería social puede reemplazar la lucha política. Remiendos inconexos con una sucesión de problemas sociales supuestamente discretos pueden reemplazar la transformación de la estructura institucional básica. Y el perito en la solución de problemas sociales y el formador verticalista pueden reemplazar a los movimientos sociales organizados de personas que articulan en conjunto sus propios intereses y aspiraciones; así, la tipificación del agente político pasa a ser el trabajador social o el ingeniero en lugar de, por ejemplo, los miembros de la Organización Nacional de Derechos de Bienestar o la Alianza Clamshell. Además, sin grietas profundas ni ejes de dominación generalizados, la praxis puede flotar por completo libre de la teoría. Si no hay mecanismos de subordinación inscritos en el marco constitucional básico de la sociedad, a fortiori puede no haber necesidad de teorizarlos. Por ende, puede desteorizarse la política.

A las claras, ese mapa cultural presupone un diagnóstico político sustantivo, un diagnóstico con el cual más adelante plantearé mi desacuerdo; pero también posee un rasgo formal digno de destacar: las concepciones de política y de teoría de Rorty se complementan entre sí. Mientras la teoría se hiperindividualiza y se despolitiza, la política se desteoriza y se deviene hipercomunitaria. Conforme la teoría se deviene pura *poiesis*, la política se acerca a la pura *tecné*. Además, conforme la teoría se convierte en el dominio de la trascendencia pura, la política se banaliza, se vacía de radicalismo y de deseo. Por último, conforme la teoría se deviene producción ex nihilo de metáforas nuevas, la política debe ser su literalización absoluta, debe ser sólo aplicación, nunca invención.

Resulta paradójico que tal panorama dicotómico surja de ideas cuyo objetivo es suavizar dicotomías heredadas tales como la de teoría y praxis, la de estética y moralidad, y la de ciencia y literatura. También resulta paradójico que lo que, se suponía, era un "polílogo" político haya ido pareciéndose cada vez más a un monólogo.

Considérese que Rorty enuncia por definición discursos no políticos, no liberales y oposicionales. Asocia tales discursos con el Romanticismo, la búsqueda de lo no explorado. Los convierte en la prerrogativa de intelectuales libres que están "aburridos" de los vocabularios muy diseminados y anhelan "lo nuevo" y "lo interesante". Los discursos radicales, entonces, se presentan como el alejamiento de las inquietudes de la vida colectiva. Por lo tanto, Rorty presenta el móvil del discurso oposicional como algo estético y apolítico; presenta al sujeto de tales discursos como el individuo solitario, alienado, heroico; y presenta el objeto o el tema de los discursos radicales como algo –cualquier cosa– diferente a las necesidades y los problemas de la colectividad social.

Con los discursos radicales así estetizados e individualizados –de hecho, edipalizados y masculinizados–, el discurso político, a su vez, se desradicaliza de forma implícita. Rorty de hecho restringe el discurso político a quienes hablan el lenguaje del liberalismo burgués. Quien se aleja de ese vocabulario carece sin más de sentido alguno de solidaridad. De igual manera, resulta ser que los defensores del liberalismo burgués tienen un monopolio sobre el discurso acerca de las necesidades de la comunidad y los problemas sociales. Quien evita la jerga liberal debe de estar hablando sobre otra cosa –sobre, por ejemplo, la salvación individual–.

Por ende, en sus ensayos más recientes, Rorty considera que la solidaridad social y los discursos no liberales son antitéticos entre sí. El discurso arraigado en la solidaridad y orientado a las inquietudes colectivas se restringe a la solución liberal de problemas. El discurso no liberal, por otro lado, se reduce a esteticismo, apolitismo e individualismo romántico.

A las claras, esa manera de diagramar el terreno discursivo genera algunas exclusiones importantes. No hay, en el marco teórico de Rorty, lugar alguno para motivaciones *políticas* para la invención de nuevas jergas, no hay lugar para jergas inventadas para superar el silencio o mutismo impuestos a los grupos sociales en desventaja. De manera similar, no hay lugar para sujetos *colectivos* de discursos no liberales y, por ende, no hay lugar para comunidades con discursos radicales que cuestionen los discursos dominantes. Por último, no hay lugar para interpretaciones *no liberales* de las necesidades sociales y las inquietudes colectivas y, por ende, no hay lugar, por ejemplo, para la política socialista feminista. En resumen, en el marco teórico de Rorty no hay lugar para los discursos políticos de genuino corte radical arraigados en solidaridades *oposicionales*.

En consecuencia, Rorty termina suponiendo que sólo hay un vocabulario político legítimo, con lo cual traiciona su propio compromiso profeso con la política polilógica. Ese también es un resultado paradójico para un pensamiento que parecía siempre insistir en la importancia decisiva de la elección del vocabulario para la contextualización de los problemas. En todo caso, y cualesquiera sean sus intenciones, en virtud de la dicotomización que hace entre lo privado y lo público, el individuo singular y la comunidad homogénea, Rorty elimina el fundamento para la posibilidad de la política radical democrática.

¿Cómo podemos reincorporar esa posibilidad al panorama? ¿Cómo podemos recuperar una versión del pragmatismo que sea compatible con la democracia radical, el discurso político polilógico anormal y la política socialista feminista?

6. Receta para un pragmatismo feminista-socialista-democrático

Hace poco Rorty resumió el objetivo de su último conjunto de ensayos: "separar… el 'posmodernismo' del radicalismo político[,] la polémica contra 'la metafísica de la presencia' de la polémica contra la 'ideología burguesa', la crítica del racionalismo y universalismo de la ilustración de la crítica del pensamiento político liberal y reformista"[25].

Por el contrario, me gustaría resumir *mi* objetivo en el presente trabajo: separar el pragmatismo del liberalismo de la Guerra Fría, la polémica contra la filosofía fundacionalista tradicional de la polémica contra la teoría social, la crítica de la política soreliana romántica de la crítica de la política feminista-socialista-democrática radical[26].

Comencemos por el tipo del pragmatismo básico compatible con una amplia variedad de perspectivas políticas sustantivas, con el feminismo social tanto como con el liberalismo burgués. Dicho pragmatismo es tan sólo antiesencialismo con respecto a conceptos filosóficos tradicionales

---

[25] Rorty, "Thugs and Theorists", 564.

[26] El formato de receta tiene una cierta cantidad de ventajas, de las cuales una muy importante es una cierta resonancia de género. Con la elección de dicho género, tomo en serio la asimilación implícita que hace Rorty de la teorización con el trabajo doméstico. No obstante, para mí eso implica desprivatizar el trabajo doméstico en lugar de privatizar la teoría. Asimismo, sugiere una perspectiva no tecnocrática y más genuinamente pragmática de la relación entre la teoría y la práctica, dado que se espera que los cocineros varíen sus recetas por prueba y error, inspiración y el estado coyuntural de la despensa. Por último, el formato de la receta tiene la ventaja de postular el resultado como una mezcla más que como un sistema o una síntesis. Así, evita esas formas hiperbólicas de totalización teórica de las cuales con justa razón la Izquierda democrática ha ido sospechando cada vez más.

como los de verdad y razón, naturaleza humana y mortalidad[27]. Implica una apreciación del carácter de constructo histórico y social de tales categorías y de las costumbres de las cuales adquieren su sentido, con lo cual sugiere al menos la posibilidad abstracta de cambio social. Ese tipo de pragmatismo básico es un ingrediente útil, si bien insuficiente, del feminismo socialista.

Después, agréguesele el tipo de holismo básico que se combina con facilidad con la política democrática radical. Dicho holismo es tan sólo el sentido de la diferencia entre el marco de una costumbre social y un movimiento dentro de ella. Implica una apreciación de la manera en la cual las instituciones y los hábitos de segundo plano preestructuran las posibilidades de primer plano con las que cuentan las personas en la vida social. Ese holismo básico no conduce por necesidad a una política conservadora. Por el contrario, es un ingrediente necesario para toda política que aspire a la transformación social radical en lugar de a una simple mejora.

A continuación, agréguesele un agudo sentido de la importancia decisiva del lenguaje en la vida política. Mézcleselo con el pragmatismo y el holismo hasta ver la distinción entre hacer una afirmación política con un vocabulario que se da por sentado y cambiar a un vocabulario diferente. Dicha distinción abre un espacio para aquellas redescripciones de largo alcance de la vida social que están en el corazón de toda visión política nueva, desde el liberalismo burgués hasta el marxismo o el feminismo contemporáneo. Dicha distinción también hace posibles interacciones cuestionadoras entre vocabularios políticos enfrentados. Por ende, hace concebible el tipo de discurso sólido, polilógico y anormal que es esencial para la política democrática radical en una sociedad multicultural.

Ahora, agréguese una perspectiva de las sociedades contemporáneas como sociedades no hiperindividualizadas ni hipercomunizadas. Esa perspectiva debería tener en cuenta divisiones sociales capaces de generar solidaridades múltiples y enfrentadas y vocabularios políticos múltiples y enfrentados. También debería tener en cuenta la desigualdad del poder. Así, debería distinguir entre las solidaridades dominantes y las subordinadas, entre los vocabularios hegemónicos y los contrahegemónicos. Esa

---

[27] Rorty, "Pragmatism, Relativism, and Irrationalism", en *Consequences of Pragmatism*, 162.

perspectiva de la sociedad debe mezclarse con los ingredientes anteriores para adquirir un sentido preciso de cuestionamiento social.

El cuestionamiento, a su vez, debe concebirse en un sentido amplio de manera de incluir la lucha por los sentidos culturales y las identidades sociales, así como por intereses políticos en un sentido más tradicional como lo son los cargos electivos y la legislación. Debe abarcar luchas por la hegemonía cultural, el poder para construir definiciones serias de situaciones sociales y legitimar interpretaciones de necesidades sociales. Ese sentido amplio de cuestionamiento tiene en cuenta una política de la cultura que atraviesa las divisiones tradicionales entre la vida pública y la vida privada. Tiene en cuenta la posibilidad de movimientos sociales de democracia radical: formaciones colectivas amplias, bien organizadas, en las cuales la política y la poesía forman un continuo indiviso conforme las luchas por la justicia social se funden con la liberación de la creatividad.

A continuación, agréguesele una perspectiva del cambio social como algo a lo cual no determina una lógica autónoma de la historia ni algo que tan sólo es contingente y en última instancia, inexplicable. Considérense que los agentes de cambio histórico son movimientos sociales en lugar de ser individuos extraordinarios. Evítese toda oposición rígida y dicotómica entre jugar el juego de la manera tradicional y comenzar de nuevo desde cero, entre una normalidad aburrida, estable y congelada y el trueno repentino y nuevo que irrumpe desde la nada. Evítese asimismo una dicotomía entre la mera invención y la pura aplicación, entre lo no soñado hasta hoy y su rutinización. Por el contrario, considérese que dichos extremos se encuentran mediados en la praxis social de los movimientos sociales. Considérese que tal praxis cubre la brecha entre lo viejo y lo nuevo, es una aplicación que siempre es, al mismo tiempo, invención. Así se tiene en cuenta la posibilidad de una política radical que no sea soreliana, que no siga la expresión de la voluntad elitista y masculinista de lo Por completo Otro. Tiene en cuenta la posibilidad de una política democrática radical en la cual la crítica inmanente y el deseo transfigurador se funden entre sí.

A continuación, agréguese la perspectiva de que (a pesar de la multiplicidad y el cuestionamiento) las sociedades contemporáneas se organizan en torno de un marco institucional básico. Por supuesto, toda caracterización precisa de la estructura de dicho marco supondrá compromisos políticos cuestionables y un vocabulario político cuestionable.

No obstante, supóngase que entre los candidatos que luchan por los elementos centrales de dicho marco hay ingredientes como los siguientes: una organización de producción social que busca beneficios privados en lugar de buscar satisfacer necesidades humanas; una división de trabajo social basada en el género que separa la crianza privatizada de niños del trabajo reconocido y remunerado; mercados laborales pagos segmentados por género y raza que generan una subclase marginalizada; un sistema de Estados-naciones que abordan la gestión de crisis con concesiones de bienestar social segmentadas y producción subsidiada de guerras.

Ahora, agréguese a eso la posibilidad de que el marco institucional básico de la sociedad sea injusto, que pueda funcionar en detrimento sistemático de algunos grupos sociales y en beneficio sistemático de otros. Mézclese con los ingredientes anteriores para obtener un sentido de los posibles usos políticos de una teoría social crítica. Considérese, por ejemplo, la utilidad de una teoría que pueda especificar vínculos entre problemas sociales en apariencia discretos mediante la estructura institucional básica, con lo cual muestre "cómo las cosas, en el sentido más amplio del término, mantienen coherencia, en el sentido más amplio del término"[28]. O considérese la utilidad de una teoría social que pueda distinguir entre las reformas que se ajustan al sistema y perpetúan las injusticias, por un lado, y los cambios sociales radicales que dan poder al individuo, por el otro.

A continuación, agréguense algunas distinciones entre los diferentes tipos de teorías. Distínganse, por ejemplo, las teorías fundacionalistas, tradicionales, ahistóricas, como las de la epistemología o la filosofía moral, de las metateorías pragmáticas ironistas que las critican. Después, distínganse ambos tipos de un tercer tipo de teoría, es decir, una teoría social sustantiva de primer orden que sea no fundacionalista, falibilista y no específica de un momento histórico. Ahora, utilícense dichas distinciones para evitar incluir la teoría social crítica en la filosofía tradicional. Utilícenselas, asimismo, para evitar combinar la teoría social con una trivialización heideggeriana, la ironía privada o jarana edípica. Por el contrario, utilícense dichas distinciones para dejar espacio para teoría social radical con relevancia política y, por lo tanto, para política democrática radical sustentada en la teoría.

---

[28] Esta es una de las caracterizaciones positivas de la filosofía de Rorty. Atribuye la caracterización a Wilfred Sellars.

Después, agréguese una concepción no leninista ni vanguardista de la función de los intelectuales en la política democrática radical de izquierda. Considérense a tales intelectuales ante todo integrantes de grupos sociales y participantes de movimientos sociales. En otras palabras, piénseselos como individuos que ocupan lugares especificables en el espacio social en lugar de considerárselos personas libres por encima de toda ideología. Considérese, además, que, como resultado de la división social del trabajo, han adquirido algunas habilidades ocupacionales útiles desde el punto de vista político: por ejemplo, la capacidad de mostrar cómo el sistema de bienestar institucionaliza la feminización de la pobreza o cómo el poema orientaliza su tema. Considéreselos en potencia capaces de emplear dichas habilidades tanto en instituciones especializadas como universidades cual en diferentes esferas públicas culturales y políticas más amplias. Piénsese en ellos, por lo tanto, como participantes de diferentes frentes en las luchas por la hegemonía cultural. Piénsese asimismo en ellos como personas con terribles delirios de grandeza y la necesidad de mantener un contacto cercano con sus correligionarios no intelectuales de profesión para conservar la cordura, la sensatez y la sinceridad.

Combínense todos estos ingredientes con una visión utópica no individualista, no elitista ni masculinista. Exprésese dicha visión utópica en términos de relaciones entre seres humanos en lugar de hacerlo entre personas consideradas mónadas separadas. Imagínense nuevas relaciones de trabajo y juego, ciudadanía y paternidad, amistad y amor. Después, considérese qué tipo de marco institucional se necesitaría para promover dichas relaciones. Sitúense dichas relaciones en el marco institucional de una sociedad multicultural sin clases, sin racismo, sexismo o heterosexismo –una sociedad internacional de colectividades descentralizadas, democráticas y autónomas–.

Combine todos los ingredientes anteriores y sazóneselos a gusto con esperanza social. Aderéceselos con la mezcla justa del pesimismo del intelectual y el optimismo de la voluntad.

PARTE 3

GÉNERO Y LA POLÍTICA DE INTERPRETACIÓN
DE LA NECESIDAD

Capítulo 6

¿Qué tiene de crítico la teoría crítica?
El caso de Habermas y el género

A mi entender, todavía nadie ha mejorado la definición que en 1843 Marx hizo de la teoría crítica como "la aclaración que las luchas y los deseos de la época hacen de sí mismos"[1]. Lo atractivo de dicha definición es su carácter de directo corte político. No apela a condición epistemológica especial alguna sino, por el contrario, supone que, con respecto a la justificación, no hay diferencia interesante alguna desde el punto de vista filosófico entre una teoría crítica y una teoría no crítica de la sociedad. No obstante hay, según dicha definición, una diferencia política importante. Toda teoría social crítica contextualiza su programa de investigación y su marco conceptual teniendo en cuenta los objetivos y las actividades de los movimientos sociales de oposición con los cuales se identifica, incluso sin dejar de ser crítica de ellos. Las preguntas que formula y los modelos que diseña se sustentan en tal identificación y tal interés. Así, por ejemplo, si las luchas que cuestionan la subordinación de las mujeres figuraran entre las más importantes en una época dada, toda teoría crítica de dicha época apuntaría, entre otras cosas, a arrojar algo de luz sobre el carácter y los fundamentos de tal subordinación. Emplearía categorías y modelos explicativos que revelaran, en lugar de ocultar, las relaciones de dominación masculina y subordinación femenina. Y desmitificaría todo enfoque rival que ofuscara o racionalizara tales relaciones por considerarlo ideológico. En dicha situación, entonces, una de las normas para evaluar una teoría crítica, después de habérsela sometido a todas

Agradezco a John Brenkman, Thomas McCarthy, Carole Paterman y Martin Schwab los comentarios y críticas útiles; a Dee Marquez y a Marina Rosiene el excelente procesamiento del texto y al Centro de Humanidades de Standord la ayuda económica.

[1] Karl Marx, "Letter to A. Ruge, September 1843", en *Karl Marx: Early Writings*, ed. L. Coletty, trad. Rodney Livingstone y Gregor Benton (Nueva York, 1875), 209.

las pruebas comunes de adecuación empírica, sería: ¿cuán bien teoriza la situación y las perspectivas del movimiento feminista? ¿en qué medida sirve para que las luchas y los deseos de las mujeres contemporáneas se aclaren a sí mismos?

A continuación, presupondré la concepción de la teoría crítica que acabo de esbozar. Además, tomaré, como situación real de nuestra época, el escenario que acabo de exponer como hipotético. Sobre la base de tales suposiciones, deseo examinar la teoría social crítica de Jürgen Habermas conforme la elaborara en *Teoría de la acción comunicativa* y escritos recientes relacionados[2]. Mi intención es leer su obra desde el punto de vista de varias cuestiones específicas: ¿en qué proporciones y con respecto a qué la teoría crítica de Habermas aclara o mistifica los fundamentos de la dominación masculina y la subordinación femenina en las sociedades modernas? ¿En qué proporciones y con respecto a qué cuestiona o replica racionalizaciones ideológicas predominantes de tal dominación y tal subordinación? ¿En qué medida contribuye, o se puede decir que contribuya, con la aclaración que las luchas y los deseos de los movimientos contemporáneos de mujeres hacen de sí mismos? En pocas palabras, con respecto al género, ¿qué tiene de crítico y de acrítico la teoría social de Habermas?

Se trataría de una empresa bastante sencilla si no fuera por una cosa: fuera de la breve exposición del feminismo como "nuevo movimiento social" (una exposición que consideraré más adelante), Habermas no dice casi nada sobre el género en *Teoría de la acción comunicativa*. Ahora

---

[2] Jürgen Habermas, *The Theory of Communicative Action*, volumen 1, *Reason and the Rationalization of Society*, trad. Thomas McCarthy (Boston, 1984), en adelante citado como *Theory*, y *Theorie des kommunicativen Handelns*, volumen 2, *Zur Kritik der funktionalistischen Vernunft* (Fráncfort am Main, 1981), en adelante citada como *Theorie*. La *Theorie* ahora está disponible en inglés como *The Theory of Communicative Action*, vol. 2, *Lifeworld and System: A Critique of Functionalist Reason*, trad. Thomas McCarthy (Boston, 1987).
Véase asimismo Habermas, *Legitimation Crisis*, trad. Thomas McCarthy (Boston, 1975); Introducción a *Observations on "The Spiritual Situation of the Age": Contemporary German Perspectives*, ed. Jürgen Habermas, trad. Andrew Buchwalter (Cambridge, Massachusetts, 1984); y "A Reply to My Critics", en *Habermas: Critical Debates*, ed. David Held y John B. Thompson (Cambridge, Massachusetts, 1982).
También he consultado dos útiles reseñas de este material en inglés: Thomas McCarty, Introducción del traductor al vol. 1 de *The Theory of Communicative Action*, de Habermas, v-xxxvii; y John B. Thompson, "Rationality and Social Rationalisation: An Assessment of Habermas's Theory of Communicative Action", *Sociology* 17, n.º 2 (1983), 278-294.

bien, desde mi punto de vista sobre la teoría crítica, esa es una seria deficiencia, pero no tiene por qué interponerse en el tipo de investigación que propongo. Tan sólo exijo que se lea el trabajo en cuestión desde el punto de vista de una ausencia, que se haga una extrapolación de las cosas de las que habla a lo callado, que se reconstruya cómo se tratarían desde su perspectiva diferentes temas que preocupan a las feministas si los hubiera tratado.

Así, en la primera sección de este ensayo, examino algunos elementos del marco teórico social de Habermas para ver cómo tiende a tratar la crianza de niños y la familia nuclear restringida moderna de mentalidad masculina. En la segunda sección, examino su exposición de las relaciones entre la esfera pública y la privada de la vida en las sociedades capitalistas clásicas e intento reconstruir el subtexto de género no tratado. Y, por último, en la tercera sección, tomo en consideración su explicación de la dinámica, las tendencias de crisis y los potenciales conflictos específicos del capitalismo del estado de bienestar occidental contemporáneo para ver cómo expone las luchas feministas contemporáneas[3].

1. El marco teórico-social: la interrogación feminista

Para comenzar, permítaseme tomar en consideración dos distinciones centrales del marco categórico teórico-social de Habermas. La primera es la distinción entre la reproducción simbólica y la reproducción material de las sociedades. Por un lado, afirma Habermas, las sociedades deben llevar a cabo una reproducción material de sí mismas; deben regular con eficiencia el intercambio metabólico de grupos de individuos biológicos con entornos físicos no humanos y con otros sistemas sociales. Por el otro, las sociedades deben llevar a cabo una reproducción simbólica de sí mismas; deben preservar y transmitir a los nuevos miembros las normas y patrones de interpretación elaborados mediante el lenguaje que son constitutivos de las identidades sociales. Habermas afirma que la reproducción material comprende lo que llama el "trabajo social". La reproducción simbólica, por otro lado, comprende la socialización de

---

[3] No abordaré temas tan debatidos como las teorías del pragmatismo universal y la evolución social de Habermas. Véanse exposiciones útiles de dichos temas en los ensayos de *Habermas: Critical Debates*.

los jóvenes, la consolidación de la solidaridad grupal y la transmisión y extensión de tradiciones culturales[4].

Dicha distinción entre la reproducción simbólica y la material es en primera instancia una distinción funcional: distingue dos funciones diferentes que deben llevarse a cabo con relativos buenos resultados si la sociedad ha de sobrevivir. Al mismo tiempo, sin embargo, Habermas utiliza la distinción para clasificar prácticas y actividades sociales reales que se distinguen según a cuál de las dos funciones, se considera, contribuyen de manera exclusiva o por sobre todo. Así, según Habermas, en las sociedades capitalistas, las actividades y las prácticas que constituyen la esfera del trabajo pago se consideran actividades de reproducción material, dado que, desde su punto de vista, son "trabajo social" y contribuyen a la función de la reproducción material. Por otro lado, las actividades y prácticas de crianza de niños que en nuestra sociedad llevan a cabo sin remuneración las mujeres en la esfera doméstica –llamémoslo el "trabajo no remunerado de crianza de niños por parte de las mujeres"– se consideran actividades de reproducción simbólica, dado que, desde su punto de vista, contribuyen a la socialización y la función de la reproducción simbólica[5].

Vale la pena observar, creo, que la distinción de Habermas entre reproducción simbólica y reproducción material es susceptible de dos interpretaciones diferentes. La primera considera ambas funciones dos "tipos naturales", con lo cual tanto las prácticas sociales reales como la organización real de actividades de cualquier sociedad dada pueden tener una correspondencia más o menos fiel. Así, las prácticas de crianza de niños serían en sí práctica de reproducción simbólica, mientras que las prácticas que producen alimentos y objetos serían en sí práctica de reproducción material. Y la organización social capitalista –a diferencia, por ejemplo, de la de las sociedades arcaicas– sería un espejo fiel de la distinción entre los dos tipos naturales, dado que separa dichas prácticas a nivel institucional. Esa interpretación de "tipos naturales" se contrapone con otra interpretación posible a la cual llamaré interpretación "contextual-pragmática". Dicha interpretación no consideraría que las prácticas

[4] Habermas, *Theorie*, 214, 217, 348-349; *Legitimation Crisis*, 8-9; y "A Reply to My Critics", 268, 278-279. Véase asimismo McCarty, Introducción del traductor xxv-xxvii; y Thompson, "Rationality", 285.

[5] Habermas, *Theorie*, 208 y "A Reply to My Critics", 223-225; McCarthy, Introducción del traductor, xxiv-xxv.

de crianza de niños son en sí práctica de reproducción simbólica, sino que tendría en cuenta la posibilidad de que, en ciertas circunstancias y dados ciertos propósitos, pudiera ser útil considerarlas desde el punto de vista de la reproducción simbólica –por ejemplo, si se desea cuestionar la perspectiva, dominante en las culturas políticas sexistas, según la cual dicha ocupación, que por tradición se delega a la mujer, tiene un mero carácter instintivo, natural y ahistórico–.

Ahora quiero demostrar que la interpretación de los tipos naturales es inadecuada desde el punto de vista conceptual y, en potencia, ideológica. Considero que no es cierto que las prácticas de crianza de niños correspondan a la reproducción simbólica en lugar de corresponder a la reproducción material. Reconozco que implican enseñanza del lenguaje e iniciación en costumbres sociales, pero también alimentación, higienización y protección contra daños físicos. Reconozco que regulan las relaciones de los niños con otras personas, pero también regulan sus relaciones con la naturaleza física (bajo la forma, por ejemplo, de leche, gérmenes, polvo, excremento, condiciones climáticas y animales). En pocas palabras, lo que está en juego no es sólo la construcción de las identidades sociales de los niños, sino también su supervivencia biológica y, por lo tanto, la supervivencia biológica de las sociedades a las cuales pertenecen. Así, la crianza de niños no es en sí una actividad de reproducción simbólica; es, en igual medida y al mismo tiempo, una actividad de reproducción material. Es lo que podríamos llamar una actividad de "doble aspecto"[6].

No obstante, lo mismo puede decirse de las actividades institucionalizadas en el trabajo pago capitalista moderno. Reconozco que la producción de alimentos y objetos contribuye a la supervivencia biológica de los integrantes de la sociedad, pero también, y al mismo tiempo, reproduce identidades sociales. No sólo se produce el *simpliciter* de la nutrición y el albergue, sino que se hace una elaboración cultural de formas de nutrición y albergue que han tenido sentidos sociales mediados por lo simbólico. Además, tal producción se da mediante relaciones sociales elaboradas por la cultura y prácticas sociales regidas por normas y mediadas por lo simbólico. El contenido de dichas prácticas así como los resultados sirven para formar, mantener y modificar las identidades sociales de personas con involucramiento directo o afectadas de manera indirecta. Sólo es necesario pensar en una actividad como la de la programación informática a cambio

---

[6] Estoy en deuda con Martin Schwab por la expresión "actividad de doble aspecto"-

de un sueldo en el sector farmacéutico estadounidense para darse cuenta del carácter por completo simbólico del "trabajo social". Así, el trabajo social, como el trabajo no pago de crianza de niños, es una actividad de "doble aspecto"[7].

Por lo tanto, toda distinción entre el trabajo no pago de crianza de niños de las mujeres y otras formas de trabajo que se establezca en términos de funciones de reproducción no puede ser una distinción de tipos naturales. Si ha de establecerse alguna distinción en absoluto, debe ser pragmático-contextual, con el objeto de hacer foco en cuanto es, en cada caso, de hecho, sólo un aspecto de un fenómeno doble. Y eso, a su vez, debe encontrar su justificación en relación con propósitos específicos de

[7] Podría sostenerse que la distinción de categorías de Habermas entre "trabajo social" y "socialización" contribuye a superar el androcentrismo del marxismo ortodoxo. El marxismo ortodoxo explicaba sólo un tipo de actividad importante para la historia, a saber, la "producción" o el "trabajo social". Además, entendía dicha categoría en un sentido androcéntrico y, por lo tanto, excluía de la historia la actividad no paga de crianza de niños llevada a cabo por las mujeres. Por el contrario, Habermas explica dos tipos de actividad importantes de la historia, el "trabajo social" y las actividades "simbólicas" que incluyen, entre otras cosas, la crianza de niños. De esa manera, logra incluir la actividad no paga de las mujeres en la historia. Si bien se trata de un avance, no basta para solucionar el problema. Cuando mucho, conduce a lo que ha pasado a conocerse como la "teoría de los dos sistemas", Un enfoque que postula dos diferentes "sistemas" de actividad humana y, por ende, dos "sistemas" distintos de opresión: el capitalismo y la dominación masculina. Pero se trata de algo engañoso. No son, de hecho, dos sistemas diferentes sino, más bien, dos dimensiones por completo fusionadas de una única formación social. Para entender dicha formación social, toda teoría crítica necesita un único conjunto de categorías y conceptos que integren *en su interior* tanto el género como la economía política (y quizá también la raza). Consúltese una exposición clásica de la teoría de los dos sistemas en Heidi Hartmann, "The Unhappy Marriage of Marxism and Feminism: Towards a More Progressive Union", en *Women and Revolution: A Discussion of the Unhappy Marriage of Marxism and Feminism*, ed. Lydia Sargent (Boston, 1981). Consúltese una teoría crítica de los dos sistemas en Iris Young, "Beyond the Unhappy Marriage: A Critique of Dual Systems Theory", en *Women and Revolution*; y "Socialist Feminism and the Limits of Dual Systems Theory", *Socialist Review*, 50-51 (verano de 1980) 169-180. En las secciones 2 y 3 del presente ensayo, desarrollaré argumentos y líneas de análisis que se apoyan sobre conceptos y categorías que integran de manera interna el género y la economía política (véase la nota 34 de abajo). Podría considerarse un enfoque de "sistema único" frente a la teoría de los dos sistemas. No obstante, considero que ese rótulo es engañoso, porque no creo que mi enfoque sea ante todo o de manera exclusiva un enfoque de "sistemas", en primer lugar. Por el contrario, como Habermas, intento vincular el enfoque estructural (en el sentido que objetivante) con el enfoque interpretativo del estudio de las sociedades. No obstante, a diferencia de él, para hacerlo no divido la sociedad en dos componentes, "sistema" y "mundo vital"; véase el resto de la presente sección, en especial la nota 16 de abajo.

análisis y descripción, propósitos que son en sí mismos susceptibles de análisis y evaluación y que necesitan, por lo tanto, justificarse mediante argumentos.

Pero, de ser así, entonces la clasificación de los tipos naturales de crianza de niños como reproducción simbólica y de otro trabajo como reproducción material es en potencia ideológica. Podría utilizarse, por ejemplo, para legitimar la separación institucional de la crianza de niños del trabajo pago, una separación que muchas feministas, incluida yo misma, consideramos un eje de las formas modernas de subordinación de las mujeres. Podría utilizarse, en combinación con otros supuestos, para legitimar el confinamiento de las mujeres a una "esfera separada". En breve estudiaremos si Habermas mismo la utiliza con dichos fines.

El segundo componente del marco de categorías de Habermas que deseo examinar es su distinción entre "contextos de acción con integración social" y "contextos de acción con integración al sistema". Los contextos de acción con integración social son aquellos en los cuales los diferentes agentes coordinan sus acciones entre sí en referencia a alguna forma de consenso intersubjetivo explícito o implícito sobre normas, valores y fines, consensos predicados en el habla y la interpretación lingüísticas. Los contextos de acción con integración al sistema, por otro lado, son aquellos en los cuales las acciones de diferentes agentes se coordinan entre sí mediante el entrelazamiento funcional de consecuencias no buscadas, mientras cada acción individual se determina en virtud de cálculos de interés personal que buscan sacar el mayor provecho posible. Dichos cálculos suelen expresarse en la jerga –o, como dice Habermas, en los "medios"– del dinero y el poder[8]. Habermas considera que el sistema económico capitalista es el

[8] 8 Habermas *Theory*, 85, 87-88, 101, 342, 357-360; *Theorie*, 179; *Legitimation Crisis*, 4-5; "A Reply to My Critics", 234, 237, 264-265. Véase asimismo McCarthy, Introducción del traductor, ix, xvix-xxx. Cuando presento la distinción entre el contexto de acción con integración al sistema y el contexto de acción con integración social, me baso en la terminología de la *crisis de legitimación* y modifico la terminología de *La teoría de la acción comunicativa*. O, más bien, selecciono uno de los muchos usos diferentes que se hacen en esta última obra. Allí, Habermas con frecuencia se refiere a lo que yo llamo la "acción con integración social" como "acción comunicativa". Pero eso da lugar a confusión, pues también utiliza esta última expresión en otro sentido más fuerte, a saber, para acciones en las cuales la coordinación se produce sólo por un consenso explícito, logrado mediante el diálogo (que expondré en más detalle en esta sección). Para evitar repetir la equivocación de Habermas con respecto a la "acción comunicativa", adopto la siguiente terminología: reservo el término "acción lograda mediante la comunicación" para acciones coordinadas por consenso explícito, reflexivo, logrado mediante el diálogo. Contrasto dichas acciones, en primera

caso paradigmático de un contexto de acción con integración al sistema. Por el contrario, considera que la familia nuclear restringida moderna es un ejemplo de contexto de acción con integración social[9].

Ahora bien, esta distinción es bastante compleja. Según la entiendo, contiene seis elementos conceptuales distintos desde el punto de vista analítico: funcionalidad, intencionalidad, lingüisticidad, consensualidad, normatividad y estrategicalidad. No obstante, voy a dejar a un lado los elementos de funcionalidad, intencionalidad y lingüisticidad. En consonancia con algunos argumentos que en otro contexto desarrollara Thomas McCarthy, supongo que tanto en el lugar de trabajo capitalista como en la familia nuclear restringida moderna las consecuencias de las acciones pueden tener un entrelazamiento funcional de maneras no buscadas por los agentes; que, al mismo tiempo, en ambos contextos los agentes coordinan sus acciones entre sí de manera consciente e intencional; y que en ambos contextos los agentes coordinan sus acciones entre sí en el lenguaje y mediante él[10]. Supongo, por lo tanto, que la distinción de Habermas gira sobre los elementos de consensualidad, normatividad y estrategicalidad.

Una vez más, creo que resulta útil distinguir dos posibles interpretaciones de la postura de Habermas. La primera toma el contraste entre los

---

instancia, con las "acciones garantizadas por las normas" o las acciones coordinadas mediante consenso tácito, prerreflexivo y dado con antelación. Considero que las acciones "logradas mediante la comunicación" y las acciones "garantizadas por las normas", definidas de esa manera, son subespecies de lo que llamo "acciones con integración social" o acciones coordinadas por cualquier forma de consenso normativo. Esa última categoría, a su vez, se contrapone con las "acciones con integración al sistema" o acciones coordinadas por el entrecruzamiento funcional de consecuencias no buscadas, determinadas por cálculos egocéntricos en los medios del dinero y el poder y que involucran poco o nada de consenso normado de cualquier tipo. Dichos compromisos terminológicos no representan en una gran medida un alejamiento del uso que hace Habermas –de hecho, con frecuencia utiliza dichos términos en los sentidos que he especificado– como estabilización o regularización de su uso.

[9] Habermas, *Theory*, 341, 357-359; y *Theorie*, 256, 266. Véase asimismo McCarthy, Introducción del traductor, xxx.

[10] En "Complexity and Democracy, or the Seducements of System Theory" (*New German Critique* 35 [primavera/verano de 1985], 27-55), McCarthy sostiene que las burocracias con administración estatal no pueden distinguirse de las asociaciones políticas democráticas participativas en virtud de su funcionalidad, intencionalidad o lingüisticalidad, dado que los tres rasgos se encuentran en ambos contextos. Así, McCarthy sostiene que la funcionalidad, la intencionalidad y la lingüisticalidad no se excluyen entre sí. Esos argumentos me parece persuasivos. No veo razón alguna por la cual no sean válidos también para el lugar de trabajo capitalista y la familia nuclear restringida moderna.

dos tipos de contextos de acción como un contraste que establece una diferencia absoluta. Por lo tanto, los contextos con integración al sistema implicarían una falta de consensualidad absoluta o una carencia completa de referencias a normas y valores morales, mientras que los contextos con integración social implicarían una falta absoluta de cálculos estratégicos en los medios del dinero y el poder. Esa interpretación de "diferencias absolutas" se contrapone con una segunda posibilidad según la cual se considera que el contraste establece una diferencia de grados. Según esta segunda interpretación, los contextos con integración al sistema implicarían cierta consensualidad y referencia a normas y valores morales pero en menor grado a las de los contextos con integración social. Al mismo tiempo, los contextos con integración social involucrarían algunos cálculos estratégicos en los medios del dinero y el poder, pero en menor grado a los de los contextos con integración al sistema.

Ahora bien, considero que la interpretación de las diferencias absolutas es demasiado extrema como para ser útil para la teoría social y que, además, es en potencia ideológica. Son pocos, si es que hay alguno, los contextos de acción humana en los cuales las acciones se coordinan por completo sin consenso y por completo sin referencia a normas. Más allá de lo dudoso que pueda ser el consenso desde el punto de vista moral o lo problemáticos que puedan ser el contenido y el estado de las normas, casi todo contexto de acción involucra alguna forma de ambos. En el mercado capitalista, por ejemplo, los intercambios estratégicos que buscan sacar el mayor provecho posible se dan frente a un horizonte de sentidos y normas compartidos por diferentes sujetos; los agentes suelen suscribir, cuando menos de manera tácita, a algunas nociones compartidas de reciprocidad y algunas concepciones compartidas sobre el sentido social de los objetos, incluidos los tipos de cosas que se consideran intercambiables. De manera similar, en el mercado capitalista, los gerentes y sus subordinados, así como los compañeros de trabajo, suelen coordinar sus acciones en cierta medida por consenso y con alguna referencia explícita o implícita a suposiciones normativas, incluso cuando el consenso pueda alcanzarse de manera injusta y las normas no puedan soportar un examen crítico[11]. Así, el sistema económico capitalista tiene una dimensión moral-cultural.

[11] Aquí, una vez más, sigo a McCarthy, "Complexity and Democracy". Sostiene que en las burocracias administrativas estatales modernas, los gerentes suelen alcanzar un consenso con sus subordinados. Lo mismo parece suceder en el caso de las organizaciones corporativas.

De igual manera, son pocos los contextos de acción humana, si es que hay alguno, carentes por completo de cálculo estratégico. Hoy en día la interpretación generalizada de los rituales de intercambio de regalos de sociedades no capitalistas, por ejemplo, considerados con anterioridad pruebas auténticas de solidaridad, es que tienen una importante dimensión estratégica calculadora, una dimensión ejercida en el medio del poder cuando no en el medio del dinero[12]. Y, como expondré con mayor detalle más adelante, la familia nuclear restringida moderna no carece de cálculos estratégicos, individuales y de interés personal en ninguno de dichos medios. Dichos contextos de acción, entonces, más allá de que no se los considere oficialmente económicos, tienen una dimensión estratégica y económica.

Así, la interpretación de las diferencias absolutas no sirve de mucho en la teoría social. No logra distinguir, por ejemplo, a la economía capitalista –llamémosla "la economía oficial"[13]– de la familia nuclear restringida moderna, pues ambas instituciones son combinaciones de consensualidad, normatividad y estrategicalidad. Si han de distinguirse con respecto al modo de integración de las acciones, la distinción debe hacerse como una diferencia de grado. Debe girar sobre el lugar, las proposiciones y las interacciones de los tres elementos que integran cada una.

Pero, de ser así, entonces la clasificación de diferencias absolutas de la economía oficial como un contexto de acción con integración al sistema y de la familia moderna como un contexto de acción con integración social es en potencia ideológica. Podría utilizarse, por ejemplo, para exagerar las diferencias u ocluir las similitudes entre las dos instituciones. Podría

[12] Estoy pensando en especial en la brillante e influyente exposición de Pierre Bourdieu en *Outline of a Theory of Practice*, trad. Richard Nice (Nueva York, 1977). Gracias a recuperar la dimensión del tiempo, Bourdieu hace una revisión sustancial de la explicación clásica de Marcel Mauss en *The Gift: Forms and Functions of Exchange in Archaic Societies*, trad. Ian Cunnison (Nueva York, 1967). Véase una exposición de cierto trabajo revisionista reciente de la antropología económica cultural en Arjun Appadurai, "Commodities and the Politics of Value", en *The Social Life of Things: Commodities in Cultural Perspective*, ed. Appadurai, (Nueva York, 1986).

[13] En adelante utilizaré la expresión "la economía oficial" para designar a las instituciones y las relaciones de las sociedades capitalistas dominadas por los hombres que tienen reconocimiento oficial como económicas. El propósito es llamar la atención sobre el androcentrismo del uso común de "la economía", que se basa en el supuesto ideológico de que las instituciones y las relaciones domésticas no son también económicas. Utilizaré "económico oficial" como la forma adjetiva de dicha expresión y utilizaré "la economía (oficial)" cuando explique las perspectivas de alguien –como Habermas– que sigue el uso androcéntrico.

utilizarse para construir una oposición ideológica que presente a la familia como el otro "negativo", complementario de la esfera económica (oficial), un "refugio en un mundo descorazonado".

Ahora bien, ¿cuál de estas interpretaciones de las dos distinciones es la que se utiliza en la teoría social de Habermas? Él afirma entender la distinción de reproducción según la interpretación pragmático-contextual y no la de tipos de naturaleza[14]. De igual manera, afirma considerar que la distinción de contexto de acción marca una diferencia de grado, no una diferencia absoluta[15]. No obstante, propongo hacer a un lado por un momento estas afirmaciones y examinar qué hace de hecho Habermas con dichas distinciones.

Habermas traza la distinción entre contexto de acción sobre la base de la distinción entre funciones de reproducción para llegar a una definición de modernización social y una descripción de la estructura institucional de las sociedades modernas. Sostiene que las sociedades modernas, a diferencia de las sociedades premodernas, separan algunas funciones de la reproducción material de otras simbólicas y delegan las primeras en dos instituciones especializadas –la economía (oficial) y el Estado–, las cuales tienen integración al sistema. Al mismo tiempo, las sociedades modernas sitúan dichas instituciones en el entorno social más amplio en virtud del desarrollo de otras dos instituciones que se especializan en la reproducción simbólica y tienen integración social. Se trata de la familia nuclear restringida moderna, o la "esfera privada", y de la participación política, el debate y la formación de opiniones, o la "esfera pública". Juntas constituyen lo que Habermas llama los dos "órdenes institucionales del mundo vital moderno". Así, las sociedades modernas "desacoplan" o separan lo que Habermas considera dos aspectos distintos pero hasta entonces no diferenciados de la sociedad: "sistema" y "mundo vital". Por ende, desde su punto de vista, la estructura institucional de las sociedades modernas es dualista. De un lado están los órdenes institucionales del mundo vital moderno, los ámbitos con integración social que se especializan en la reproducción simbólica, es decir, en la socialización, la formación de

[14] Habermas, *Theorie*, 348-349. Véase asimismo McCarthy, Introducción del traductor, xxvi-xxvii. Los términos "pragmático-contextual" y "tipos naturales" son míos, no de Habermas.

[15] Habermas, *Theory* 94-95, 101; *Theorie*, 348-349; "A Reply to My Critics", 227, 237, 266-268; y *Legitimation Crisis*, 10. Véase asimismo McCarthy, Introducción del traductor, xxvi-xxvii. Una vez más, los términos "diferencias absolutas" y "diferencia de grado" son míos, no de Habermas.

solidaridad y la transmisión cultural. Del otro lado están los sistemas, los ámbitos con integración al sistema que se especializan en la reproducción material. De un lado está la familia nuclear y la esfera pública; del otro está la economía capitalista (oficial) y el Estado administrativo moderno[16].

¿Cuáles son las ideas críticas y los puntos ciegos de este modelo? Prestemos atención primero a la cuestión de su adecuación empírica y concentrémonos, por el momento, en el contraste entre "la esfera privada del mundo vital" y el sistema económico (oficial). Considérese que dicho aspecto de la división de categorías de Habermas entre sistema e instituciones del mundo vital refleja con fidelidad la separación institucional de las sociedades capitalistas dominadas por el hombre entre familia y economía oficial, trabajo doméstico y trabajo pago. Por lo tanto, a primera vista tiene cierto asidero en la realidad social empírica. Pero considérese también que la caracterización de la familia como ámbito de reproducción simbólica con integración social y la caracterización del trabajo pago, por otro lado, como ámbito de reproducción material con integración

[16] Habermas, *Theory*, 341-342, 359-360; *Theorie*, 179; "A Reply to My Critics", 268, 279-280; y *Legitimation Crisis*, 20-21. Véase asimismo McCarthy, Introducción del traductor, xxviii-xxix, y Thompson, "Rationality", 285, 287. Debería observarse que en *La teoría de la acción comunicativa* Habermas hace un contraste entre sistema y mundo vital en dos sentidos diferentes. Por un lado, los contrasta como dos perspectivas metodológicas diferentes sobre el estudio de las sociedades. La perspectiva del sistema es objetivadora y "externalista", mientras que la perspectiva del mundo vital es hermenéutica e "internalista". Si bien en principio cualquiera de las dos puede aplicarse al estudio de cualquier conjunto de fenómenos sociales, Habermas sostiene que ninguna es adecuada por sí sola y, por ende, busca desarrollar una metodología que combine ambas. Por otro lado, también contrasta el sistema y el mundo vital de otra manera, a saber, como dos tipos diferentes de instituciones. Es ese segundo contraste el que me interesa aquí; no trato de manera explícita el primero en el presente ensayo. Comprendo y comparto la intención metodológica general de Habermas de combinar o vincular el enfoque estructural (en el sentido de objetivador) con el enfoque interpretativo del estudio de las sociedades. No obstante, no creo que la asignación de propiedades estructurales a un conjunto de instituciones (la economía oficial y el Estado) y de propiedades interpretativas a otro (la familia y la esfera pública) sea la manera de conseguirlo. Considero, por el contrario, que todas esas instituciones tienen tanto dimensiones estructurales como dimensiones interpretativas y que todas deben estudiarse desde el punto de vista estructural y desde el hermenéutico. He intentado desarrollar un enfoque que cumpla con dichas aspiraciones en "Mujeres, bienestar y la política de la interpretación de la necesidad" (capítulo 7 de este volumen) y en "Lucha por las necesidades: esbozo de una teoría crítica feminista-socialista de la cultura política capitalista tardía" (capítulo 8 de este volumen). Expuesto el problema metodológico general en "On the Political and Symbolic: Against the Metaphysics of Textuality", *Enclitic* 9, n.º 1-2 (primavera/otoño de 1987): 100-114.

al sistema tiende a exagerar las diferencias u ocluir las similitudes entre ambos. Por ejemplo, desvía la atención del hecho de que el hogar, al igual que el lugar de trabajo pago, es un sitio de trabajo, a pesar de tratarse de trabajo no remunerado y con frecuencia no reconocido. De igual manera, no deja ver el hecho de que en el lugar de trabajo pago, al igual que en el hogar, a las mujeres se les asignan tareas de claro carácter femenino, orientadas al servicio y con frecuencia sexualizadas, a las cuales se las segrega. Por último, no logra focalizar el hecho de que en ambas esferas las mujeres se subordinan a los hombres.

Además, dicha caracterización presenta a la familia nuclear liderada por el hombre, cual orden institucional con integración social del mundo vital moderno, como algo con una relación sólo extrínseca y accidental con el dinero y el poder. Se considera que dichos "medios" definen las relaciones de la economía oficial y la administración del Estado mas son apenas accidentales en las relaciones intrafamiliares. Pero dicha suposición es contrafáctica. Las feministas han demostrado mediante el análisis empírico de la toma de decisiones, el manejo de las finanzas y el maltrato a las mujeres de la familia contemporánea que las familias están atravesadas por completo por lo que Habermas llama los medios del dinero y el poder. Se trata de sitios de cálculo egocéntrico, estratégico e instrumental así como de sitios de intercambio con frecuencia explotador de servicios, –trabajo, dinero y sexo– y, con frecuencia, sitios de coacción y violencia[17]. Pero la forma en la cual Habermas contrasta la familia moderna con la economía capitalista oficial tiende a ocluir todo eso. Exagera las diferencias entre dichas instituciones y bloquea la posibilidad de analizar a las familias como sistemas económicos, es decir, como sitios de trabajo, intercambio, cálculo, distribución y explotación. O, en la medida en que Habermas reconocería que se los puede considerar también de esa manera, su marco sugeriría que eso se debe a la intrusión o invasión de fuerzas ajenas, a la "colonización" de la familia por parte de la economía (oficial) y el Estado. No obstante, esa también es una proposición dudosa (la cual trato en detalle en la sección 3 de abajo).

Por ende, el modelo de Habermas tiene algunas deficiencias empíricas: no le resulta fácil focalizar algunas dimensiones de la dominación masculina en las sociedades modernas. No obstante, ofrece un recurso concep-

---

[17] Véanse, por ejemplo, los ensayos de *Rithinking the Familiy: Some Feminist Questions*, ed. Barrie Thorne y Marilyn Yalom (Nueva York y Londres, 1982). Véase asimismo Michel Barrett y Mary McIntosh, *The Anti-Social Family* (Londres, 1982).

tual apropiado para entender *otros* aspectos de la dominación masculina moderna. Considérese que Habermas subdivide la categoría de contextos de acción con integración social en dos categorías secundarias. Por un lado, están las formas de acción con integración social "seguras desde el punto de vista normativo". Se trata de acciones coordinadas sobre la base de un consenso convencional, reflexionado con anterioridad y dado por sentado sobre los valores y los fines, un consenso arraigado en la internalización precrítica de la socialización y la tradición cultural. Por el otro lado, están las formas de acción con integración social "logradas mediante la comunicación". Se trata de acciones coordinadas sobre la base de un consenso explícito, alcanzado mediante la reflexión, un consenso logrado gracias a la discusión irrestricta bajo condiciones de libertad, igualdad y justicia[18]. Dicha distinción, la cual es una distinción secundaria dentro de la categoría de la acción con integración social, brinda a Habermas algunos recursos críticos para analizar la familia nuclear restringida moderna liderada por el hombre. Tales familias pueden entenderse como contextos de acción seguros desde el punto de vista normativo más que como contextos de acción lograda mediante la comunicación, es decir, como contextos en los cuales las acciones (a veces) se encuentran mediadas por consenso y valores compartidos pero donde dicho consenso es sospechoso por ser prerreflexivo o porque se logra mediante un diálogo viciado de inequidad, coacción o desigualdad.

¿En qué medida la distinción entre contextos de acción seguros desde el punto de vista normativo y contextos de acción logrados mediante la comunicación alcanza para superar los problemas expuestos más arriba? Sólo en parte, creo. Por un lado, dicha distinción es importante en el aspecto moral y útil desde lo empírico. La noción de un contexto de acción seguro desde el punto de vista normativo encaja bien en los estudios recientes de patrones de comunicación entre maridos y esposas. Dichos estudios muestran que los hombres tienden a controlar las conversaciones y a determinar qué temas se tratan, mientras que las mujeres hacen más bien un "trabajo de interacción" como formular preguntas y

---

[18] Habermas, *Theory*, 85-86, 88-90, 101, 104-105; y *Theorie*, 179. Véase asimismo McCarthy, Introducción del traductor, ix, xxx. Cuando presento la distinción entre acción garantizada por las normas y acción lograda mediante la comunicación, modifico, o más bien estabilizo, el uso variable de *La teoría de la acción comunicativa* (véase nota 8 precedente).

brindar apoyo verbal[19]. Los estudios también revelan diferencias en los usos de las dimensiones corporales y gesticulares del hablar entre hombres y mujeres, diferencias que confirman la dominación de los hombres y la subordinación de las mujeres[20]. Así, la distinción de Habermas nos permite comprender algo importante sobre la dinámica intrafamiliar. No obstante, lo que no se ha resaltado lo suficiente es que las acciones coordinadas mediante un consenso seguro desde el punto de vista normativo en la familia nuclear liderada por el hombre son acciones reguladas por el poder. Me parece un error restringir el uso del término "poder" a los contextos burocráticos. Sería mejor que Habermas distinguiera diferentes tipos de poder, por ejemplo, el poder patriarcal doméstico, por un lado, y el poder patriarcal burocrático, por el otro –por no mencionar otros muchos tipos y combinaciones intermedios–.

Pero incluso dicha distinción no basta por sí sola para hacer que el marco de Habermas sea por completo adecuado para todas las formas empíricas de dominación masculina de las sociedades modernas, pues el poder patriarcal doméstico normativo es sólo uno de los elementos que imponen la subordinación de las mujeres en la esfera doméstica. Para entender los otros sería necesario un marco teórico social capaz de analizar a las familias también como sistemas económicos que involucran la apropiación del trabajo no pago de las mujeres y el entrecruzamiento complejo con otros sistemas económicos que involucran trabajo pago. Dado que el marco de Habermas establece su principal división de categorías entre instituciones del sistema e instituciones del mundo vital y, por ende, entre la economía oficial y la familia (entre otras cosas), no es muy apropiado para esa tarea.

Permítaseme ahora abordar la cuestión de la adecuación empírica del modelo de Habermas en referencia a la cuestión de sus implicaciones políticas normativas. ¿Qué tipos de disposiciones y transformaciones sociales tiende a legitimar su concepción de la modernización? ¿Y qué tipos tiende a descartar? Aquí, será necesario reconstruir algunas implicaciones del modelo que Habermas no aborda de manera explícita.

Considérese que la concepción de la modernización como el desacople de instituciones del sistema e instituciones del mundo vital tiende a legitimar la separación institucional moderna entre familia y economía oficial,

[19] Pamela Fishman, "Interaction: The Work Women Do", *Social Problems* 25, n.º 4 (1978) 397-406.

[20] Nancy Henley, *Body Politics* (Englewood Cliffs, Nueva Jersey, 1977).

entre crianza de niños y trabajo pago, pues Habermas sostiene que, con respecto a la integración al sistema, la reproducción simbólica y la reproducción material son asimétricas. Las actividades de reproducción simbólica, sostiene, son diferentes a las actividades de reproducción material en cuanto a que no pueden delegarse a instituciones especializadas con integración al sistema separadas del mundo vital; su carácter inherentemente simbólico exige su integración social[21]. Se sigue de ello que el trabajo de crianza de niños no pago de las mujeres no podría incorporarse al sistema económico (oficial) sin resultados "patológicos". Además, Habermas sostiene que la diferenciación de las instituciones con integración al sistema en miras a la delegación de tareas de reproducción material es una marca de racionalización social. La separación de un sistema económico (oficial) especializado mejora la capacidad de la sociedad para encarar su entorno natural y social. La "complejidad del sistema", entonces, constituye un "avance de desarrollo"[22]. Eso implica que el sistema económico (oficial) de trabajo pago no podría dejar de diferenciarse de, por ejemplo, la crianza de niños sin una "regresión" social. Pero si la crianza de niños pudiera incorporarse al sistema económico (oficial) de una manera que no fuera patológica y si el sistema económico (oficial) pudiera dejar de diferenciarse de una manera que no fuera regresiva, entonces la separación continua entre la crianza de niños y el trabajo pago sería inevitable.

Eso equivale a defender un aspecto de lo que las feministas llaman "la separación entre lo público y lo privado", a saber, la separación entre la esfera económica oficial y la esfera doméstica y el aislamiento de la crianza de niños del resto del trabajo social. Es decir, equivale a defender una disposición institucional que la mayoría interpreta como uno de los ejes de la subordinación moderna de la mujer, cuando no el principal de ellos. Y debería observarse que el hecho de que Habermas sea socialista no cambia nada, porque la eliminación (sin lugar a dudas deseable) de la propiedad privada, la orientación a la rentabilidad y el mando jerárquico del trabajo pago no afectaría de por sí la separación oficial entre lo doméstico y lo económico.

---

[21] Habermas, *Theorie*, 523-524, 547; y "A Reply to My Critics", 237. Véase asimismo Thompson, "Rationality", 288, 292.

[22] McCarthy investiga algunas de las implicaciones normativas de esto para la diferenciación entre el sistema estatal administrativo y la esfera pública en "Complexity and Democracy" (véase nota 10 precedente).

Ahora quiero cuestionar varias premisas del razonamiento que acabo de reconstruir. En primer lugar, dicho razonamiento supone la interpretación de tipos naturales de la distinción entre la reproducción simbólica y la reproducción material. Pero dado que, tal como mostré, la crianza de niños es una actividad de doble aspecto y no tiene diferencia de categoría en dicho respecto con otros trabajos, no hay manera de justificar la afirmación de una asimetría en relación con la integración al sistema. Es decir, no hay manera de justificar la suposición de que la organización con integración al sistema de la crianza de niños sea más (o menos) patológica que cualquier otro trabajo. En segundo lugar, dicho razonamiento supone la interpretación de diferencias absolutas de la distinción entre integración social y la integración al sistema. Pero dado que, como he demostrado, la familia nuclear moderna liderada por el hombre es una combinación de consensualidad, normatividad y estrategicalidad (seguras desde el punto de vista normativo) y, en dicho respecto, no tiene diferencias de categoría con el lugar de trabajo pago, entonces la crianza de niños privatizada, en una medida no poco importante, ya está impregnada de dinero y poder. Además, no hay evidencia empírica de que los niños criados en centros de cuidado infantil comerciales (incluso aquellos con fines del lucro o empresariales) salgan más patológicos que los criados, por ejemplo, en hogares suburbanos por madres con dedicación exclusiva. En tercer lugar, el razonamiento recién resumido eleva la complejidad del sistema al estado de una consideración primordial con poder de veto efectivo por sobre las transformaciones sociales propuestas cuyo objetivo es superar la subordinación de las mujeres. Pero eso se contrapone con la afirmación de Habermas de que la complejidad del sistema es sólo una medida de "progreso" entre otras[23]. Más importante aún, se contrapone con todo parámetro razonable de justicia.

¿Qué conclusión deberíamos sacar entonces sobre las implicaciones políticas normativas del modelo de Habermas? Si la concepción de modernización como desacople de instituciones del sistema e instituciones del mundo vital tiene de hecho las implicaciones que acabo de sacar de él, es en aspectos importantes androcéntrico e ideológico.

---

[23] McCarthy expone este argumento con respecto a la diferenciación entre el sistema administrativo estatal y la esfera pública; véase "Complexity and Democracy".

2. Público y privado en el capitalismo clásico: tematización del subtexto de género

A pesar de las dificultades precedentes, Habermas ofrece una explicación de las relaciones interinstitucionales entre diferentes esferas de la vida pública y la vida privada del capitalismo clásico que tienen cierto potencial crítico genuino. Pero para realizar por completo dicho potencial, necesitamos reconstruir el subtexto no abordado de su material.

Permítaseme regresar a su concepción de la manera en la cual el sistema económico (oficial) y el sistema estatal se sitúan con respecto al mundo vital. Habermas sostiene que, con la modernización, el sistema económico (oficial) y el sistema estatal no se sueltan o se desprenden sin más del mundo vital; también deben estar relacionados con él e insertos en él. Por lo tanto, el desarrollo *dentro* del mundo vital de "órdenes institucionales" que sitúan los sistemas en un contexto de significados y normas diarios es concomitante con los inicios del capitalismo clásico. El mundo vital, como vimos, se separa en dos esferas que brindan entornos complementarios apropiados para los sistemas. La "esfera privada" –o familia nuclear restringida moderna– está vinculada con el sistema económico (oficial). La "esfera pública" –o espacio de participación política, debate y formación de opinión– está vinculada con el sistema administrativo estatal. La familia está vinculada con la economía (oficial) mediante una serie de intercambios que se llevan a cabo en el medio monetario: suministra a la economía (oficial) fuerza laboral con la socialización apropiada a cambio de sueldos y brinda demanda apropiada, medida con dinero, de bienes y servicios mercantilizados. Los intercambios entre la familia y la economía (oficial) entonces se canalizan mediante las "funciones" de trabajador y consumidor. Los procesos de intercambio paralelos vinculan la esfera pública con el sistema estatal. No obstante, se llevan a cabo sobre todo en el medio del poder: lealtad, obediencia e ingresos fiscales se intercambian por "resultados organizativos" y "decisiones políticas". Los intercambios entre la esfera pública y el Estado, entonces, se canalizan mediante la "función" del ciudadano y, en el capitalismo del estado de bienestar posterior, en la de cliente[24].

---

[24] Habermas, *Theory*, 341-342, 359-360; *Theorie*, 256, 473; y "A Reply to My Critics", 280. Véase asimismo McCarhty, Introducción del traductor, xxxii; y Thompson, "Rationality", 286-288.

Esa explicación de las relaciones entre instituciones en el capitalismo clásico brinda una cantidad importante de ventajas. En primer lugar, trata a la familia nuclear restringida moderna como una institución emergente de la historia con sus rasgos positivos y determinados. Especifica que ese tipo de familia emerge de manera concomitante con la economía capitalista emergente, el Estado administrativo y (al final) la esfera pública política y en relación con ellos. Además, traza parte de la dinámica del intercambio entre dichas instituciones e indica algunas maneras en las cuales una se ajusta a las necesidades de la otra para dar lugar a esos intercambios entre ellas.

Por último, la explicación de Habermas representa una corrección importante de los enfoques dualistas comunes de la separación de lo público y lo privado en las sociedades capitalistas. Conceptualiza el problema como una relación entre cuatro términos: familia, economía (oficial), Estado y esfera pública. Su perspectiva sugiere que en el capitalismo clásico hay de hecho dos separaciones diferentes pero interrelacionadas de lo público y lo privado. Una funciona al nivel de los "sistemas", a saber, la separación del Estado, o sistema público, de la economía capitalista (oficial), o el sistema privado. La otra funciona a nivel del "mundo vital", a saber, la separación de la familia, o la esfera privada del mundo vital, del espacio de formación de opinión política y participación política, de la esfera pública del mundo vital. Además, cada una de esas separaciones entre lo público y lo privado se coordina con la otra. Entre el sistema privado y la esfera privada del mundo vital, es decir, entre la economía capitalista (oficial) y la familia nuclear restringida moderna hay un eje de intercambio. Hay otro eje de intercambio entre el sistema público y la esfera pública del mundo vital, o entre la administración estatal y los órganos de opinión pública y formación de la voluntad. En ambos casos, los intercambios pueden darse debido a la institucionalización de funciones específicas que conectan los ámbitos en cuestión. Por lo tanto, las funciones de trabajador y consumidor vinculan la economía privada (oficial) con la familia privada, mientras que las funciones de ciudadano y (más tarde) cliente vinculan la institución del Estado público con la institución de la opinión pública.

Así, Habermas da una explicación muy sofisticada de las relaciones entre las instituciones públicas y las instituciones privadas en las sociedades capitalistas clásicas. No obstante, al mismo tiempo, su explicación muestra ciertas debilidades. Muchas de ellas provienen de su falta de tematización del subtexto de género de las relaciones y disposiciones que describe[25]. Considérense, en primer lugar, las relaciones entre la economía privada (oficial) y la familia privada conforme las median las funciones de trabajador y consumidor. Dichas funciones, me atrevo a sugerir, están vinculadas con el género. Y los vínculos que forjan entre la familia y la economía (oficial) tienen lugar tanto en el medio de la identidad de género como en medio del dinero.

Tómese la función de trabajador[26]. En las sociedades capitalistas clásicas, dominadas por el hombre, dicha función es masculina –y no sólo en un sentido estático de relativa superficialidad–. Hay, más bien, un sentido muy profundo en el cual la identidad masculina está atada, en dichas sociedades, a la función de sostén de la familia. La masculinidad es en gran medida una cuestión de salir de casa todos los días para ir a un lugar de trabajo pago y regresar con un sueldo para sustentar a las personas a las cuales se tiene a cargo. Es esa relación entre ser hombre y ser sostén lo que explica por qué en las sociedades capitalistas el desempleo suele ser devastador para los hombres no sólo en el aspecto económico sino también en el psicológico. Asimismo, arroja algo de luz sobre la centralidad de la lucha por un "sueldo familiar" de la lucha de los movimientos de los trabajadores y sindicales de los siglos XIX y XX. Se trataba de una lucha por un sueldo concebido no como un pago a una persona sin género por el uso de su fuerza laboral, sino más bien como pago a un hombre para sostener a la esposa y los hijos a los cuales debía sustento económico –una concepción, por supuesto, que legitima la costumbre de pagar a las mujeres menos por un trabajo igual o comparable–.

El carácter controversial y tenso de la relación de las mujeres con el trabajo pago en el capitalismo clásico dominado por el hombre confirma el subtexto masculino de la función de trabajador. Según lo exponen Carole Paterman, no es una cuestión de que las mujeres estén ausentes del lugar de trabajo; es más bien que su presencia es diferente[27] –por ejemplo, como

[25] Tomo la frase "subtexto de género" de Dorothy Smith, "The Gender Subtext of Power" (Ontario Institute for Studies in Education, Toronto, 1984).

[26] La siguiente explicación del subtexto de género masculino de la función de trabajador toma mucho de Carole Pateman, "The Personal and the Political: Can Citizenship Be Democratic?" (Conferencia 3 de su serie "Women and Democratic Citizenship"), The Jefferson Memorial Lectures, University of California, Berkeley, febrero de 1985.

[27] *Ibid.*, 5.

trabajadoras de "servicio" feminizadas y a veces sexualizadas (secretarias, trabajadoras domésticas, vendedoras, prostitutas y, en los últimos tiempos, azafatas); integrantes de "profesiones de ayuda" que emplean habilidades maternales (enfermeras, trabajadores sociales, trabajadoras de centros de cuidado infantil, docentes de escuelas primarias); objetos de acoso sexual; trabajadoras con sueldos bajos, pocas habilidades y baja condición en ocupaciones con segregación sexual; trabajadoras con dedicación parcial; trabajadoras que hacen doble turno (trabajo doméstico no pago y trabajo pago); "esposas trabajadoras" y "madres trabajadoras" que son, ante todo, esposas y madres que, resulta ser, como actividad secundaria también "salen a trabajar" como "sostenes complementarios"–. Esas diferencias de la calidad de la presencia de las mujeres en el lugar de trabajo pago dan testimonio de la disonancia conceptual entre la feminidad y la función de trabajador en el capitalismo clásico y a su vez confirman el subtexto masculino de dicha función. Confirman que la función de trabajador, que vincula la economía (oficial) privada con la familia privada en las sociedades capitalistas dominadas por el hombre, es una función masculina y que, *pace* Habermas, el vínculo que forja se elabora tanto en el medio de la identidad de género masculino como en el medio del dinero en apariencia neutral desde punto vista del género.

Por el contrario, la otra función que vincula la economía (oficial) con la familia en el esquema de Habermas tiene un subtexto femenino. El consumidor, después de todo, es quien acompaña y ayuda al trabajador del capitalismo clásico. La división sexual de tareas domésticas asigna a las mujeres el trabajo –y es sin lugar a dudas trabajo, a pesar de no ser pago y de que con frecuencia no se lo reconozca– de comprar y preparar bienes y servicios para consumo doméstico. Para confirmarlo incluso hoy en día basta con visitar cualquier supermercado o centro de compras o mirar la historia de las publicidades de bienes de consumo. Tales publicidades casi siempre se han dirigido a su público, los consumidores, como mujeres[28]. De hecho, han elaborado toda una mitología del deseo sobre la premisa de la feminidad del sujeto de consumo. Hace bastante poco tiempo, y con cierta dificultad, que los publicistas desarrollaron maneras de dirigirse al consumidor masculino sin feminizarlo, castrarlo o hacerlo

---

[28] Aquí adapto la noción de interpelación de un sujeto de Althusser a un contexto en el cual él, por supuesto, nunca la usó; véase la noción general en Louis Althusser, "Ideology and Ideological State Apparatuses (Notes toward an Investigation)", en *"Lenin and Philosophy" and Other Essays*, trad. Ben Brewster (Nueva York, 1971).

sentir tonto. En *The Hearts of Men*, Barbara Ehrenriech –con mucha perspicacia, creo– da crédito a *Playboy* como revista pionera de ese cambio[29]. Pero la dificultad y demora del proyecto confirma el carácter de género de la función de consumidor en el capitalismo clásico. Los hombres la ocupan con tensión conceptual y disonancia cognitiva, de una manera similar a como las mujeres ocupan la función de trabajador. Por ende, la función de consumidor que vincula la economía oficial con la familia es a las claras una función femenina. *Pace* Habermas, forja el vínculo en el medio de la identidad de género femenino tanto como en el medio del dinero en apariencia neutral desde el punto de vista del género.

Además, la explicación de Habermas de las funciones que vinculan la familia con la economía (oficial) omite algo importante: en su esquema no se menciona función de crianza infantil alguna, si bien el material a las claras lo exige, pues ¿qué otra persona sino quien está a cargo de la crianza de niños lleva a cabo el trabajo no pago de supervisar la producción de "fuerza laboral con socialización apropiada" que la familia intercambia por sueldos? Por supuesto, la función de crianza de niños en el capitalismo clásico (o en otro lugar) es a las claras una función femenina. Su omisión aquí es un indicio de androcentrismo y tiene algunas consecuencias importantes. Una de las consideraciones de la función de crianza de niños en dicho contexto bien podría haber hecho referencia a la relevancia central del género para la estructura institucional del capitalismo clásico. Y eso, a su vez, podría haber llevado a descubrir el subtexto de género de las otras funciones y la importancia de la identidad de género como "medio de intercambio".

Entonces, ¿qué sucede con el otro conjunto de funciones y vinculaciones que identifica Habermas? ¿Qué sucede con la función del ciudadano que, afirma, conecta el sistema público del Estado administrativo con la esfera pública del mundo vital de la opinión política y la formación de la voluntad? En el capitalismo clásico dicha función también está relacionada con el género y es, de hecho, una función masculina[30] –y no sólo en el sentido de que las mujeres no obtuvieron el derecho a votar en Estados Unidos y Gran Bretaña (por ejemplo) hasta el siglo XX–. Más bien, la demora y dificultad de dicha victoria son síntomas de tensiones más

[29] Barbara Ehrenreich, *The Hearts of Men: American Dreams and the Flight from Commitment* (Garden City, Nueva York, 1984).

[30] La siguiente exposición del subtexto del género masculino de la función de ciudadano toma mucho de Carole Pateman, "The Personal and the Political".

profundas. Según lo entiende Habermas, el ciudadano es un participante central del debate político y la formación de opinión pública. Eso significa que la ciudadanía, desde su perspectiva, depende de las capacidades de consentimiento y habla, la habilidad de participar de un diálogo con otros de igual a igual. Pero esas son capacidades que el capitalismo clásico dominado por el hombre vincula con lo masculino; son capacidades que de mil maneras diferentes se les niegan a las mujeres y se consideran contrapuestas con la feminidad. Ya he citado estudios sobre los efectos de la dominación masculina y la subordinación femenina en la dinámica del diálogo. Ahora considérese que incluso hoy en día en la mayoría de las jurisdicciones no existe cosa tal como la violación marital. Es decir, desde el punto de vista legal, la esposa está sometida a su marido; no es un individuo que pueda otorgar o negar el consentimiento a las exigencias de acceso sexual de él. Considérese asimismo que incluso fuera del matrimonio la prueba legal de violación con frecuencia se reduce a si un "hombre razonable" habría supuesto que la mujer había prestado su consentimiento. Considérese qué significa eso cuando tanto la opinión popular como la legal sostienen en general que cuando una mujer dice "no" quiere decir "sí". Significa, dice Carole Pateman, que "las mujeres encuentran que su discurso… se invalida de forma persistente y sistemática en lo referente al tema crucial del consentimiento, un tema fundamental para la democracia. [Pero] si las palabras de las mujeres sobre el consentimiento se reinterpretan siempre, ¿cómo pueden participar del debate entre ciudadanos?"[31].

Así, existe disonancia conceptual entre la feminidad y las capacidades de diálogo centrales a la concepción de ciudadanía de Habermas. Y otro aspecto de la ciudadanía que no discute tiene un vínculo incluso más obvio con la masculinidad. Se trata del aspecto militar de la ciudadanía, la concepción del ciudadano como defensor del Estado y protector de quienes no pueden protegerse a sí mismos: mujeres, niños, ancianos. Tal como has sostenido Judith Stiehm, la división entre los protectores y las protegidas introduce una disonancia mayor en la relación de las mujeres con la ciudadanía[32]. Confirma el subtexto de género de la función de ciudadano. La perspectiva de que las mujeres necesitan la protección

---

[31] *Ibid.*, 8.

[32] Judith Hicks Stiehm, "The Protected, the Protector, the Defender", en *Women and Men's Wars*, ed. Stiehm (Nueva York, 1983). No obstante, eso no quiere decir que acepte las conclusiones de Stiehm sobre cuán deseables es la integración total de

de los hombres "sustenta el acceso no sólo a los medios de destrucción, sino también [a] los medios de producción –da testimonio de toda la legislación 'protectora' que ha rodeado el acceso de las mujeres al lugar de trabajo– y [a] los medios de producción [– da testimonio] de la condición de esposas y parejas sexuales de las mujeres"[33].

Por lo tanto, la función de ciudadano en el capitalismo clásico, dominado por el hombre, es a las claras masculina. Vincula el Estado con la esfera pública, como sostiene Habermas, pero vincula también esos elementos con la economía oficial y la familia. Y en todos los casos los vínculos se forjan en el medio de la identidad de género masculino más que, como afirma Habermas, en el medio de poder neutral desde el punto de vista de género. O, si el medio de intercambio aquí es el poder, entonces el poder en cuestión es masculino: es poder como la expresión de la masculinidad.

Por ende, hay algunas lagunas importantes en el modelo por el contrario poderoso y sofisticado de Habermas de las relaciones entre instituciones públicas e instituciones privadas del capitalismo clásico. Dado que es un modelo ciego a la importancia y el funcionamiento del género, está sentenciado a omitir rasgos importantes de las disposiciones que quieren entender. En virtud de la omisión de toda mención a la función de crianza de niños y la falta de tematización del subtexto de género subyacente a las funciones de trabajador y consumidor, Habermas no logra entender con precisión cómo el lugar de trabajo capitalista se vincula con la familia nuclear restringida moderna de mentalidad masculina. De igual manera, por no tematizar el subtexto masculino de la función del ciudadano, omite todo el sentido de la manera en la cual el Estado se vincula con la esfera pública del discurso político. Además, omite importantes entrecruzamientos de los cuatro elementos de sus esquemas de lo público y lo privado. Omite, por ejemplo, la manera en la cual la función masculina de protector-soldado-ciudadano vincula el Estado y la esfera pública no sólo entre sí sino también con la familia y el lugar de trabajo pago –es decir, la manera en la cual las suposiciones de la capacidad masculina de protección y la necesidad femenina de protección masculina las atraviesan a todas–. Omite también la manera en la cual la función de orador-ciudadano vincula el Estado y la esfera pública no sólo entre sí sino también con la familia y la economía oficial –es decir, la manera en la

las mujeres a las Fuerzas Armada de los Estados Unidos según su estructuración y despliegue actuales.

[33] Pateman, "The Personal and the Political", 10.

cual las suposiciones de la capacidad masculina de hablar y acordar y la comparativa incapacidad femenina las atraviesan a todas–. Omite además la manera en la cual la función masculina de sostén-trabajador vincula la familia y la economía oficial no sólo entre sí sino también con el Estado y la esfera política pública –es decir, la manera en la cual las suposiciones de la condición de sostén del hombre y la condición dependiente de la mujer las atraviesan a todas, al punto de que incluso la moneda en la cual se pagan los sueldos e impuestos capitalistas no es neutral desde el punto de vista del género–. Y omite, por último, la manera en la cual la función femenina de crianza de niños vincula las cuatro instituciones entre sí mediante la construcción de los sujetos masculinos y femeninos necesarios para cumplir *todas* las funciones del capitalismo clásico.

No obstante, después de haber superado toda la ceguera de género del modelo de Habermas, todas esas conexiones quedan a la vista. Entonces queda claro que las identidades de género femenino y masculino atraviesan como hilos rosas y azules los ámbitos del trabajo pago, la administración del Estado y la ciudadanía así como el de las relaciones familiares y el de las relaciones sexuales. Eso equivale a decir que la identidad de género se expresa en todos los ámbitos de la vida. Es un "medio de intercambio" (si no el único) entre todos ellos, un elemento básico del material social que los une a todos.

Además, toda lectura de tales afirmaciones que tenga en cuenta el género devela algunas implicaciones teóricas y conceptuales importantes. Revela que la dominación masculina es intrínseca al capitalismo clásico en lugar de ser sólo accidental, pues la estructura institucional de dicha formación social se realiza mediante funciones basadas en el género. De ello se sigue que las formas de dominación masculina en cuestión aquí no se entienden en rigor como formas persistentes de desigualdad de una condición premoderna. Tienen, más bien, un intrínseco carácter moderno en el sentido de Habermas, dado que se basan en la premisa de la separación del trabajo asalariado y el Estado, por un lado, y la crianza de niños y el hogar, por el otro. También se sigue que toda teoría social crítica de la sociedades capitalistas necesita categorías que tengan en cuenta el género. El análisis precedente muestra que, a diferencia de la interpretación androcéntrica común, los conceptos relevantes de trabajador, consumidor y salario no son, de hecho, conceptos de estricto carácter económico. Más bien, tienen un subtexto de género implícito y, por ende, son conceptos "genérico-políticos". Así, este análisis revela cuán inadecuadas son las teorías críticas que consideran al género un elemento accidental de la política y la economía política. Resalta la necesidad de una teoría crítica con un marco de categorías en el cual el género, la política y la economía política logren una integración interna[34].

Además, toda lectura que tenga en cuenta el género de tales disposiciones revela el carácter por completo multidireccional del movimiento social y la influencia causal del capitalismo clásico. Es decir, revela las falencias de la suposición marxista ortodoxa de que toda la influencia causal, o la más importante, va de la economía (oficial) a la familia y no al revés. Muestra que la identidad de género estructura el trabajo pago, la administración del Estado y la participación política. Así, reivindica la afirmación de Habermas de que, en el capitalismo clásico, la economía (oficial) no es todopoderosa sino que, más bien, se inscribe en cierta medida importante dentro de las normas y los significados de la vida diaria y se somete a tales elementos. Por supuesto, Habermas supuso que cuando hacía tal afirmación estaba diciendo algo más o menos positivo. Las normas y los significados en los cuales estaba pensando no eran los que estuve tratando. Aun así, su postura es válida. Sin embargo, aún queda por verse si sigue siendo válida para el capitalismo del estado de bienestar posterior, como yo lo creo, o si deja de serlo, como lo afirma Habermas.

Por último, esta reconstrucción de subtexto de género del modelo de Habermas tiene implicaciones políticas normativas. Sugiere que toda transformación emancipadora de las sociedades capitalistas dominadas por el hombre, temprana o tardía, requiere una transformación de las funciones basadas en el género y de las instituciones que ellas median. Mientras las funciones del trabajo y de la crianza de niños se constituyan como algo fundamentalmente incompatible entre sí, no será posible universalizar ninguna de ellas de manera de incluir ambos géneros. Por ende, se necesita alguna forma de eliminar la diferenciación entre la crianza no paga de

---

[34] En la medida en que el análisis precedente del subtexto de género de la teoría de las funciones de Habermas utiliza categorías en las cuales el género y la economía política tienen una integración interna, representa un aporte a la superación de la "teoría de los dos sistemas" (véase nota 7 precedente). También es un aporte para el desarrollo de un vínculo entre el enfoque estructural (en el sentido de objetivador) y el enfoque interpretativo en el estudio de sociedades más satisfactorio que el que propusiera Habermas. En otras palabras, sugiero aquí que la esfera doméstica tiene una dimensión tanto estructural como interpretativa y que la esfera de la economía oficial y la esfera del Estado tienen una dimensión tanto interpretativa como estructural.

niños y otros trabajos. De manera de asimilar, mientras la definición de la función de ciudadano abarque a los soldados que enfrentan la muerte pero no a las criadoras de niños que promueven la vida, mientras esté vinculada con los modos de diálogo dominados por el hombre, seguirá siendo incapaz de incluir por completo a las mujeres. Por esa razón, son necesarios cambios en los conceptos mismos de ciudadanía, crianza de niños y trabajo pago, así como en las relaciones entre la esfera doméstica, la economía oficial, la del Estado y la de la política pública.

3. La dinámica del capitalismo del estado de bienestar: una crítica feminista

Permítaseme abordar entonces la explicación del capitalismo de estado de bienestar tardío de Habermas. Debo reconocer desde el comienzo que su potencial crítico, a diferencia del potencial crítico de su explicación del capitalismo clásico, no puede expresarse tan sólo mediante la reconstrucción de un subtexto de género no abordado. Aquí, los rasgos problemáticos de su marco teórico-social tienden a abarcar la totalidad del análisis y a reducir su capacidad de exponer las luchas y los deseos de las mujeres contemporáneas. Para mostrar cómo esto es así, expondré la perspectiva de Habermas en seis tesis.

En primer lugar, el capitalismo del estado de bienestar emerge como resultado de las inestabilidades o las tendencias de crisis inherentes al capitalismo clásico y como resultado de ellas. Realinea las relaciones entre la economía (oficial) y el Estado, es decir, entre el sistema privado y el sistema público. Dichos sistemas se entrecruzan entre sí a un nivel más profundo conforme el Estado asume una función activa en la tarea de la "gestión de la crisis". Trata de evitar o gestionar las crisis económicas mediante estrategias keynesianas de "reemplazo del mercado" que generen un "sector público". Y trata de evitar o gestionar las crisis sociales y políticas con medidas de "compensación del mercado" que incluyen asistencia social para los sindicatos y los movimientos sociales. Así, el capitalismo del estado de bienestar supera en parte la separación entre lo público y lo privado al nivel de los sistemas[35].

En segundo lugar, al realineamiento de las relaciones entre la economía (oficial) y el Estado lo acompaña un cambio en las relaciones de dichos

[35] Habermas, *Theorie*, 505-509; y *Legitimation Crisis*, 33-36, 53-55. Véase asimismo McCarthy, Introducción del traductor, xxxiii.

sistemas con la esfera privada y espera pública del mundo vital. Con respecto a la esfera privada, hay un aumento significativo de la importancia de la función del consumidor conforme las insatisfacciones relacionadas con el trabajo pago se compensan con el mayor consumo de bienes. Con respecto a la esfera pública, hay una reducción significativa de la importancia de la función del ciudadano conforme los medios masivos de comunicación pasan a ocupar el lugar del periodismo, los partidos políticos se burocratizan y la participación se reduce a votaciones ocasionales. En lugar de ello, la relación con el Estado va canalizándose cada vez más mediante una nueva función: el cliente de la asistencia social[36].

En tercer lugar, esos sucesos son "ambivalentes". Por un lado, hay avances en la libertad con la institución de nuevos derechos sociales que limitan el hasta entonces poder irrestricto del capital en el lugar de trabajo (pago) y el del padre de familia en la familia burguesa y de programas de seguro social que representan un claro avance sobre el paternalismo de la ayuda a los pobres. Por otro lado, los medios empleados para aplicar los nuevos derechos sociales tienden a poner en peligro con perversidad la libertad. Dichos medios –el procedimiento burocrático y la forma monetaria– estructuran los derechos, los subsidios y los servicios sociales del sistema de asistencia social y, al hacerlo, quitan poder a los clientes y los vuelven dependientes de burocracias y "terapeutocracias" y anticipan sus capacidades de interpretar sus propias necesidades, experiencias y problemas en la vida[37].

En cuarto lugar, las medidas de asistencia social más ambivalentes son las concernientes a asuntos como la asistencia médica, el cuidado de ancianos, la educación y el derecho familiar, pues cuando los medios burocráticos y monetarios estructuran tales aspectos se entrometen en los "ámbitos centrales" del mundo vital. Delegan funciones de reproducción simbólica como la socialización y la formación de solidaridad en mecanismos de integración al sistema que colocan a las personas en la posición de mónadas que actúan de manera estratégica y se interesan en sí mismas. Pero dado el carácter inherentemente simbólico de dichas funciones y dada su relación interna con la integración social, los resultados, por necesidad, son "patológicos". Por ende, dichas medidas son más ambivalentes que,

---

[36] Habermas, *Theorie*, 522-524; y *Legitimation Crisis*, 36-37. Véase asimismo McCarthy, Introducción del traductor, xxxiii.

[37] Habermas, *Theorie*, 530-540. Véase asimismo McCarthy, Introducción del traductor, xxxiii-xxxiv.

por ejemplo, las reformas del lugar de trabajo pago. Estas últimas están relacionadas con un ámbito que ya está integrado al sistema mediante el dinero y el poder y contribuye a funciones de reproducción material en lugar de contribuir a funciones de reproducción simbólica. Por lo tanto, las reformas del lugar de trabajo pago –a diferencia, por ejemplo, de las reformas de la ley familiar– no tienen por necesidad efectos colaterales "patológicos"[38].

En quinto lugar, el capitalismo del estado de bienestar da lugar por lo tanto a una "colonización interna del mundo vital". El dinero y el poder dejan de ser meros medios de intercambio *entre* el sistema y el mundo vital. Por el contrario, tienden a penetrar cada vez más en la dinámica *interna* del mundo vital. La esfera privada y la esfera pública dejan de subordinar el sistema de la economía (oficial) y el sistema administrativo a las normas, los valores y las interpretaciones de la vida diaria. Más bien, estos últimos van subordinándose cada vez más a los imperativos de la economía (oficial) y la administración. Las funciones de trabajador y ciudadano dejan de canalizar la influencia del mundo vital a los sistemas. En lugar de eso, las funciones recién ampliadas de consumidor y cliente canalizan la influencia del sistema en el mundo vital. Además, la inclusión de los mecanismos con integración al sistema en dominios que requieren de manera inherente integración social dan lugar a "fenómenos de cosificación". Los ámbitos afectados se desprenden no sólo de consensos tradicionales y garantizados por las normas sino de las "orientaciones de valor per se". El resultado es la "desecación de los contextos comunicativos" y el "agotamiento de los recursos culturales no renovables" necesarios para preservar la identidad personal y colectiva. Así, la reproducción simbólica se desestabiliza, se amenazan las identidades y se desarrollan tendencias de crisis social[39].

En sexto lugar, la colonización del mundo vital genera nuevas formas de conflicto social específicas del capitalismo del estado del bienestar. Emergen "nuevo conflictos sociales" en una "nueva zona de conflicto" en la "unión del sistema con el mundo vital". Responden a las amenazas de la identidad inducidas por el sistema con el cuestionamiento de las

---

[38] Habermas, *Theorie*, 540-547. Véase asimismo McCarthy, Introducción del traductor, xxxi.

[39] Habermas, *Theorie*, 275-277, 452, 480, 522-524; "A Reply to My Critics", 226, 280-1; e Introducción a *Observations*, 11-12, 16.20. Véase asimismo McCarthy, Introducción del traductor, xxxi-xxxii; y Thompson, "Rationality", 286, 288.

funciones que transmiten dichas amenazas. Cuestionan la instrumentalización del trabajo profesional y de la educación transmitida mediante la función del trabajador, la monetarización de las relaciones y los estilos de vida transmitidos mediante la función ampliada de consumidor, la burocratización de los servicios y los problemas de la vida transmitidos mediante la función del cliente y las reglas y rutinas de la política del interés transmitidas mediante la función empobrecida de ciudadano. Así, los conflictos que están a la vanguardia de los avances del capitalismo del estado de bienestar difieren tanto de la lucha de clases como de la lucha por la liberación de la burguesía. Responden a tendencias de crisis de la reproducción simbólica, en lugar de la reproducción material, y cuestionan la cosificación y "la gramática de la forma de vida" en lugar de la distribución o la desigualdad de condición[40].

Es posible clasificar los diferentes movimientos sociales nuevos en referencia a su potencial emancipador. El criterio es la medida en la cual promueven una solución genuinamente emancipadora de la crisis capitalista del estado de bienestar, a saber, la "descolonización del mundo vital". La descolonización abarca tres cosas: (1) la eliminación de mecanismos con integración al sistema de las esferas de reproducción simbólica, (2) el reemplazo de (algunos) contextos garantizados por las normas por contextos logrados mediante la comunicación y (3) el desarrollo de instituciones democráticas nuevas capaces de afirmar el control del mundo vital sobre el Estado y los sistemas económicos (oficiales). Por ende, los movimientos, como el fundamentalismo religioso, que buscan defender las normas tradicionales del mundo vital contra las intrusiones del sistema no son genuinamente emancipadores; se oponen mediante medidas activas al segundo elemento de descolonización y no enfrentan al tercero. Los movimientos que defienden la paz y la ecología son mejores; apuntan tanto a resistir las intrusiones del sistema como también a instaurar nuevas zonas de interacción, reformadas, logradas mediante la comunicación. Pero incluso esos son "ambiguos" en cuanto a que tienden a "retraerse" a comunidades alternativas e identidades "particularistas", con lo cual renuncian de efecto al tercer elemento de descolonización y no ejercen resistencia contra el sistema de la economía (oficial) y el del Estado. En este aspecto, son más sintomáticos que emancipadores: expresan las perturbaciones de identidad que provoca la colonización.

---

[40] Habermas, *Theorie*, 581-583, e Introducción a *Observations*, 18-19, 27-28.

El movimiento feminista, por otro lado, representa una suerte de anomalía. Es el único "ofensivo", que apunta a "conquistar nuevo territorio" Y es el único que conserva vínculos con los movimientos de liberación históricos. En principio, entonces, el feminismo sigue arraigado en la "moralidad universalista". No obstante, está vinculado con movimientos de resistencia mediante un elemento de "particularismo" y por momentos tiende a "retraerse" a identidades y comunidades organizadas en torno de la categoría natural del sexo biológico[41].

Ahora bien, ¿cuáles son las ideas críticas y los puntos ciegos de la explicación de la dinámica del capitalismo del estado de bienestar de Habermas? ¿En qué medida contribuye a que las luchas y los deseos de las mujeres contemporáneas se aclaren a sí mismos? Abordaré las seis tesis una por una.

La primera tesis de Habermas es directa e inobjetable. A las claras, el estado de bienestar se encarga de la gestión de las crisis y en parte supera la separación de lo público y lo privado al nivel de los sistemas.

La segunda tesis de Habermas contiene algunas ideas importantes. A las claras, el capitalismo del estado del bienestar expande la función de consumidor y reduce la función de ciudadano, con lo cual reduce en esencia esta última a la votación –y, debería agregar, también al servicio militar–. Además, el estado de bienestar de hecho va colocando cada vez más a sus beneficiarios en la posición de clientes. Por otro lado, Habermas no logra ver el subtexto de género de esos cambios. No logra ver que la nueva función de cliente tiene género, que es, de manera paradigmática, una función femenina. Pasa por alto el hecho de que son sobre todo las mujeres las clientes del estado de bienestar, en especial las mujeres mayores, pobres y solteras con hijos. Tampoco advierte que muchos sistemas del estado de bienestar tienen una dualidad y una implicación de género internas, que incluyen dos tipos básicos de programas: los programas de seguro social "masculinos" vinculados con la participación en la fuerza laboral primaria y diseñados para ayudar a los sostenes de familia y los programas de ayuda "femeninos" orientados a lo que se entiende como "fallas" domésticas, en pocas palabras, a familias sin un hombre que las sustente. No resulta sorpresivo que estos dos subsistemas de ayuda social estén separados y sean desiguales. Los clientes de los programas femeninos, casi de manera exclusiva mujeres y sus hijos, se reducen de

---

[41] Habermas, *Theorie*, 581-583, e Introducción a *Observations*, 16-17, 27-28.

una manera peculiar y feminizante a un carácter de "negativos de los individuos posesivos": en gran medida se las excluye del mercado tanto como trabajadoras cual como consumidoras y se las familiariza, es decir, se las hace pedir subsidios no como personas sino como integrantes de hogares "defectuosos". Se las estigmatiza, se les niegan sus derechos, se las somete a vigilancia y acoso administrativo y en general se las hace dependientes abyectas de burocracias estatales[42]. Eso significa que el surgimiento de la función de cliente en el capitalismo del estado del bienestar tiene un sentido más complejo de lo que le reconoce Habermas. No sólo constituye un cambio en el vínculo entre las instituciones del sistema y las instituciones del mundo vital; también es un cambio en el carácter de dominación femenina, un paso, según la frase de Carol Brown, "del patriarcado privado al patriarcado público"[43].

Eso da un giro un tanto diferente al sentido de la tercera tesis de Habermas. Sugiere que tiene razón sobre la "ambivalencia" del capitalismo

[42] En referencia al sistema de asistencia social de los Estados Unidos, véase el análisis de los índices de participación masculino y femenino y la exposición del carácter de género de los dos subsistemas en mi "Mujeres, bienestar y la política de la interpretación de la necesidad" (capítulo 7 de este volumen). Véase asimismo Barbara J. Nelson, "Women's Poverty and Women's Citizenship: Some Political Consequences of Economic Marginality", *Signs: Journal of Women in Culture and Society* 10, n.º 2 (invierno de 1984): Steven P. Erie, Martin Rein y Barbara Wiget, "Women and the Regan Revolution: Thermidor for the Social Welfare Economy", en *Families, Politics and Public Policies: A Feminist Dialog on Women and the State,* ed. Irene Diamond (Nueva York, 1983); Diana Pearce, "Women, Work and Welfare: The Feminization of Poverty", en *Working Women and Families*, Karen Wolk Feinstein, ed., (Beverly Hills, California, 1979) y "Toil and Trouble: Women Workers and Unemployment Compensation", *Signs: Journal of Women in Culture and Society*, 10, n.º 3 (primavera de 1985), 439-359; y Barbara Ehrenreich y Frances Fox Piven, "The Feminization of Poverty", *Dissent* (primavera de 1984): 162-170. Véase un análisis del carácter de género del sistema de asistencia social británico en Hilary Land, "Who Cares for the Family?" *Journal of Social Policy* 7, n.º 3 (julio de 1978): 257-284. En el caso de Noruega, véanse los ensayos de *Patriarchy in a Welfare Society*, ed. Harriet Holter (Oslo, 1984): Véasne también dos estudios comparativos: Mary Ruggie, *The State and Working Women: A Comparative Study of Britain and Sweden* (Princeton, Nueva Jersey, 1984); y Birte Siim, "Women and the Welfare State: Between Private and Public Dependence" (Stanford University, 1985).

[43] Carol Brown, "Mothers, Fathers, and Children: From Private to Public Patriarchy", en *Women and Revolution* (véase la nota 7 precedente). En realidad, creo que la formulación de Brown es, desde el punto de vista teórico, inadecuada, dado que presupone una concepción simple y dualista de lo público y lo privado. No obstante, la frase "del patriarcado privado al público" evoca de una manera general aunque sugerente los fenómenos que debería explicar toda teoría crítica feminista-socialista el estado del bienestar.

del estado de bienestar, pero no del todo de la manera en la que él lo pensó y no sólo así. Sugiere que las medidas de asistencia social tienen un lado positivo en cuanto a que reducen la dependencia de las mujeres de un sostén masculino del hogar. No obstante, también tienen un lado negativo en cuanto a que sustituyen la dependencia por una burocracia estatal patriarcal y androcéntrica. Los subsidios que se brindan, como dice Habermas, se "ajustan al sistema", pero el sistema al cual se ajustan no se caracteriza de forma adecuada como el sistema de la economía capitalista oficial regulada por el Estado. También es el sistema de dominación masculina, que se extiende incluso al mundo vital sociocultural. En otras palabras, la ambivalencia aquí no surge, como implica Habermas, sólo del hecho de que la función de cliente conlleva efectos de "cosificación". Surge también del hecho de que dicha función, cual función femenina, perpetúa de una manera nueva, digamos "modernizada" y "racionalizada", la subordinación de las mujeres. O así podría reinscribirse la tercera tesis de Habermas en una teoría crítica feminista –sin, por supuesto, abandonar sus ideas sobre las formas en las cuales las burocracias y las terapeuto-cracias del estado del bienestar quitan poder a sus clientes cuando les quitan la capacidad de interpretar sus propias necesidades, experiencias y problemas en la vida–.

La cuarta tesis de Habermas, por el contrario, no es fácil de reescribir. Afirma que las reformas del estado de bienestar de, por ejemplo, la esfera doméstica son más ambivalentes que las reformas del lugar de trabajo pago. Desde el punto de vista empírico, eso es cierto en el sentido en el que acabo de describirlo –pero se debe al carácter patriarcal de los sistemas de asistencia social, no al carácter inherentemente simbólico de las institu-ciones del mundo vital, como sostiene Habermas–. Su afirmación depende de dos supuestos que ya he cuestionado. En primer lugar, depende de la interpretación de los tipos naturales de la distinción entre actividades de reproducción simbólica y actividades de reproducción material, es decir, de la falsa suposición de que la crianza de niños es inherentemente más simbólica y menos material que otros trabajos; en segundo lugar, depende de la interpretación de diferencias absolutas de la distinción entre con-textos de acción con integración al sistema y contextos de acción con integración social, es decir, de la falsa suposición de que el dinero y el poder no están ya insertos en la dinámica interna de la familia. No obstan-te, tras rechazar tales suposiciones, no existe fundamento de categorías, y no ya fundamento empírico, para hacer una evaluación diferencial de los dos tipos de reformas. Si en esencia es progresivo que los trabajadores pagos adquieran los medios para enfrentar a sus empleadores de manera estratégica y equiparen el poder de aquellos con el suyo propio, el derecho de ellos con el suyo, debe ser en esencia igual de progresivo *en principio* que las mujeres adquieran medios similares para fines similares en la política de la vida familiar y personal. Y si es "patológico" el que durante el alcance de un mejor equilibrio del poder en la vida familiar y la vida personal, las mujeres se conviertan en clientes de burocracias estatales, debe ser igual de "patológico" *en principio* que durante el logro de un fin similar en el trabajo pago, los trabajadores pagos también se conviertan en clientes –lo cual no modifica el hecho de que *en realidad* las madres no pagas y los trabajadores pagos se convierten en dos tipos de clientes diferentes–. Pero, por supuesto, el punto real es que el término "patológico" se usa mal aquí en cuanto a que asume el supuesto insostenible de que la crianza de niños y los otros trabajos son asimétricos con respecto a la integración del sistema.

Eso arroja nueva luz también sobre la quinta tesis de Habermas. Dicha tesis afirma que el capitalismo del estado de bienestar dio inicio a una colonización interna del mundo vital por parte de los sistemas. Se basa en tres supuestos. Los primeros dos son los que acabo de rechazar, a saber, la interpretación de los tipos naturales de la distinción entre actividades de reproducción simbólica y actividades de reproducción material y la supuesta virginidad de la esfera doméstica con respecto al dinero y al poder. El tercer supuesto es que el vector básico de movimiento de la sociedad capitalista tardía es de la economía regulada por el Estado al mundo vital y no al revés. El subtexto de género femenino de la función de cliente contradice dicha suposición: sugiere que incluso en el capitalismo tardío las normas y los significados de la identidad de género continúan canalizando la influencia del mundo vital en sistemas. Dichas normas siguen estructurando la economía regulada por el Estado como lo muestra la persistencia, y de hecho la exacerbación, de la segmentación de la fuerza laboral según el sexo[44]. Y dichas normas también estructuran la

---

[44] Los datos disponibles más recientes de los Estados Unidos indican que la segmentación por sexo del trabajo pago está aumentando y no disminuyendo. Y eso sucede a pesar del ingreso de una cantidad reducida pero significativa de mujeres a profesiones como las del derecho y la medicina. Incluso cuando se tomen en consideración las victorias de dichas mujeres, no hay mejora general en la situación económica

administración del Estado, como lo muestra la segmentación de géneros de los sistemas de asistencia social estadounidenses y europeos[45]. Así, no es verdad que en el capitalismo tardío las "intrusiones del sistema" separen los contextos vitales de las "orientaciones de valor per se". Por el contrario, el capitalismo del estado de bienestar se limita a usar otros medios para defender "consensos [familiares] garantizados por las normas" sobre la dominación masculina y la subordinación femenina. Pero la teoría de Habermas pasa por alto este contramovimiento del mundo vital al sistema. Por ende, postula el mal del capitalismo del estado de bienestar como el mal de una cosificación general e indiscriminada. En consecuencia, no logra explicar el hecho de que son en una medida desproporcionada las mujeres quienes sufren los efectos de la burocratización y la monetarización y el hecho de que, en su aspecto estructural, la burocratización y la monetarización son, entre otras cosas, instrumentos de subordinación de las mujeres.

Eso supone la revisión también de la sexta tesis de Habermas. Esta tesis concierne a las causas, el carácter y el potencial emancipador de los movimientos sociales, incluido el feminismo, en las sociedades capitalistas tardías. Dado que estos problemas son tan centrales para las inquietudes del presente trabajo, justifican una exposición más amplia.

Habermas explica la existencia y el carácter de los nuevos movimientos sociales, incluido el feminismo, en términos de colonización, es decir, en términos de la intrusión de mecanismos con integración al sistema en esferas de reproducción simbólica y la consiguiente erosión

---

comparativa agregada de las trabajadoras pagas frente a los trabajadores pagos. Los salarios de las mujeres siguen siendo 60% menores a los de los hombres –lo cual significa, por supuesto, que la masa de las mujeres está perdiendo terreno–. Tampoco hay una mejora general de la distribución ocupacional por sexo. La segregación de mujeres a puestos con sueldos bajos, de baja condición y "femeninos" está aumentando. Por ejemplo, en 1973 en los Estados Unidos, las mujeres ocupaban en 96% de los trabajos pagos de crianza de niños, el 81% de los puestos de enseñanza en escuelas primarias, el 72% de los puestos técnicos en el área de salud, el 98% de los puestos de enfermería registrada, el 83% de los puestos de bibliotecario, el 99% de los puestos de secretario y el 92% de los puestos de atención de mesas en restaurantes y bares. Las cifras de 1983 fueron, respectivamente, 97%, 83%, 84%, 96%, 87%, 99% y 88% (cifras de la Oficina de Estadísticas Laborales citada por Drew Christie, "Comparable Worth and Distributive Justice" [Documento leído en las reuniones de la Asociación de Filosofía de los Estados Unidos, División Occidental, en abril de 1985]). Los datos de los Estados Unidos se corresponden con los de los países escandinavos y los británicos; véase Siim, "Women and the Welfare State".

[45] Véase la nota 42 precedente.

y desecación de contextos de interpretación y de comunicación. Pero dada la multidireccionalidad de la influencia causal en el capitalismo del estado de bienestar, los términos "colonización", "intrusión", "erosión" y "desecación" son demasiados negativos y unilaterales como para explicar los cambios de identidad manifestados en los movimientos sociales. Permítaseme intentar una explicación alternativa, al menos para las mujeres, mediante un regreso a una idea importante de Habermas de que gran parte del cuestionamiento contemporáneo gira en torno de las funciones de trabajador, consumidor, ciudadano y cliente mediadas por instituciones. Permítaseme agregar a esas la función de crianza de niños y.el hecho de que todas están vinculadas con el género. Ahora bien, considérese desde esta perspectiva el sentido de la experiencia de millones de mujeres, en especial mujeres casadas y mujeres con hijos, que durante el período de la posguerra se convirtieron en trabajadoras pagas o clientes de la asistencia social. Ya indiqué que esa ha sido una experiencia de formas de dominación nuevas y agudas; no obstante, también ha sido una experiencia en la cual las mujeres pudieron entrever, con frecuencia por primera vez, las posibilidades de una medida de relativa independencia económica, una identidad fuera de la esfera doméstica y mayor participación política. Por sobre todas las cosas, ha sido una experiencia de conflicto y contradicción, dado que las mujeres intentan hacer lo imposible, a saber, encargarse al mismo tiempo de la función establecida de crianza de niños y de las funciones de trabajadora, cliente y ciudadana. Las tensiones entre estas funciones incompatibles entre sí han sido dolorosas y han amenazado sus identidades pero no han sido sólo negativas[46]. Interpeladas al mismo tiempo de maneras contradictorias, las mujeres se han convertido en sujetos divididos; como resultado, las funciones mismas, hasta entonces protegidas en sus esferas separadas, de repente se han abierto a cuestionamientos. ¿Deberíamos hablar aquí, como hace Habermas, de una "crisis de la reproducción simbólica"? Sin lugar a dudas no si con eso nos referimos a la desecación del sentido y los valores forjados por la intrusión del dinero y el poder organizacional en las vidas de las mujeres. Definitivamente sí si implica, más bien, la emergencia a la visibilización y el cuestionamiento de problemas y posibilidades que no

---

[46] Esta explicación se basa en algunos elementos del análisis de Zillah R. Eisenstein en *The Radical Future of Liberal Feminism* (Boston, 1981), capítulo 9. Lo que sigue tiene algunas afinidades con las perspectivas de Ernesto Laclau y Chantal Mouffe en *Hegemony and Socialist Strategy* (Nueva York, 1985).

pueden resolverse o realizarse dentro del marco establecido de funciones e instituciones vinculadas con el género.

Si la colonización no es una explicación adecuada del feminismo contemporáneo (y otros movimientos sociales), entonces la descolonización no puede ser una concepción adecuada de una solución emancipadora. Desde la perspectiva que he estado resumiendo, el primer elemento de descolonización –a saber, la eliminación de mecanismos con integración al sistema de las esferas de reproducción simbólica– deja a un lado, desde el punto de vista conceptual y desde el empírico, los problemas reales. Si el verdadero punto es la superioridad moral de las interacciones cooperativas igualitarias por sobre las estratégicas y jerárquicas, entonces mistifica las cosas para resaltar instituciones del mundo vital –el argumento debería sostenerse para el trabajo pago y la administración política tanto como para la vida doméstica–. De manera similar, el tercer elemento de descolonización –a saber, la inversión de la dirección de influencia y control del sistema al mundo vital– necesita modificación. Dado que los sentidos sociales del género siguen estructurando el sistema económico oficial y el sistema estatal del capitalismo tardío, la cuestión no es *si* las normas del mundo vital serán decisivas sino, más bien, *cuáles* lo serán.

Eso implica que la clave para lograr un resultado emancipador está en el segundo elemento de la concepción de descolonización de Habermas –a saber, el reemplazo de contextos de interacción garantizados por normas por contextos de interacción logrados mediante la comunicación–. La centralidad de dichos elementos es evidente cuando consideramos que ese proceso se produce al mismo tiempo en dos frentes. En primer lugar, ocurre en las luchas de los movimientos sociales con instituciones del sistema estatal y de la economía oficial; el objeto de dichas luchas no son sólo los medios del sistema –también son los sentidos y las normas insertados y promovidos en la política gubernamental y corporativa–. En segundo lugar, dicho proceso ocurre en un fenómeno que Habermas no tematiza: en las luchas entre movimientos sociales opuestos con interpretaciones enfrentadas de las necesidades sociales. Ambos tipos de luchas involucran confrontaciones entre la acción garantizada por las normas y la acción lograda mediante la comunicación. Ambas involucran el cuestionamiento de la hegemonía de lo que llamo los "medios socioculturales de interpretación y comunicación". Por ejemplo, en muchas sociedades capitalistas avanzadas, la experiencia contradictoria y divisoria de las mujeres cuando tratan de ser a la vez trabajadoras y madres, clientes y ciudadanas, ha hecho surgir no uno sino dos movimientos de mujeres, uno feminista y uno antifeminista. Dichos movimientos, junto con sus respectivos aliados, están trabados en luchas entre sí y con instituciones estatales y corporativas por los significados sociales de los términos "mujer" y "hombre", "feminidad" y "masculinidad"; por la interpretación de la necesidad de las mujeres; por la interpretación y construcción social de los cuerpos de las mujeres; y por las normas de género que dan forma a las principales funciones sociales mediadas por instituciones. Por supuesto, los medios de interpretación y comunicación en términos de qué significados sociales de esas cosas se elaboran siempre han estado bajo el control de los hombres. Por ende, las mujeres feministas estamos luchando de hecho para redistribuir y democratizar el acceso a recursos discursivos y adquirir el control de ellos. Por lo tanto, estamos luchando por la autonomía de las mujeres en el siguiente sentido especial: una medida de control colectivo sobre los medios de interpretación y comunicación suficiente como para permitirnos participar de igual a igual con los hombres en todos los tipos de interacción social, incluidas la deliberación y la toma decisiones políticas[47].

Lo precedente sugiere que debería hacerse una salvedad sobre el uso de los términos "particularismo" y "universalismo". Recuérdese que la sexta tesis de Habermas enfatiza los vínculos del feminismo con los movimientos de liberación históricos y sus raíces en la moralidad universalista. Recuérdese su postura crítica frente a dichas tendencias dentro del feminismo y los movimientos de resistencia general que tratan de resolver la problemática de la identidad mediante el particularismo, es decir, mediante un retraimiento de los ámbitos de lucha política a comunidades alternativas delimitadas por categorías naturales como el sexo biológico. Me permito sugerir que hay en realidad tres problemas aquí y que es necesario separarlos el uno del otro. Uno es el problema del compromiso social frente a la actividad contracultural apolítica. En la medida en que el punto de Habermas es una crítica del feminismo cultural, se toma bien en principio, pero es necesario calificarla en virtud de dos

---

[47] Desarrollo esta noción de los "medios socioculturales de interpretación y comunicación" y la concepción asociada de autonomía en "Toward a Discourse Ethic of Solidarity", *Praxis International* 5, n.º 4 (enero de 1986): 425-429; y en el capítulo 8 del presente volumen. Ambas nociones son extensiones y modificaciones de la concepción de "ética comunicativa" de Habermas.

percepciones: el separatismo cultural, a pesar de ser inadecuado como estrategia política a largo plazo, es en muchos casos una necesidad a corto plazo para la supervivencia física, psicológica y moral de las mujeres; y las comunidades separatistas, de hecho, han sido la fuente de numerosas reinterpretaciones de la experiencia de las mujeres que han demostrado rendir frutos políticos en lo referente al cuestionamiento de los medios de interpretación y comunicación. El segundo problema es la condición de la biología de las mujeres en la elaboración de nuevas identidades sociales. En la medida en que el punto de Habermas es una crítica del biologismo reductivo, se lo toma bien; pero eso no significa que se pueda ignorar el hecho de que la biología de las mujeres ha sido casi siempre una interpretación de los hombres y de que la lucha de las mujeres por la autonomía involucra, de forma necesaria y en rigor, entre otras cosas, la reinterpretación de los significados sociales de nuestros cuerpos. El tercer problema es difícil y complejo: el del universalismo frente al particularismo. En la medida en que la defensa del universalismo que hace Habermas se refiere al metanivel de acceso a los medios de interpretación y comunicación y el control de ellos, se la toma bien. En dicho nivel, la lucha de las mujeres por la autonomía puede entenderse en términos de una concepción universalista de justicia distributiva. Pero de eso no se sigue que el contenido sustantivo que sea fruto de dicha lucha –a saber, los nuevos significados sociales que les damos a nuestras necesidades y a nuestros cuerpos, nuestras nuevas identidades y concepciones sociales de la feminidad– pueda desecharse como lapsos particularistas de universalismo. No es, sin lugar a dudas, más particular que los significados y las normas sexistas y androcéntricos que pretende reemplazar. En un sentido más general, al nivel de contenido sustantivo, frente a la forma dialógica, el contraste entre universalismo y particularismo está fuera de lugar. Los significados y las normas sociales sustantivos siempre son por necesidad específicos de la cultura y del momento histórico; siempre expresan formas de vida particulares compartidas mas no universales. Los significados y las normas feministas no serán la excepción –pero, por tal motivo, no serán particularistas en sentido peyorativo alguno–. Digamos nada más que serán diferentes.

He venido sosteniendo que las luchas de los movimientos sociales por los medios de interpretación y comunicación son centrales para la solución emancipadora de las tendencias de crisis del capitalismo del estado del bienestar. Permítaseme ahora aclarar su relación con el cambio institucional. Tales luchas, considero, hacen un planteo implícito o explícito sobre una cantidad de cuestiones importantes: ¿las funciones de trabajador, criador de niños, ciudadano y cliente deberían separarse por completo del género? ¿O más bien necesitamos modificaciones que permitan a las mujeres ser trabajadoras y ciudadanas *cual mujeres* así como los hombres siempre han sido trabajadores y ciudadanos *cual hombres*? Y ¿qué podría significar eso? En todo caso, para lograr un resultado emancipador, ¿no es necesaria la transformación profunda de la funciones actuales de género que están en la base de la organización social contemporánea? Y ¿eso, a su vez, no requiere una transformación fundamental del contenido, el carácter, las fronteras y las relaciones de las esferas de la vida a las cuales median dichas funciones? ¿Cómo deberían definirse el carácter y la posición del trabajo pago, la crianza de niños y la ciudadanía en relación de unos con otros? ¿El trabajo pago autónomo, feminista-socialista-democrático debería incluir la crianza de niños? ¿O más bien la crianza de niños debería reemplazar el servicio militar como componente de ciudadanía participativa feminista-socialista-democrática transformada? ¿Qué otras posibilidades son concebibles?

Permítaseme concluir esta exposición de las seis tesis con una nueva formulación de los puntos críticos más importantes. En primer lugar, la explicación de Habermas no teoriza el carácter patriarcal, mediado por normas del sistema administrativo y el sistema de la economía oficial del capitalismo tardío. De igual manera, no teoriza el carácter sistemático, mediado por el dinero y el poder, de la dominación masculina en la esfera doméstica del mundo vital capitalista tardío. Por ende, su tesis de la colonización no logra comprender que los canales de influencia entre las instituciones del sistema y las instituciones del mundo vital son multidireccionales. Y tiende a replicar, en lugar de problematizar, un apoyo institucional importante de la subordinación de las mujeres en el capitalismo tardío, a saber, la separación sexista tanto de la esfera pública masculina como de la economía regulada por el Estado del trabajo pago y la asistencia social, segmentados por el sexo, con respecto a la crianza privatizada de niños por parte de las mujeres. Así, a pesar de querer ser crítico de la dominación masculina, sus categorías de diagnóstico desvían la atención a otro lugar: al problema supuestamente fundamental de la cosificación neutral desde el punto de vista del género. En consecuencia, su concepción programática de la descolonización pasa por alto cuestiones feministas fundamentales; no aborda el problema de cómo reestructurar la relación de la crianza de niños con el trabajo pago y la ciudadanía. Por último, sus categorías tienden a hacer una representación falsa de las causas y a subestimar el alcance del cuestionamiento feminista del capitalismo del estado bienestar. En pocas palabras, una teoría que traza la línea de combate básica entre instituciones del sistema e instituciones de mundo vital no aclara como corresponde las luchas y los deseos de las mujeres contemporáneas. Desde una perspectiva feminista, existe una línea de combate más básica entre las formas de dominación masculina que vinculan el "sistema" al "mundo vital" *y nosotras*.

Conclusión

En general, entonces, el origen de los principales puntos ciegos de la teoría de Habermas con respecto al género puede encontrarse en la oposición que hacen sus categorías entre instituciones del sistema e instituciones del mundo vital y las dos oposiciones más elementales de las cuales está compuesta: la de la reproducción y la de los contextos de acción. O, más bien, el origen de los puntos ciegos puede encontrarse en la manera en la cual dichas oposiciones, interpretadas de manera ideológica y androcéntrica, tienden a anular y eclipsar otros elementos en potencia más críticos del marco de Habermas –elementos como la distinción entre contextos de acción garantizados por las normas y contextos de acción logrados mediante la comunicación y como el modelo de cuatro términos de las relaciones entre lo público lo privado–.

Los puntos ciegos de Habermas son instructivos, creo. Nos permiten sacar ciertas conclusiones acerca de cómo sería el marco de categorías de una teoría crítica feminista-socialista del capitalismo del estado de bienestar. Un requisito crucial es que dicho marco no coloque la familia nuclear liderada por el hombre y la economía oficial regulada por el Estado en dos lados opuestos de la principal división de categorías. Necesitamos, más bien, un marco sensible a las similitudes entre ellas, un marco que las ponga del mismo lado de la línea como instituciones que, si bien de maneras diferentes, sostienen la subordinación de las mujeres, dado que tanto la familia como la economía oficial se apropian de nuestro traba-jo, ponen en cortocircuito nuestra participación en la interpretación de nuestras necesidades y evitan que se haga un cuestionamiento político de las interpretaciones de las necesidades garantizadas por las normas. Un segundo requisito crucial es que el marco no contenga suposiciones a priori sobre la unidireccionalidad del movimiento social y la influencia provocada, que sea sensible a las maneras en las cuales ciertas instituciones y normas que, se supone, están desapareciendo siguen estructurando la realidad social. Un tercer requisito crucial, el último que mencionaré aquí, es que dicho marco no represente el mal del estado de bienestar solo o ante todo como el mal de la cosificación. Lo que necesitamos, por el contrario, es un marco capaz de destacar el mal de la dominación y la subordinación[48].

[48] Mis propios intentos recientes de construir un marco conceptual para una teoría crítica feminista-socialista del estado bienestar que cumpla con dichos requisitos. Véanse "Mujeres, bienestar y la política de la interpretación de la necesidad" (capítulo 7 de este volumen), "Toward a Discourse Ethic of Solidarity" (véase la nota 47 precedente) y "Lucha por las necesidades: esbozo de una teoría crítica feminista-socialista de la cultura política capitalista tardía" (capítulo 8 de este volumen). Cada uno de dichos ensayos toma mucho de los aspectos del pensamiento de Habermas que, considero, tienen un carácter positivo y útil no ambiguo, en especial su concepción del carácter irreductiblemente sociocultural e interpretativo de las necesidades humanas y su contraste entre los procesos dialógicos y los monológicos en la interpretación de la necesidad. El presente trabajo, por otro lado, se concentra sobre todo en los aspectos del pensamiento de Habermas que considero problemáticos y poco útiles y no aborda la totalidad de su obra ni de mis opiniones sobre ella. Por lo tanto, advierto a los lectores que no deben sacar la conclusión de que Habermas no haya aportado nada positivo o haya aportado muy poco para una teoría crítica feminista-socialista del estado del bienestar. Por el contrario, se los invita a consultar los ensayos citados arriba para conocer el otro lado de la historia.

Capítulo 7

Mujeres, bienestar y la política de la interpretación de la necesidad

Lo que algunos autores están llamando "las próximas guerras del estado de bienestar" serán en gran medida guerras sobre las mujeres e incluso contra ellas. Dado que las mujeres constituyen la vasta mayoría de destinatarios y empleados de programas de ayuda social, ellas y sus necesidades serán lo que estará sobre todo en juego en las batallas por el gasto social que, es posible, dominen la política nacional en el próximo período. Además, las guerras del estado de bienestar no se limitarán al tiempo que Reagan o incluso el reaganismo permanezcan en el poder. Por el contrario, se extenderán tanto en el tiempo como en el espacio. Lo que James O'Connor teorizó hace quince años como "la crisis del Estado" es un fenómeno estructural a largo plazo de proporciones internacionales[1]. No sólo los Estados Unidos, sino que todo estado de bienestar capitalista avanzado de Europa Occidental y Norteamérica está enfrentando alguna versión de ello. Y la crisis fiscal del estado de bienestar coincide en todos lados con una segunda tendencia estructural a largo plazo: la feminización de la pobreza. Ese es el término de Diana Pearce para la proporción de mujeres de la población adulta pobre en rápido aumento, un aumento vinculado con el surgimiento de "hogares encabezados por mujeres", entre

Agradezco los útiles comentarios, sugerencias críticas de Sandra Bartky, John Brenkman, Jane Collier, Ann Garry, Virginia Held, Thomas McCarthy, Carole Pateman, Birte Siim, Howard Winant, Terry Winant, Iris Young y los integrantes de la Midwest Society for Women in Philosophy. También agradezco a Drucilla Cornell y Betty Safford por las invitaciones que dieron ocasión al desarrollo del presente ensayo, al Centro de Humanidades de Stanford por el agradable ambiente de trabajo y el apoyo financiero y a Dee Marquez y a Marina Rosiene por el excelente procesamiento de texto.

[1] James O'Connor, *The Fiscal Crisis of the State* (Nueva York, 1973).

otras cosas[2]. En los Estados Unidos, ese aumento es tan pronunciado y tan rápido que los analistas proyectan que, en caso de continuar, antes del año 2000 la población de pobres estará enteramente compuesta por mujeres y sus hijos[3].

Esa conjunción de la crisis fiscal del Estado y la feminización de la pobreza sugiere que las luchas en torno de la ayuda social serán cada vez más un punto de interés más importante para las feministas y deberían serlo, pero tales luchas postulan muchos problemas graves, algunos de los cuales pueden considerarse estructurales. Por tomar un ejemplo, una cantidad cada vez mayor de mujeres depende directamente de programas de ayuda social para subsistir; y muchas otras mujeres reciben un beneficio indirecto de ellos, dado que la existencia de incluso la más mínima e inadecuada "red de contención" aumenta el poder de las mujeres con dependencia económica de hombres individuales. Así, las feministas no tienen otra opción más que oponerse a los recortes de ayuda social. No obstante, ciertos economistas como Pearce, Nancy Barrett y Steven Erie, Martin Rein y Barbara Wiget han demostrado que programas como Aid to Families with Dependent Children de hecho institucionalizan la feminización de la pobreza[4]. Los subsidios que brindan se ajustan al sistema y refuerzan las desigualdades estructurales básicas en lugar de cuestionarlas. Así, las feministas no pueden apoyar sin más los programas de asistencia social actuales. Para usar los términos sugerentes pero en última instancia demasiado simples de Carol Brown: si eliminar o reducir la asistencia social es apuntalar el "patriarcado privado", entonces defenderla sin más es consolidar el "patriarcado público"[5].

[2] Diana Pearce, "Women, Work, and Welfare: The Feminization of Poverty", en *Working Women and Families*, ed. Karen Wolk Feinstein (Beverly Hills, California, 1979).

[3] Barbara Ehrenreich y Frances Fox Piven, "The Feminization of Poverty", *Dissent* 31, n.º 2 (primavera de 1984): 162-170.

[4] Pearce, "Women, Work, and Welfare"; Nancy S. Barrett, "The Welfare Trap" (American Economic Association, Dallas, Texas, 1984); y Steven P. Erie, Martin Rein y Barbara Wiget, "Women and the Reagan Revolution: Thermidor for the Social Welfare Economy", en *Families, Politics and Public Policies: A Feminist Dialogue on Women and the State*, ed. Irene Diamond (Nueva York, 1983).

[5] Carol Brown, "Mothers, Fathers, and Children: From Private to Public Patriarchy", en *Women and Revolution: A Discussion of the Unhappy Marriage of Marxism and Fenimism*, ed. Lydia Sargent (Boston, 1981). Creo que los términos de Brown son demasiado simples por dos razones. En primer lugar, por las razones que elaborara Gayle Rubin ("The Traffic in Women: Notes on the 'Political Economy' of Sex", en *Towards an Anthropology of Women*, ed. Rayna R. Reiter [Nueva York, 1975]), prefiero no usar

Las feministas también enfrentan un segundo conjunto de problemas en las próximas guerras de asistencia social. Dichos problemas, en apariencia más ideológicos y menos estructurales que los del primer grupo, surgen de la manera típica en la cual se enmarcan los problemas, dada la dinámica institucional del sistema político[6]. Por lo general, los problemas de asistencia social se plantean de la siguiente manera: ¿el Estado se encargará de satisfacer las necesidades sociales de un electorado dado? Y, de ser así, ¿en qué medida? Ahora bien, esa forma de enmarcar los problemas sólo permite una cantidad relativamente reducida de respuestas y tiende presentar los debates en términos cuantitativos. Lo más importante es que da por sentada la definición de las necesidades en cuestión, como si fueran evidentes y estuvieran más allá de toda disputa. Por ende, ocluye el hecho de que la interpretación de la necesidad de las personas es en sí un elemento de interés político, de hecho es *el* elemento de interés político. A las claras, esa forma de enmarcar los problemas presenta obstáculos para la política feminista, dado que en el núcleo que tal política se encuentran cuestiones sobre qué necesitan en realidad los diferentes grupos de mujeres y qué interpretaciones de las necesidades de las mujeres deberían gozar de autoridad. Sólo en términos de un discurso orientado a la *política de*

"patriarquía" como término genérico para la dominación masculina sino más bien como la designación de una formación social histórica específica. El segundo lugar, el contraste que hace Brown entre lo público y lo privado simplifica demasiado la estructura tanto del capitalismo liberal como del capitalismo del estado del bienestar, dado que presenta dos estructuras sociales principales donde en realidad hay cuatro (familia, economía oficial, Estado y esfera de discurso político público) y combina dos divisiones diferentes de lo público y lo privado. (Véase una exposición de este segundo problema en "¿Qué tiene de crítico la teoría crítica? El caso de Habermas y el género", capítulo 6 de este volumen). A pesar de estos problemas, sigue siendo verdad que los términos de Brown son muy sugerentes y que en la actualidad no tenemos una terminología mejor. Por ende, en adelante utilizaré en ocasiones "patriarcado público" por falta de otra alternativa.

[6] Consúltese un análisis de la dinámica por la cual los sistemas políticos del capitalismo tardío tienden a seleccionar ciertos tipos de intereses y a excluir otros en Claus Offe, "Political Authority and Class Structure: An Analysis of Late Capitalist Societies", *Internationl Journal of Sociology* 2, n.º 1 (primavera de 1982): 73-108; Structural Problems of the Capitalist State: Class Rule and the Political System -- On the Selectiveness of Political Institutions" en *German Political Studies*, ed. Klaus von Beyme (Londres, 1974); y "The Separation of Form and Content in Liberal Democratic Politics", *Studies in Political Economy* 3 (primavera de 1980): 5-16. Véase una aplicación feminista del enfoque de Offe en Drude Dahlerup, "Overcoming the Barriers: An Approach to the Study of How Women's Issues are kept from the Political Agenda" en *Women's Views of the Political World of Men*, ed. Judith H. Stiehm (Dobbs Ferry, Nueva York, 1984).

interpretación de la necesidad las feministas pueden tener una intervención importante en las próximas guerras de ayuda social. Pero eso exige que se cuestione el marco de políticas dominante.

Ambos conjuntos de problemas, el estructural y el ideológico, son de suma importancia y muy difíciles. A continuación, no ofreceré soluciones a ninguno de ellos. Por el contrario, quiero intentar la mucho más modesta y preliminar tarea de explorar cómo podrían pensarse en relación el uno con el otro. Específicamente, quiero proponer un marco de investigación que pueda arrojar luz sobre ambos al mismo tiempo.[7]

Considérese que para abordar el problema estructural será necesario aclarar el fenómeno del "patriarcado público". Un tipo de investigación útil aquí es el tipo conocido de análisis económico, al cual hicimos alusión más arriba, un análisis que muestra, por ejemplo, que los programas de "seguro de desempleo" funcionan para subsidiar a quienes contratan "trabajo de mujeres" a sueldos bajos y en el sector de servicios y, por ende, para reproducir el mercado laboral doble segmentado por sexos. Ahora bien, más allá de cuán importante es tal investigación, no nos muestra todo el panorama, dado que deja fuera del enfoque la dimensión discursiva o ideológica de los programas de ayuda social. Cuando hablo de la dimensión discursiva o ideológica no me refiero a algo distinto a las prácticas de ayuda social o a algo epifenoménico de ellas; me refiero, más bien, a las normas tácitas y la suposiciones implícitas que constituyen dichas prácticas. Para llegar a tal dimensión es necesario un tipo de investigación orientada al sentido, una investigación que estudie los programas de ayuda social como, entre otras cosas, patrones institucionalizados de interpretación[8]. Tal investigación haría explícitos los sentidos sociales insertos en los programas de ayuda social, sentidos que tienden por el contrario a pasar sin más inadvertidos.

Con la exposición de tales sentidos, la investigación que propongo podría hacer dos cosas al mismo tiempo: en primer lugar, podría mostrarnos algo importante sobre la estructura del sistema de ayuda social de los Estados Unidos, dado que podría identificar normas y suposiciones subyacentes que brinden un grado de coherencia para los diferentes programas y prácticas. En segundo lugar, podría ilustrar lo que llamo "la política de la interpretación de la necesidad", dado que podría exponer

[7] Esta frase debe su inspiración a Jürgen Habermas, *Legitimation Crisis*, traducción Thomas McCarthy (Boston, 1975).

[8] Debo esta frase a Thomas McCarthy (comunicación personal).

los procesos mediante los cuales las prácticas de ayuda social construyen a las mujeres y sus necesidades según interpretaciones específicas – y, en principio, cuestionables–, incluso cuando a tales interpretaciones se las cubra con un aura de facticidad que desanima todo cuestionamiento. Así, esa investigación podría arrojar luz tanto sobre los problemas estructurales como sobre los problemas ideológicos identificados más arriba.

El principal objetivo del presente trabajo es hacer una descripción semejante del sistema de ayuda social actual de los Estados Unidos. El propósito de la descripción es ayudar a aclarar algunos aspectos estructurales clave de la dominación masculina en las sociedades capitalistas tardías del estado de bienestar. Al mismo tiempo, su objetivo es mostrar el camino a un foco más amplio, orientado al discurso, que pueda abordar conflictos políticos sobre la interpretación de la necesidad de las mujeres.

El trabajo avanza a partir de hechos poco controversiales y en cierta medida "duros" sobre el sistema de ayuda social de los Estados Unidos (sección 1) y pasa por una serie de descripciones cada vez más interpretadas de dicho sistema (secciones 2 y 3) para culminar (en la sección 4) en una caracterización muy teorizada del sistema de ayuda social como "aparato estatal jurídico-administrativo-terapéutico". Por último, (en la sección 5) identifica dicho aparato como una fuerza entre otras en un campo político muy cuestionado de discursividad sobre las necesidades que también incluye al movimiento feminista.

1

Mucho tiempo antes de la emergencia de los estados de bienestar, los gobiernos han definido ámbitos de acción social protegidos por las leyes. Al hacerlo, al mismo tiempo han codificado patrones correspondientes a la agencia o las funciones sociales. Así, los primeros Estados modernos definieron un ámbito económico y la función correspondiente de las personas económicas capaces de firmar contratos. Más o menos al mismo tiempo, codificaron la "esfera privada" del hogar y la función del jefe de familia. Un tiempo más tarde, se llevó a los gobiernos a garantizar una esfera de participación política y la correspondiente función del ciudadano con derechos políticos (limitados). En cada uno de esos casos, el sujeto original y paradigmático de la función social recién codificada era el hombre. Sólo en un segundo plano, y mucho más tarde, se aceptó que las mujeres también pudieran ocupar puestos subjetivos sin eliminar, no obstante, del todo la asociación con la masculinidad.

Sin embargo, las cosas son diferentes en el estado de bienestar contemporáneo. Cuando este tipo de gobierno definió un nuevo ámbito de actividad –llamémoslo "lo social"– y una nueva función social –el cliente de la ayuda social–, incluyó a las mujeres entre sus beneficiarios originales y paradigmáticos. Hoy en día, de hecho, las mujeres se han convertido en las principales beneficiarias del estado del bienestar. Por un lado, constituyen la vasta mayoría tanto de beneficiarios de programas como de trabajadores del servicio social pagos. Por el otro, son las esposas, madres e hijas cuyas actividades y obligaciones no remuneradas se redefinen conforme el estado de bienestar va supervisando cada vez más las formas de cuidado. Dado que este nexo de funciones de beneficiaria/ trabajadora social/ cuidadora es constitutivo del ámbito de la ayuda social, podría incluso considerarse que dicho ámbito es un terreno feminizado.

Un resumen estadístico general confirma la mayor participación de las mujeres en el sistema de ayuda social estadounidense y su mayor dependencia de él. Considérese, en primer lugar, la mayor dependencia de las mujeres como clientes y beneficiarias de programas. En cada uno de los principales programas estadounidenses que otorgan recursos tras averiguar la situación económica de los solicitantes, las mujeres y los niños de quienes están a cargo constituyen ya la vasta mayoría de clientes. Por ejemplo, más del 81% de los hogares que reciben Aid to Families with Dependent Children (AFDC) tiene como jefe de familia a una mujer, más del 60% de las familias que reciben cupones de comida y Medicaid tiene como jefe de familia a una mujer y el 70% de los hogares con vivienda propia o subsidiada tiene como jefe de familia a una mujer[9]. A pesar lo altas que son, dichas cifras de hecho subestiman la representación de las mujeres. Como observa Barbara Nelson, en el sistema androcéntrico de informes, los hogares que, se considera, tienen una mujer como jefe de familia no contienen por definición varones adultos sanos[10]. Pero en la mayoría de los hogares donde, se considera, el jefe de familia es un varón viven mujeres adultas sanas. Dichas mujeres pueden recibir de manera

[9] Erie, Rein y Wiget, "Women and the Reagan Revolution"; y Barbara J. Nelson, "Women's Poverty and Women's Citizenship: Some Political Consequences of Economic Marginality", *Signs: Journal of Women in Culture and Society*, 10, n.º 2 (invierno de 1984): 209-231.

[10] Nelson, "Women's Poverty and Women's Citizenship".

directa o indirecta subsidios brindados a hogares "patriarcales", pero son invisibles en las estadísticas, aun cuando suelen ser ellas quienes garantizan y mantienen las condiciones que le permiten al hogar participar en el programa.

La mayoría de los programas estadounidenses que brindan subsidio por edad tienen como clientes a mujeres. Por ejemplo, el 61,6% de los beneficiarios adultos del Seguro Social son mujeres y el 64% de las personas que tienen cobertura de Medicare son mujeres[11]. En suma, dado que como grupo sufren en una considerable medida más la pobreza que los hombres –de hecho, las mujeres ya constituyen las dos terceras partes de los adultos estadounidenses que están por debajo de la línea oficial de la pobreza– y dado que tienden a vivir más tiempo que los hombres, las mujeres dependen más del sistema de ayuda social como clientes y beneficiarias.

Pero no se trata del panorama completo. Las mujeres también dependen del sistema de ayuda social como trabajadoras pagas del sector de servicios –una categoría de empleo que incluye la educación y la salud tanto como el trabajo social y la administración de servicios–. En 1980, las mujeres ocupaban el 70% de los 17,3 millones de trabajos pagos de dicho sector en los Estados Unidos. Eso representa una tercera parte del total del empleo pago de mujeres en dicho país y un 80% de todos los puestos profesionales que ellas ocupan. Las cifras de las mujeres de color son incluso más altas que ese promedio, dado que el 37% del total de sus empleos pagos y el 82,4% de sus empleos profesionales pertenecen a dicho sector[12]. Un rasgo característico del sistema de ayuda social estadounidense –a diferencia, por ejemplo, del británico o del escandinavo– es que sólo el 3% de esos empleos son empleos directos en el Gobierno federal. El resto son en Gobiernos estatales y locales, en el sector "privado sin fines de lucro" y en el sector "privado". No obstante, el carácter más descentralizado y privatizado del sistema estadounidense no hace menos vulnerables a los trabajadores pagos con ayuda social frente a los recortes de programas federales. Por el contrario, el nivel de gasto federal en ayuda social afecta el nivel de empleo en servicios en *todos* los sectores. Los empleos en Gobiernos estatales y locales dependen de contratos con Gobiernos estatales y locales financiados por el Gobierno federal y los

---

[11] Erie, Rein y Wiget, "Women and the Reagan Revolution"; y Nelson, "Women's Poverty and Women's Citizenship".

[12] Erie, Rein y Wiget, "Women and the Reagan Revolution".

empleos privados con y sin fines de lucro dependen de pagos financiados transferidos a nivel federal a personas y hogares para que adquieran en el mercado servicios como los de atención médica[13]. Así, las reducciones de gasto social implican la pérdida de empleo para mujeres. Además, como observan Barbara Ehrenreich y Frances Fox Piven, dicha pérdida no se compensa cuando el gasto pasa a dedicarse a las Fuerzas Armadas, dado que sólo la mitad del 1% de las mujeres que ocupan empleos pagos trabajan en contratos con las Fuerzas Armadas. De hecho, un estudio que citan calcula que por cada mil millones de dólares de aumento en gasto militar se pierden nueve mil quinientos puestos de trabajo para mujeres[14].

Por último, las mujeres son objeto del sistema de ayuda social en su carácter tradicional de cuidadoras no pagas y están sometidas a dicho sistema. Bien es sabido que la división sexual de trabajo asigna a las mujeres ante todo la responsabilidad del cuidado de quienes no pueden cuidar de sí mismos. (Dejo a un lado las obligaciones tradicionales de las mujeres de brindar servicios personales a los varones adultos –maridos, padres, hijos adultos, amantes– que bien pueden ocuparse de sí mismos.) Tales responsabilidades incluye la crianza de niños, por supuesto, pero también el cuidado de parientes enfermos o ancianos, con frecuencia, padres. Por ejemplo, un estudio británico llevado a cabo en 1975, citado por Hilary Land, llegó a la conclusión de que la cantidad de personas ancianas que vivían con sus hijas casadas era tres veces mayor a la cantidad de personas ancianas que vivían con sus hijos casados y que era más probable que quienes carecían de una pariente cercana terminarán internados en una institución, cualquiera fuera el grado de su enfermedad. Así, por ser cuidadoras no pagas, las mujeres sufren de manera más directa que los hombres el nivel y el carácter de los servicios sociales del Gobierno para niños, enfermos y ancianos.[15]

Como clientes, trabajadoras pagas del sector de servicios y cuidadoras no pagas, entonces, las mujeres son el principal objeto del sistema de ayuda social. Es como si esa rama del Estado fuera en efecto una Oficina de Asuntos la Mujer.

---

[13] *Ibid.*

[14] Ehrenreich y Piven, "The Feminization of Poverty".

[15] Hilary Land, "Who Cares for the Family?", *Journal of Social Policy* 7, n.º 3 (julio de 1978): 257-284.

2

Por supuesto, el sistema de ayuda social no trata con las mujeres en los términos de las mujeres. Por el contrario, tiene sus propios modos característicos de interpretar sus necesidades y colocarlas en la posición de sujetos. Para entender dichos modos, necesitamos examinar cómo se codifican las normas y los significados de género en la estructura del sistema de su ayuda social estadounidense.

Es bastante complicado. Por un lado, casi todos los programas de ayuda social estadounidenses tienen el rótulo oficial de neutralidad de género. No obstante, el sistema en su conjunto es doble o tiene dos niveles y un inconfundible subtexto de género[16]. Un conjunto de programas se orienta a los *individuos* y está vinculado con la participación en la fuerza laboral paga –por ejemplo, el seguro de desempleo y el Seguro Social–. Ese conjunto de programas está diseñado para complementar y compensar al mercado primario en lo referente a la mano de obra paga. Un segundo conjunto de programas se orienta a los *hogares* y está vinculado con el ingreso doméstico combinado –por ejemplo, AFDC, los cupones de comida y Medicaid–. Ese conjunto de programas está diseñado para compensar lo que se consideran fracasos familiares, en particular la ausencia de un sostén masculino de familia.

Lo que integra los dos conjuntos de programa es un núcleo común de suposiciones sobre la división sexual del trabajo, tanto doméstico como no doméstico. Se supone que las familias contienen, o deberían contener, un sostén primario que sea un varón y una trabajadora doméstica no paga (ama de casa y madre) que sea una mujer. Además, se supone que cuando una mujer asume trabajo pago fuera de la casa, lo hace o debería hacerlo para complementar el salario del sostén masculino de familia

---

[16] Debo la frase "subtexto de género" a Dorothy Smith "The Gender Subtext of Power" (Ontario Institute for Studies in Education, Toronto, 1984). Una cierta cantidad de escritores han advertido el carácter doble de sistema de ayuda social de los Estados Unidos. Andrew Hacker ("'Welfare': The Future of an Illusion", *New York Review of Books*, 28 de febrero de 1985, 37-43) establece una relación entre el dualismo y la clase pero no entre el dualismo y el género. Diana Pearce ("Women, Work, and Welfare") y Erie, Rein y Wiget, ("Women and the Reagan Revolution") establecen una relación entre el dualismo y el género y el mercado laboral doble, en sí relacionado con el género. Barbara J. Nelson ("Women's Poverty and Women's Citizenship") establece una relación entre el dualismo y el género, el mercado laboral doble y la división sexual de trabajo pago y el *no pago*. Mi exposición toma mucho de todos estos escritores, en especial de Barbara Nelson.

y eso no anula ni debería anular sus responsabilidades primarias como esposa y madre. En otras palabras, se supone que la sociedad se divide en dos esferas separadas de trabajo doméstico y trabajo fuera de casa y que dichas esferas son, respectivamente, femenina y masculina[17].

Esas suposiciones son cada vez más contrafácticas. En la actualidad, menos del 15% de las familias estadounidenses se ajustan al ideal normativo de un domicilio compartido por un marido que es el único sostén de la familia, una mujer que es ama de casa a tiempo completo y sus hijos. No obstante, las normas de las "esferas separadas" determinan la estructura de la ayuda social. Determinan que contiene un subsistema relacionado con el mercado laboral primario y otro subsistema relacionado con la familia o el hogar. Además, determinan que dichos sistemas estén vinculados con el género y que el sistema relacionado con el mercado laboral primario sea de implícito carácter "masculino" y el sistema relacionado con la familia tenga un implícito carácter "femenino". Por ende, los destinatarios ideales, típicos de los programas orientados al mercado laboral primario son por norma los hombres (blancos), mientras que las clientes adultas ideales, típicas de los programas orientados a los hogares son por norma las mujeres.

Este subtexto de género del sistema de bienestar estadounidense se confirma cuando echamos una segunda mirada a las cifras de la participación. Considérense de nuevo las cifras recién citadas de los programas "femeninos" u orientados a la familia, a los cuales más arriba me referí como programas que otorgan recursos tras averiguar la situación económica de los solicitantes: más del 81% de los hogares que reciben AFDC tienen como jefe de familia a una mujer, al igual que más del 70% de los que reciben ayuda doméstica y más del 60% de los que reciben Medicaid y cupones de comida. Ahora bien, recuérdese que dichas cifras no comparan mujeres *individuales* con hombres *individuales* sino, por el contrario, *hogares* donde el jefe de familia es una mujer con *hogares* donde el jefe de familia es un hombre. Por lo tanto, confirman cuatro cosas: (1) esos programas tienen una identidad administrativa definida en cuanto a que sus destinatarios no se individualizan sino que se *familiarizan*; (2) prestan servicio a lo que se consideran familias defectuosas, en su gran mayoría familias sin un sostén masculino; (3) las clientes (adultas) ideales

---

[17] Hilary Land ("Who Cares for the Familiy?") identificó suposiciones similares operantes en el sistema de asistencia social británico. Mi formulación de ellas toma mucho de dicha exposición.

y típicas son las mujeres; y (4) reclaman los subsidios sobre la base de su condición de trabajadoras domésticas no pagas, amas de casa y madres, no como trabajadoras pagas pertenecientes al mercado laboral.

Ahora bien, contrástese eso con el caso de un típico programa orientado al mercado laboral y, por ende, "masculino", a saber, el del seguro de desempleo. Allí el porcentaje de solicitantes mujeres baja al 38%, una cifra que contrasta mujeres *individuales* con hombres *individuales* en lugar de oponer hogares donde el jefe de familia es una mujer con hogares donde el jefe de familia es un hombre. Como observa Diana Pearce, esa disminución refleja al menos dos circunstancias diferentes[18]. En primer lugar, y de manera más directa, refleja el bajo índice de participación de las mujeres en la fuerza laboral paga. En segundo lugar, refleja el hecho de que muchas trabajadoras asalariadas no cumplen con los requisitos para participar en dicho programa, por ejemplo, trabajadoras domésticas pagas, trabajadoras de medio tiempo, trabajadoras embarazadas y trabajadoras de la "economía irregular" como prostitutas, niñeras y mecanógrafas domésticas. La exclusión de esas trabajadoras asalariadas da testimonio de la existencia de un mercado laboral segmentado por el género, dividido en empleo "primario" y empleo "secundario". Refleja la suposición más general de que los salarios de las mujeres son "sólo complementarios", que no están a la par de los del sostén principal (masculino) de familia. En su conjunto, entonces, las cifras nos dicen cuatro cosas sobre programas tales como el del seguro de desempleo: (1) que se administran de tal manera que *individualizan* en lugar de familiarizar a los destinatarios; (2) que están diseñados para compensar los efectos del mercado laboral primario, como el desplazamiento temporario de un sostén primario de familia; (3) que los destinatarios ideales y típicos son los varones; y (4) que reclaman los subsidios sobre la base de su identidad como trabajadores pagos, no como trabajadores domésticos no pagos o padres.

Un último ejemplo completará el panorama. El sistema de Seguro Social de seguro de jubilación representa un caso interesante de hermafroditismo o androgenismo. Pronto mostraré que dicho sistema tiene una cierta cantidad de características de programas "masculinos" en virtud de su vínculo con la participación en la mano de obra paga. No obstante, tiene un carácter doble y de género interno y, por ende, representa un microcosmos en todo el sistema de subsidios dobles de ayuda social. Considérese que

[18] Pearce, "Women, Work, and Welfare".

mientras una mayoría –el 61,6%– de beneficiarios adultos son mujeres, sólo poco más de la mitad de ellos –o el 33% de todos los destinatarios– reclaman subsidios sobre la base de su propio historial de trabajo pago[19]. El resto de las destinatarias reclama los subsidios sobre la base del historial de sus maridos, es decir, como esposas o trabajadoras domésticas no pagas. En contraste, casi ninguno de los destinatarios varones reclaman subsidios como maridos. Por el contrario, reclaman subsidios como trabajadores pagos, pertenecientes al mercado laboral en lugar de hacerlo en virtud de su identidad familiar. Así que el sistema de Seguro Social es hermafrodita y andrógeno; tiene una división interna entre subsidios familiares "femeninos", por un lado, y subsidios "masculinos" basados en el mercado laboral, por el otro. Así, también se estructura a partir de normas y suposiciones de género.

3

Hasta ahora he establecido la estructura dualista del sistema de ayuda social de los Estados Unidos y el subtexto de género de dicho dualismo. Ahora la mejor manera de sonsacar las normas implícitas y suposiciones tácitas del sistema es examinar su modo de funcionamiento. Para ver cómo los programas de ayuda social interpretan las necesidades de las mujeres, debemos tomar en consideración qué subsidios brindan. Para ver cómo posicionan a las mujeres como sujetos, necesitamos examinar los procedimientos administrativos. En general, veremos que el subsistema "masculino" y el "femenino" no sólo están separados sino que son desiguales.

Considérese que los programas de ayuda social "masculinos" son planes de Seguro Social. Incluyen el seguro de desempleo, el Seguro Social (seguro de jubilación), Medicare (seguro médico por edad) y la Cobertura Complementaria de Seguro Social (seguro por invalidez para quienes tienen un historial de trabajo pago). Dichos programas funcionan por aportes (los trabajadores asalariados y sus empleadores aportan dinero a fondos fiduciarios), se administran a nivel nacional y los niveles de subsidios son uniformes en todo el país. Si bien su organización y administración son burocráticas, cada vez exigen menos esfuerzos degradantes de parte de los beneficiarios para cumplir con los requisitos y mantener sus dere-

[19] Nelson, "Women's Poverty and Women's Citizenship"; y Erie, Rein y Wiget, "Women and the Reagan Revolution".

chos de participación de lo que exigen los programas "femeninos". Están mucho menos sometidos a controles intrusivos y en la mayoría de los casos carecen de la dimensión de la supervisión. También tienden a exigir menos a los beneficiarios en lo referente a los esfuerzos necesarios para cobrar sus subsidios, con la notable excepción del seguro de desempleo.

En resumen, los planes de Seguro Social "masculinos" asignan a sus destinatarios ante todo la condición de *sujetos de derecho*. Los beneficiarios de dichos programas en general no sufren estigmatización. Los procedimientos administrativos y el discurso popular tampoco los representan como personas que "cobran seguro de desempleo". Se los constituye más bien como personas que reciben lo que merecen, lo que, en "asociación" con sus empleadores, ya han "aportado", lo que, por lo tanto, tienen *derecho* a recibir. Además, a dichos beneficiarios también se los constituye en *consumidores con poder de compra*. Con frecuencia reciben el dinero en efectivo en lugar de recibir subsidios "en especies" y, por ende, se les da "la libertad de conseguir la mejor oferta que puedan cuando adquieran servicios elegidos por ellos en el mercado abierto". En resumen, dichos beneficiarios son lo que C. B. MacPherson llama "individuos posesivos"[20]. Propietarios de sus propias personas a quienes se contrata con libertad para que vendan su capacidad laboral, se convierten en participantes del Seguro Social y, por lo tanto, en consumidores que pagan por servicios humanos. Por ende, cumplen con los requisitos para ser *ciudadanos sociales* en el sentido casi completo que el término puede adquirir dentro del marco de la sociedad capitalista dominada por los hombres.

Todo eso presenta un marcado contraste con el sector "femenino" del sistema estadounidense de ayuda social. Dicho sector está compuesto por programas de asistencia, como el AFDC, los cupones de comida, Medicaid y el subsidio estatal para la vivienda. Dichos programas no funcionan por aportes sino que se financian con los impuestos (por lo general una tercera parte de los fondos proviene del Gobierno federal y dos terceras partes provienen de los Gobiernos de los Estados) y no los administra el Gobierno federal sino los Gobiernos de los Estados. Como resultado, los niveles de subsidios tienen enormes variaciones, si bien en todos lados son inadecuados y están fijados a propósito debajo de la línea oficial de pobreza. Los programas de asistencia son notorios por la variedad de

---

[20] C. B. MacPherson, *The Political Theory of Possessive Individualism: Hobbes to Locke* (Nueva York, 1964).

humillación administrativa a la cual someten a sus clientes. Exigen un trabajo considerable para cumplir con los requisitos y mantener el derecho a la participación y tienen un importante componente de supervisión.

Dichos programas no constituyen en un sentido importante a sus beneficiarios en sujetos de derecho. Lejos de considerárselos con derecho a recibir cuanto reciben, se los define como "beneficiarios de la generosidad gubernamental" o "clientes de la caridad pública"[21]. Además, su trato real no llega a estar a la altura siquiera de dicha definición, dado que se los trata como "estafadores", "anormales" y "fracasos humanos". En el marco administrativo androcéntrico, se considera que las "madres que reciben ayuda social" no trabajan y por lo tanto a veces se les exige –es decir, se las coacciona para– que trabajen por sus subsidios en "programas de obras públicas para desocupados". Pasan así a integrar lo que Diana Pearce llama una "asilo de pobres sin paredes"[22]. De hecho, el único sentido en el cual la categoría de derechos es irrelevante para la situación de dichos clientes es el sentido un tanto dudoso según el cual tienen derecho a un tratamiento regido por las normas de la racionalidad procedimental burocrática formal, pero si ese derecho se interpreta como una protección contra los caprichos administrativos, incluso se lo viola en general y de manera rutinaria.

Además, los destinatarios de ayuda social suelen no constituirse en consumidores. Una parte importante de sus subsidios se brindan "en especias" y el dinero en efectivo que reciben viene ya separado y destinado a fines específicos designados por la administración. Por lo tanto, dichos destinatarios son en esencia *clientes*, una situación de subyugación que en las sociedades capitalistas conlleva mucho menos poder y dignidad de los que conlleva la condición alternativa de consumidor. En dichas sociedades, ser cliente (en el sentido relevante para los destinatarios de ayuda social) es ser dependiente abyecto. De hecho, ese sentido del término conlleva connotaciones de una pérdida de autonomía, como cuando hablamos, por ejemplo, de "los Estados clientes de imperios y superpotencias". Como clientes, entonces, los destinatarios de ayuda social son *los negativos de los individuos posesivos*. A dichos destinatarios, en una gran medida excluidos del mercado tanto como trabajadores como en su condición de consumidores, que reclaman subsidios no como individuos

---

[21] Debo estas formulaciones a Virginia Held (comunicación personal).

[22] Pearce, "Women, Work, and Welfare".

sino como integrantes de familias "fallidas", se les niegan en efecto los beneficios de la ciudadanía social conforme se la define en las sociedades capitalistas dominadas por los hombres[23].

A las claras, este sistema genera un dilema para las mujeres que crían niños sin sostén de familia masculino. Dado que no ofrece a dichas mujeres servicios de cuidado de sus hijos, capacitación laboral y un empleo que pague un "salario familiar" o una combinación de dichos elementos, les asigna de manera exclusiva el carácter de madres. Como consecuencia, interpreta sus necesidades como necesidades maternales y su esfera de actividad como la esfera de "la familia". Ahora bien, según la ideología de las esferas separadas, esa debería ser una identidad social venerada. No obstante, el sistema no venera a esas mujeres. Por el contrario, en lugar de brindarles ingresos garantizados equivalentes a un salario familiar como un derecho, las estigmatiza, las humilla y las acosa. En efecto, decreta que dichas mujeres deben ser madres normativas y al mismo tiempo que no pueden serlo.

Además, la manera en la cual el sistema de ayuda social estadounidense interpreta la "maternidad" y la "familia" se basa tanto en la raza como en la cultura. La imparcialidad queda clara en el estudio de Carol Stack, *All Our Kin*[24]. Stack analiza las disposiciones domésticas de destinatarios de ayuda social muy pobres y de color que viven en una ciudad de la región central occidental de los Estados Unidos. Donde los ideólogos conservadores ven la "desorganización de *la* familia de color" ella encuentra estructuras de parentesco complejas y muy organizadas, las cuales incluyen redes familiares de acumulación conjunta e intercambio de recursos que permiten a las personas sometidas a extrema pobreza subsistir desde el punto de vista económico y desde el comunitario. Las redes organizan intercambios tardíos o "regalos", en el sentido de Mauss[25], de comidas preparadas, cupones

---

[23] Debería observarse que en este punto discrepo con la postura de algunos teóricos de izquierda con respecto a que la "desmercantilización" en forma de subsidios de ayuda social en especies representa un desarrollo emancipador o progresivo. En el contexto de un sistema de ayuda social doble como el que describo aquí, dicha suposición es a las claras falsa, dado que los subsidios en especie son, desde el punto de vista cualitativo y desde el cuantitativo, inferiores a los productos correspondientes y funcionan para estigmatizar a quienes los reciben.

[24] Carol B. Stack, *All Our Kin: Strategies for Survival in a Black Community* (Nueva York, 1974).

[25] Marcel Mauss, *The Gift: Forms and Functions of Exchange in Archaic Societies*, traducción Ian Cunnison (Nueva York, 1967).

de comida, cocciones, artículos comprados, comestibles, muebles, espacio para dormir, efectivo (incluso salarios y subsidios de AFDC), transporte, ropa, cuidado de niños e incluso niños. Abarcan varios hogares físicos distintos y, por ende, trascienden la categoría administrativa principal que organiza los programas de ayuda social. Es significativo el hecho de que Stack haya hecho grandes esfuerzos para ocultar las identidades de las personas de su estudio, e incluso llegara a ocultar la identidad de la ciudad. A pesar de no decirlo, la razón es obvia: esas personas perderían sus subsidios si los administradores del programa se enteraran de que no los utilizaron dentro de los confines y los límites de un "hogar".

Podemos resumir el carácter independiente y desigual del sistema doble de ayuda social estadounidense vinculado con el género y atravesado por prejuicios raciales y culturales con las siguientes fórmulas: a los participantes del subsistema "masculino" se los constituye en *beneficiarios que son sujetos de derecho* y *consumidores de servicios con poder de compra* y, por ende, *individuos posesivos*. A las participantes del subsistema "femenino", por otro lado, se las constituye en *clientes dependientes* o *negativos de los individuos posesivos*.

4

A las claras, las identidades y las necesidades que el sistema de ayuda social asigna a sus destinatarios son identidades y necesidades *interpretadas*. Además, son interpretaciones muy políticas y, por ende, en principio están sujetas a cuestionamientos. No obstante, dichas necesidades e identidades no siempre se reconocen como interpretaciones. Con mucha frecuencia, pasan inadvertidas y se las considera inmunes a análisis y críticas. Sin lugar a dudas una de las razones de ese "efecto de cosificación" es el nivel de inserción de los significados y las normas de género en nuestra cultura general. Pero puede haber también otra razón más específica del sistema de ayuda social.

Permítaseme sugerir incluso otra forma de analizar el sistema social estadounidense, esta vez como "aparato estatal jurídico-administrativo-terapéutico"[26]. Mi propósito es poner énfasis en un estilo específico de

---

[26] Este término hace eco del término de Louis Althusser, "aparato estatal ideológico". ("Ideology and Ideological State Apparatuses: Notes towards an Investigation", en *Essays on Ideology*, traducción Ben Brewster [Londres, 1984]). Sin lugar a dudas, el sistema de ayuda social estadounidense según se describe en la presente sección de

funcionamiento. Cual aparato jurídico-administrativo-terapéutico, el sistema de ayuda social funciona en virtud de la vinculación de una serie de procedimientos jurídicos, administrativos y terapéuticos. Por ende, tiende a traducir problemas políticos concernientes a la interpretación de la necesidad de las personas en cuestiones legales, administrativas o terapéuticas. Así, el sistema ejecuta los políticas de una manera que no parece política y tiende a ser despolitizante.

Consideradas en abstracto, las constituciones de sujetos que se construyen para los beneficiarios *tanto* "masculinos" como "femeninos" del sistema pueden analizarse como combinaciones de tres elementos diferentes. El primer elemento es *jurídico* y coloca a los destinatarios en relación con el sistema legal en virtud de concederles o negarles diferentes *derechos*. Por ende, el sujeto del subsistema "masculino" tiene derecho a subsidios y se encuentra protegido contra algunas formas de capricho administrativo sancionadas por la ley, mientras que el sujeto del subsistema "femenino" carece en gran medida de derechos.

Ese elemento jurídico se vincula entonces con un segundo elemento, un elemento *administrativo*. Para cumplir con los requisitos para recibir subsidios, los sujetos deben asumir el papel de peticionarios con respecto a un cuerpo administrativo; deben pedirle a una institución burocrática como poder que tome una decisión sobre sus reclamos sobre la base de criterios definidos mediante procedimientos administrativos. En el subsistema "masculino", por ejemplo, los peticionarios deben demostrar que sus "casos" se ajustan a criterios definidos por procedimientos administrativos que les conceden derechos; en el subsistema "femenino", por otro lado, las peticionarias deben demostrar que se ajustan a criterios de necesidad

---

este trabajo representa un "aparato estatal ideológico" en el sentido de Althusser. No obstante, prefiero el término "aparato estatal jurídico-administrativo-terapéutico" por considerarlo más concreto y descriptivo de las maneras específicas en las cuales los programas de ayuda social producen y reproducen ideología. En general entonces, el aparato jurídico-administrativo-terapéutico puede entenderse como una subclase del aparato estatal ideológico. Por otro lado, si se deja a un lado la terminología de corte althusseriano, los lectores descubrirán que la exposición de esta sección toma mucho más de Michel Foucault (*Vigilar y castigar: el nacimiento de la prisión*, trad. Aurelio Garzón del Camino, [México, Siglo XXI Editores, 1976]) y de Jürgen Habermas (*Theorie des kommunikativen Handelns*, volumen 2, *Zur Kritik der funktio-nalistischen Vernunft* [Fráncfort am Main, 1981]) que de Althusser. Por supuesto, ni Habermas ni Foucault toman en cuenta la relación de los programas de ayuda social con el género. Véase una crítica a Habermas en referencia a este tema en el capítulo 6 del presente volumen. Véanse mis ideas sobre Foucault en los capítulos 1, 2 y 3.

definidos por procedimientos administrativos. A pesar de las enormes diferencias cualitativas entre los dos conjuntos de procedimientos, ambos son variaciones del mismo momento administrativo. Ambos exigen que los peticionarios traduzcan sus situaciones y sus problemas vitales a necesidades administrables, que presenten sus dilemas como instancias de buena fe de situaciones específicas generalizadas a las cuales en principio podría estar sometido cualquiera[27].

Si cumplen con los requisitos, y cuando lo hacen, los peticionarios de ayuda social se constituyen en consumidores con poder de compra o clientes dependientes. En cualquier caso, sus necesidades se definen como correlato de satisfacciones administradas por la burocracia. Eso significa que se los cuantifica, se los hace equivalentes a una suma de dinero[28]. Por ende, en el subsistema "femenino", a los clientes se les asigna una función pasiva de recepción de servicios predefinidos, preempaquetados y medidos por el dinero; en el subsistema "masculino", por otro lado, los beneficiarios reciben una cantidad de dinero en efectivo específica y predeterminada.

En ambos sistemas, entonces, la necesidades de las personas están sujetas a una suerte de procedimiento de reescritura. Las situaciones sufridas y los problemas vitales se traducen a necesidades administrables; y, dado que estas últimas no son por necesidad isomórficas con las primeras, surge la posibilidad de una brecha entre ellas. Dicha posibilidad es en especial probable en el subsistema "femenino", pues allí, como vimos, los clientes se construyen como anormales y la prestación de servicio tiene carácter de normalización –a pesar de ser una normalización diseñada más para estigmatizar que para "reformar"–.

Aquí, entonces, se abre el tercer momento, el *terapéutico*, del modus operandi jurídico-administrativo-terapéutico. En especial en el subsistema "femenino", la prestación de servicio suele incluir una dimensión terapéutica o cuasiterapéutica implícita o explícita. En AFDC, por ejemplo, los trabajadores sociales se ocupan de los aspectos de "salud mental" de sus clientes y con frecuencia los interpretan en términos de "problemas de carácter". En un sentido más explícito y menos moralista, los programas municipales para adolescentes embarazadas que no están casadas incluyen no sólo atención prenatal, capacitación maternal y tutoría o escolarización

---

[27] Habermas, *Theorie des kommunikativen Handelns*, volumen 2.
[28] *Ibid.*

sino también sesiones de terapia con trabajadores sociales psiquiátricos. Como observara Prudence Rains, el propósito de tales sesiones es hacer que las niñas reconozcan lo que, se considera, son problemas emocionales verdaderos, profundos y latentes bajo el supuesto de que eso les permitirá evitar embarazos futuros[29]. Más allá de lo absurdo que suena, es sólo un ejemplo extremo de un fenómeno más generalizado, a saber, la tendencia de los programas de ayuda social, en especial "femeninos", de convertir problemas de política de género y político-económicos en problemas individuales y psicológicos. De hecho, algunos servicios de ayuda social terapéuticos o cuasiterapéuticos pueden considerarse servicios de segundo orden que compensan los efectos debilitantes de los servicios de primer orden. En cualquier caso, la dimensión terapéutica del sistema estadounidense de ayuda social insta a sus clientes a cerrar la brecha entre sus experiencias formadas por la cultura y su situación definida a nivel administrativo en virtud de alinear las primeras con la segunda.

A las claras, este análisis del sistema de ayuda social estadounidense como "aparato estatal jurídico-administrativo-terapéutico" nos permite ver tanto el subsistema "femenino" como el "masculino" de un modo más crítico. Sugiere que el problema no es sólo que a las mujeres se les quita poder porque el subsistema "femenino" les *niega* la ciudadanía social –si bien así sucede–, sino también que a las mujeres y a los hombres se les quita poder mediante la *realización* de una forma individualista, androcéntrica y posesiva de ciudadanía social característica del subsistema "masculino". En ambos subsistemas, incluso en el "masculino", el aparato jurídico-administrativo-terapéutico trata a sus beneficiarios de maneras que no les dan poder. Los personaliza como "casos" y, al hacerlo, milita en contra de su identificación colectiva. Impone definiciones monológicas y administrativas de la situación y la necesidad y, por ende, impide autodefiniciones y autodeterminaciones logradas mediante el diálogo. Constituye a sus sujetos en clientes pasivos o destinatarios consumidores y no en copartícipes activos involucrados en la formación de sus condiciones de vida. Por último, interpreta el descontento que generan esas disposiciones como material de terapia con frecuencia sexista y que sirve para reformarlos y no como material para procesos de generación de conciencia que les otorguen poder.

[29] Prudence Mors Rains, *Becoming an Unwed Mother: A Sociological Account* (Chicago, 1971).

En resumen, entonces, la forma de ciudadanía social que se construye incluso en la *mejor* parte del sistema de ayuda social estadounidense es una forma degradada y despolitizada, es una forma de ciudadanía pasiva en la cual el Estado quita el poder a las personas para definir y satisfacer sus necesidades. Dicha forma de ciudadanía pasiva surge en parte como resultado del estilo característico de funcionamiento del aparato jurídico-administrativo-terapéutico. Dicho aparato aborda la interpretación de la necesidad de las personas como algo ya dado y no problemático y al mismo tiempo las redefine como sumisas a satisfacciones que se ajustan al sistema. Así, desvía la atención de la pregunta "¿quién interpreta las necesidades sociales?". Tiende a sustituir la *administración jurídica, administrativa y terapéutica de la satisfacción de necesidades* por la *política de la interpretación de necesidades*. Es decir, tiende a sustituir *procesos monológicos y administrativos de definición de necesidades* por *procesos dialógicos y participativos de interpretación de necesidades*[30].

5

Por lo general, los análisis de complejos sociales como "patrones institucionalizados de interpretación" tienen un funcionalismo implícito o explícito. Su propósito es mostrar cómo los sistemas de significado con hegemonía cultural se estabilizan y reproducen a lo largo del tiempo. Como resultado, dichos análisis suelen filtrar eventos "disfuncionales" como las resistencias y los conflictos micro y macropolíticos. En un sentido más general, tienden a desdibujar el lado activo de los procesos sociales, las maneras en las cuales incluso las costumbres más arraigadas de los agentes sociales implican la construcción, deconstrucción y reconstrucción activas de los significados sociales. No resulta sorprendente, entonces, que muchas académicas feministas hayan comenzado a sospechar de las metodologías funcionalistas, pues cuando se aplican a problemas de género, sus métodos ocultan la agencia femenina e interpretan a las mujeres como meras víctimas pasivas de la dominación masculina.

Para evitar cualquier sugerencia semejante aquí, quiero situar, a modo de conclusión, el análisis precedente en una perspectiva más amplia y no funcionalista. Quiero esbozar un panorama de acuerdo con el cual el

[30] Habermas, *Legitimation Crisis* y *Theorie des kommunikativen Handelns*, volumen 2.

aparato de ayuda social es una fuerza entre otras de un ámbito político más amplio y muy cuestionado.

Considérese que los efectos ideológicos (a diferencia de los económicos) del modo jurídico-administrativo-terapéutico de interpretación de necesidades se desarrollan dentro de un ámbito social específico y relativamente nuevo. Denomino dicho ámbito "lo social" para resaltar su falta de coincidencia con los espacios familiares institucionalizados de la familia y la economía oficial. Conforme yo lo concibo, lo social no es del todo equivalente a la esfera pública tradicional del discurso político que define Jürgen Habermas[31], ni de la misma extensión del Estado. Por el contrario, es un lugar de discurso sobre las necesidades de las personas, específicamente sobre las necesidades que se han separado de la esfera doméstica o la esfera de la economía oficial que con anterioridad

[31] Tomo prestado el término "social" de Hannah Arendt (*The Human Condition* [Chicago, 1958]). No obstante, lo uso de manera diferente en muchos aspectos importantes al uso que ella hace de él. En primer lugar, tanto Arendt como yo entendemos lo social como un espacio social emergente en un momento histórico y específico de la modernidad. Y ambas entendemos la emergencia de lo social como algo tendiente a socavar o desdibujar una separación anterior y más clara entre la esfera pública y la esfera privada. Pero ella trata la emergencia de lo social como una caída o un lapso y valoriza la separación anterior entre lo público y lo privado como una situación preferible apropiada para "la condición humana". Yo, por el otro lado, no hago suposición alguna sobre la condición humana, no lamento la desaparición de la separación entre lo público y lo privado ni considero la emergencia de lo social una caída o un lapso. En segundo lugar, Arendt y yo estamos de acuerdo en que un rasgo sobresaliente y definitivo de lo social es la emergencia de las necesidades hasta ahora "privadas" en lo público. No obstante, Arendt la trata como una violación del orden apropiado de las cosas: supone que las necesidades son por completo naturales y están siempre condenadas a ser cosas de compulsión bruta. Así, supone que las necesidades no pueden tener dimensión de genuino carácter político y que su emergencia de la esfera privada a lo social significa la muerte de la política auténtica. Yo, por otro lado, asumo que las necesidades son irreductiblemente interpretativas y que las interpretaciones de la necesidad son en principio cuestionables. De mi postura se sigue que la emergencia de las necesidades de lo "privado" en lo social es un suceso en general positivo, dado que tales necesidades pierden así su aura ilusoria de naturalidad, pues sus interpretaciones pasan a ser objeto de crítica y cuestionamiento. Por ende, supongo que eso representa el (posible) florecimiento de la política más que su muerte (necesaria). Por último, Arendt asume que la emergencia de lo social y de la inquietud pública por las necesidades en rigor significa un triunfo de la administración y la razón instrumental. Yo, por el contrario, supongo que la razón instrumental representa sólo una manera posible de definir y abordar las necesidades sociales y que la administración representa sólo una manera posible de institucionalizar lo social. Así, yo defendería la existencia de otra posibilidad: un modo feminista-socialista alternativo, dialógico, de interpretación de la necesidad y una institucionalización participativa-democrática de lo social.

lo contenían como "asuntos privados". Por ende, lo social es un lugar de discurso sobre necesidades problemáticas, necesidades que han pasado a superar las instituciones de la economía doméstica y la economía oficial, en apariencia (aunque no en realidad) autorreguladas, de las sociedades capitalistas dominadas por los hombres[32].

En el lugar de ese exceso, lo social es por definición un ámbito de cuestionamiento. Es un espacio en el cual tienen lugar conflictos entre interpretaciones encontradas de las necesidades de las personas. "Dentro" de lo social, entonces, podría esperarse encontrar una pluralidad de maneras que compiten por hablar acerca de las necesidades. Y, de hecho, lo que encontramos aquí son al menos tres tipos principales: (1) discursos de "experto" de, por ejemplo, los trabajadores sociales y los terapeutas, por un lado, y los administradores, planificadores y legisladores de ayuda social, por el otro; (2) discursos opositores de, por ejemplo, feministas, lesbianas y homosexuales, personas de color, trabajadores y clientes de ayuda social; y (3) discursos de "reprivatización" del electorado que buscan devolver necesidades recién problematizadas a sus antiguos enclaves domésticos o de la economía oficial. Tales discursos, y otros, compiten entre sí por abordar las identidades sociales fracturadas de los potenciales partidarios[33].

Visto desde este punto de vista, lo social tiene un carácter doble. Es al mismo tiempo un nuevo ámbito de actividad estatal, con la misma importancia, y un nuevo terreno de cuestionamiento político más amplio. Es tanto el terruño del aparato jurídico-administrativo-terapéutico como el campo de batalla en el cual dicho aparato se desempeña como tan sólo un participante entre muchos otros. Sería un error, entonces, tratar a todo aparato como el amo indiscutido del ámbito de lo social. De hecho, gran parte del crecimiento y la actividad de la rama social del Estado han surgido en respuesta a las actividades de los movimientos sociales, en especial a los movimientos de trabajadores, de personas de color, feministas y progresistas. Además, como ha demostrado Theda Skocpol, el Estado social no es sólo un agente político unificado que tiene dominio de sí mismo[34]. Es, más bien, en aspectos importantes, un resultado, un nexo complejo y polivalente de formaciones de compromiso en las cuales se

[32] Véase un desarrollo más completo de estas ideas en el capítulo 8 del presente volumen.

[33] Theda Skocpol, "Political Response to Capitalist Crisis: Neo-Marxist Theories of the State and the Case of the New Deal", *Politics and Society* 10 (1980): 155-201.

sedimentaron los resultados de luchas pasadas tanto como las condiciones del presente y las futuras. De hecho, incluso cuando el aparato jurídico-administrativo-terapéutico actúe como agente, los resultados suelen no ser voluntarios. Cuando asume responsabilidades por asuntos que con anterioridad se habían dejado a la familia o a la economía social corre el riesgo de promover su mayor politización.

En todo caso, los movimientos sociales también actúan en el terreno de lo social (como, en menor escala, lo hacen quienes participan de las resistencias y negociaciones micropolíticas del aparato jurídico-administrativo-terapéutico). De hecho, el enfoque monológico y administrativo con el cual tal aparato abordó la definición de necesidad también puede considerarse una estrategia para contener a los movimientos sociales. Representan las capacidades emergentes de grupos recién politizados para eliminar las interpretaciones, en apariencia naturales y prepolíticas, que definieron sus necesidades en la economía oficial o la familia. En los movimientos sociales, las personas pasan a expresar interpretaciones alternativas y politizadas de sus necesidades conforme se comprometen con procesos de diálogo y lucha colectiva. Así, la confrontación de tales movimientos con el aparato jurídico-administrativo-terapéutico en el terreno de lo social es una confrontación entre lógicas enfrentadas de definición de la necesidad.

Las feministas son, entonces, también partícipes del terreno de lo social. De hecho, desde esta perspectiva, podemos distinguir varios tipos de luchas feministas, diferentes desde el punto de vista analítico pero entremezcladas en la práctica, en las que vale la pena participar durante las próximas guerras del estado de bienestar. En primer lugar, están las luchas por asegurar la condición política de las necesidades de la mujeres, es decir, por legitimar las necesidades de las mujeres como problemas políticos genuinos en lugar de considerarlas asuntos "privados" domésticos o de mercado. Aquí, las feministas se opondrían en especial a los defensores de la privatización que rechazan el estado del bienestar. En segundo lugar, están las luchas por el contenido interpretado de las necesidades de las mujeres, las luchas por cuestionar las interpretaciones en apariencias naturales y tradicionales que siguen definiendo necesidades separadas recién hace poco tiempo de enclaves privados domésticos y de economía social. En este aspecto, las feministas se opondrían a todas las fuerzas de la cultura que perpetúan las interpretaciones androcéntricas y sexistas de las necesidades de las mujeres, incluido entre otros el Estado social. En tercer lugar, están las luchas por quién interpreta las necesidades y cómo lo hace, las luchas por dar poder a las mujeres para interpretar sus propias necesidades y para cuestionar los procedimientos no participativos y monológicos del sistema de ayuda social, por ejemplo los del aparato jurídico-administrativo-terapéutico. En cuarto lugar, están las luchas por desarrollar y adquirir apoyo para políticas basadas en interpretaciones feministas de la necesidad de las mujeres, políticas que eviten tanto la Escila del patriarcado privado como la Caribdis del patriarcado público.

En todos esos casos, el foco sería tanto la interpretación como la satisfacción de las necesidades. Así es como debería ser, dado que toda satisfacción que podamos conseguir será problemática en el grado en que no logremos librar y ganar la batalla de la interpretación.

Capítulo 8

Lucha por las necesidades: esbozo de una teoría crítica feminista-socialista de la cultura política capitalista tardía

La necesidad también es un instrumento político, preparado, calculado y utilizado con meticulosidad.

Michel Foucault, *Vigilar y castigar*[1]

En las sociedades del estado del bienestar del capitalismo tardío, la discusión sobre las necesidades de las personas es una especie importante de discurso político. En los Estados Unidos discutimos, por ejemplo, si el Gobierno debería satisfacer las necesidades de los ciudadanos. Así, las feministas sostienen que debería haber disposiciones estatales para satisfacer las necesidades de cuidado infantil de los padres, mientras que los conservadores sociales insisten en las necesidades de los *niños* de recibir el cuidado de sus madres y los conservadores económicos sostienen que es el mercado, no el Gobierno, la mejor institución para satisfacer necesidades. De igual manera, los estadounidenses también discuten sobre si los programas actuales de ayuda social en verdad satisfacen las necesidades que buscan satisfacer o si, por el contrario, malinterpretan dichas necesidades. Por ejemplo, los críticos de derecha sostienen que Aid

Muchas de las ideas del presente trabajo se desarrollaron por primera vez en mi "Social Movements versus Disciplinary Bureaucracies" (CHS Occasional Paper, n.° 8, Center for Humanistic Studies, University of Minnesota, 1987). Agradezco los sutiles comentarios de Sandra Bartky, Linda Gordon, Paul Mattick, Frank Michelman, Martha Minow, Linda Nicholson e Iris Young. El Instituto Mary Ingraham Bunting del Radcliffe College me brindó ayuda financiera esencial y una situación de trabajo utópica.

[1] Michel Foucault, *Discipline and Punish: The Birth of the Prison*, trad. Alan Sheridan (Nueva York, 1979), 26.

for Families with Dependent Children destruye la iniciativa de trabajo y socava a la familia. Los críticos de izquierda, por el contrario, se oponen a las propuestas de trabajo para personas desempleadas por considerarlas coercitivas y punitivas, mientras muchas mujeres pobres con niños chicos dicen que quieren trabajar en puestos con buenos sueldos. Todos esos casos involucran disputas sobre cuáles son en realidad las necesidades exactas de diferentes grupos de personas y sobre quién debería tener la última palabra en referencia a dichos temas. Además, en la mayoría de los casos, la discusión sobre las necesidades funciona como medio de formulación y cuestionamiento de alegatos políticos: es una jerga en la cual tiene lugar el conflicto político y mediante la cual se elaboran y cuestionan las desigualdades desde el punto de vista simbólico.

Las discusiones sobre las necesidades no siempre han sido centrales a la cultura política occidental. Con frecuencia se las ha considerado antitéticas a la política y se las ha relegado a los márgenes de la vida política. No obstante, en las sociedades del estado de bienestar la discusión sobre las necesidades se han institucionalizado como vocabulario importante del discurso político[2]. Coexisten, si bien con frecuencia de manera incómoda, con la discusión sobre los derechos y los intereses que están en el centro mismo de la vida política. De hecho, esa yuxtaposición peculiar de un discurso sobre las necesidades con discursos sobre derechos e intereses es una de las marcas distintivas de la cultura capitalista tardía.

Las feministas (y otros grupos) que buscan intervenir en esa cultura podrían beneficiarse de la consideración de las siguientes preguntas: ¿por qué la discusión sobre las necesidades se ha vuelto tan prominente en la cultura política de las sociedades del estado de bienestar? ¿Cuál es la relación entre ese suceso y los cambios de la estructura social capitalista tardía? ¿Qué implica la emergencia de la jerga de las necesidades en referencia a los cambios de las fronteras entre la esfera "política", la

---

[2] En el presente trabajo utilizaré los términos "sociedades del estado de bienestar" y "sociedades del capital tardío" de manera indistinta para referirme a los países industrializados de Europa occidental y Norteamérica durante el período presente. Por supuesto, el proceso de formación del estado de bienestar comienza en épocas diferentes, avanza a ritmos distintos y cobra formas variadas en dichos países. Aun así, supongo que es posible en principio identificar y caracterizar algunos rasgos de las sociedades que trascienden a tales diferencias. Por otro lado, la mayoría de los ejemplos citados aquí son del contexto estadounidense y es posible que eso sesgue la exposición. Sería necesario hacer un trabajo comparativo adicional para determinar el alcance preciso de aplicabilidad del modelo aquí expuesto.

"económica" y la "doméstica" de la vida? ¿Presagia una extensión de la esfera política o, más bien, una colonización del dominio por parte de modos más nuevos de poder y control social? ¿Cuáles son las principales variedades de la discusión de las necesidades y qué polémicas las hacen interactuar entre sí? ¿Qué oportunidades u obstáculos presenta la jerga de las necesidades para movimientos, como el feminista, que buscan una transformación social de largo alcance?

A continuación, esbozo un enfoque para pensar tales preguntas en lugar de proponer respuestas definitivas para ellas. Lo que tengo para decir se separa en cinco partes. En la primera sección, sugiero un quiebre con los enfoques teóricos comunes en virtud de un cambio del foco de investigación de las necesidades a los discursos sobre la necesidad, de la distribución de las satisfacciones de la necesidad a "la política de la interpretación de la necesidad". Por ende, propongo un modelo de discurso social diseñado para aliviar el carácter cuestionado de la discusión sobre las necesidades en las sociedades del estado del bienestar. Después, en la segunda sección, relaciono dicho modelo de discurso con consideraciones socio-estructurales, en especial con los cambios de las fronteras entre la esfera "política", la "económica" y la "doméstica" de la vida. En la tercera sección, identifico tres corrientes principales del discurso sobre las necesidades y la cultura política del capitalismo tardío y esbozo algunas de las maneras en las cuales podrían competir por potenciales partidarios. En la cuarta sección, aplico el modelo a algunos casos concretos de política de necesidades contemporánea de los Estados Unidos. Por último, en una breve conclusión, tomo en consideración algunos de los problemas morales y epistemológicos que plantea el fenómeno de la discusión sobre las necesidades.

1

Para comenzar, permítaseme explicar algunas de las particularidades del enfoque que propongo. En él, el foco de investigación no son las necesidades sino más bien los *discursos* sobre las necesidades. El propósito es cambiar nuestro ángulo de visión sobre la política de las necesidades. Por lo general, la política de las necesidades se entiende como algo concerniente a la distribución de satisfacción. En mi enfoque, por el contrario, el foco es *la política de la interpretación de la necesidad.*

Mi razón para enfocarme en los discursos de interpretación es sacar a la luz el carácter contextual y cuestionado de las afirmaciones sobre las necesidades. Como lo han observado muchos teóricos, las afirmaciones sobre las necesidades tienen una estructura relacional: de manera implícita o explícita, tienen la forma "A necesita *x* para *y*". Ahora bien, dicha estructura no presenta problema alguno cuando consideramos necesidades muy generales o "finas" como el *simpliciter* de la comida o el albergue. Así, sin controversia alguna podemos decir que las personas sin techo, como todas las personas que viven en climas no tropicales, necesitan albergue para vivir. Y la mayoría de las personas inferirán que los gobiernos, como garantes de la vida y la libertad, tienen la responsabilidad de satisfacer dicha necesidad. No obstante, en cuanto descendemos a un nivel inferior de generalidad, las afirmaciones sobre las necesidades pasan a ser mucho más controversiales. ¿Qué necesitan, a un nivel más específico, las personas sin techo para refugiarse del frío? ¿A qué formas específicas que asistencia tienen derecho después de que reconocemos su necesidad fina muy general? ¿Necesitan contención para poder dormir sin que se los moleste junto a un conducto de aire caliente en una esquina? ¿Un espacio en un túnel de subterráneo o una terminal de micros? ¿Una cama en un refugio temporario? ¿Un hogar permanente? Supongamos que decimos que necesitan esto último. ¿Qué tipo de vivienda permanente necesitan? ¿Unidades de alquiler de muchos pisos en áreas centrales de la ciudad lejanas a buenas escuelas, negocios económicos u oportunidades laborales? ¿Casas familiares diseñadas para familias con padre y madre donde sólo uno gana un sueldo? ¿Y qué más necesitan para tener hogares permanentes? ¿Subsidios del alquiler? ¿Asistencia con sus ingresos? ¿Empleos? ¿Capacitación laboral y educación? ¿Centros de cuidado de niños? Por último, ¿qué se necesita, al nivel de la política de vivienda, para garantizar una cantidad adecuada de viviendas accesibles? ¿Incentivos fiscales para promover la inversión privada en viviendas para gente de bajos ingresos? ¿Barrios públicos concentrados o diseminados en entornos residenciales en general mercantilizados? ¿Control de los alquileres? ¿Desmercantilización de las viviendas urbanas?

Podríamos continuar haciendo una proliferación indefinida de preguntas semejantes. Y podríamos, al mismo tiempo, estar proliferando la controversia. Ese es precisamente el problema de las afirmaciones sobre las necesidades: que tienden a estar entremezcladas, conectadas entre sí en cadenas ramificadas de relaciones causales. Además, cuando dichas cadenas se desenredan en el curso de las disputas políticas, los desacuerdos suelen profundizarse en lugar de reducirse. La manera precisa en la cual se desenredan tales cadenas depende de cuánto los interlocutores compartan en lo referente a suposiciones de fondo. ¿Está de más decir que la política diseñada para tratar el problema de las personas sin techo no debe cuestionar la propiedad básica y la estructura de inversión de los bienes raíces urbanos? ¿O es un aspecto en el cual las suposiciones y los compromisos de las personas divergen?

Es en la implicación de las afirmaciones sobre las necesidades de redes cuestionadas de relaciones causales en lo que pongo mi foco de interés cuando hablo de la política de interpretación de la necesidad. Las teorías poco sólidas sobre las necesidades que no se dedican a explorar tales redes no pueden arrojar mucha luz sobre la política de las necesidades. Tales teorías suponen que a tal política sólo le concierne si se satisfarán o no diferentes necesidades predefinidas. Como resultado, desvían la atención de una cierta cantidad de cuestiones políticas importantes[3]. En primer lugar, consideran que la *interpretación* de la necesidad de las personas está sin más dada y no es problemática; por ende ocluyen la dimensión interpretativa de la política de las necesidades, el hecho de que, desde el punto de vista político, no sólo se cuestionan las satisfacciones sino también las *interpretaciones de la necesidad.* En segundo lugar, asumen que no importa quién interprete las necesidades en cuestión y desde qué perspectiva y a la luz de qué intereses se haga, con lo cual pasan por alto el hecho de que *quién* establece definiciones específicas y respetadas de las necesidades de las personas es en sí un elemento de interés político. En tercer lugar, dan por sentado que las formas autorizadas por la sociedad para el discurso público disponibles para interpretar las necesidades de las personas son adecuadas y justas; por ende, descuidan la cuestión de si dichas formas de discurso público tienen un sesgo a favor de las autointerpretaciones y los intereses de los grupos sociales dominantes y, así, promueven la desventaja de los grupos subordinados u oposito-

---

[3] Como ejemplo reciente del tipo de teoría en el que estoy pensando, véase David Braybrooke, *Meeting Needs* (Princeton, 1987). Braybrooke afirma que un concepto endeble de necesidad "puede constituir un aporte sustancial al acuerdo de políticas sin tener que hundirse en la pelea" (68). Así, no aborda ninguno de los temas que estoy por enumerar.

res –en otras palabras, ocluyen el hecho de que los medios mismos del discurso público pueden ser en sí un tema de debate en la política de las necesidades[4]–. En cuarto lugar, tales teorías no problematizan la lógica social e institucional de los procesos de interpretación de la necesidad; así, descuidan cuestiones políticas tan importantes como en qué lugar de la sociedad, en qué instituciones se desarrollan las interpretaciones reconocidas de la necesidad y qué tipos de relaciones sociales hay instauradas entre los interlocutores o cointérpretes.

Para solucionar esos puntos ciegos, propongo una alternativa orientada al discurso y de corte más crítico desde el punto de vista político. Considero que la política de las necesidades incluye tres momentos que, en el aspecto analítico, son diferentes pero en la práctica están interrelacionados. El primero es la lucha por establecer o negar la condición política de una necesidad dada, la lucha por validar la necesidad como una cuestión de inquietud política legítima o de relegarla como un asunto no político. El segundo es la lucha por la interpretación de la necesidad, la lucha por el poder para definirla y, por ende, para determinar qué la satisfaría. El tercer momento es la lucha por la satisfacción de la necesidad, la lucha por garantizar o negar la asistencia.

Ahora bien, todo foco de la política de interpretación de la necesidad requiere un modelo de discurso social. El modelo que he desarrollado resalta el carácter polivalente y cuestionado de la discusión de las necesidades, el hecho de que en la sociedad del estado de bienestar encontramos una pluralidad de maneras enfrentadas de hablar sobre las necesidades de las personas. El modelo teoriza lo que llamo "los medios socioculturales de interpretación y comunicación". Con eso me refiero al conjunto de recursos discursivos, específicos del momento histórico y de la cultura, con los que cuentan los integrantes de una colectividad social dada para hacerse afirmaciones los unos a los otros. Dichos recursos incluyen entre otros los siguientes:

1. Las jergas con reconocimiento oficial en las cuales pueden hacerse afirmaciones; por ejemplo, discusiones sobre necesidades, discusiones sobre derechos, discusiones sobre intereses.

---

[4] Véase una exposición más detallada de este tema en mi ensayo "Toward a Discourse Ethic of Solidarity", *Praxis International* 5, n.º 4 (enero de 1986): 425-429.

2. Los vocabularios con los que cuentan para ejemplificar afirmaciones en esas jergas reconocidas; así, con respecto a la discusión sobre las necesidades. ¿cuáles son los vocabularios con los que cuentan para interpretar y comunicar las necesidades propias? Por ejemplo, vocabularios terapéuticos, vocabularios administrativos, vocabularios religiosos, vocabularios feministas, vocabularios socialistas.

3. Los paradigmas de argumentación que se aceptan como reconocidos a la hora de tomar decisiones sobre afirmaciones enfrentadas; así, con respecto a la discusión sobre las necesidades, ¿cómo se resuelven los conflictos sobre la interpretación de la necesidad? ¿Mediante consultas a peritos científicos? ¿Mediante compromisos negociados? ¿Mediante votaciones por mayoría general? ¿Mediante una concesión de privilegio a las interpretaciones de las personas cuyas necesidades están en cuestión?

4. Las convenciones narrativas disponibles para construir las historias individuales y colectivas que constituyen las identidades sociales de las personas.

5. Los modos de subjetivación; las maneras en las cuales los diferentes discursos postulan a las personas a las cuales están dirigidos como tipos específicos de sujetos dotados de tipos específicos de capacidades de acción; por ejemplo, como "normales" o "anormales", como personas con decisión condicionada o como personas con autodeterminación libre, como víctimas o como potenciales activistas, como individuos únicos o como integrantes de grupos sociales[5].

Ahora bien, en las sociedades del estado de bienestar hay una pluralidad de formas de asociación, funciones, grupos, instituciones y discursos. Así, los medios de interpretación y comunicación no son todos del mismo tipo. No constituyen una red coherente y monolítica sino más bien un campo heterogéneo y políglota de posibilidades y alternativas diversas. De hecho, en las sociedades del estado de bienestar, los discursos sobre

---

[5] La expresión "modo de subjetivación" se inspira en Michel Foucault, si bien su término es "modo de sujeción" y su uso es un tanto diferente al mío; véase Foucault, "On the Genealogy of Ethics: An Overview of Work in Progress", *The Foucault Reader*, ed. Paul Rabinow (Nueva York, 1984), 340-373. Véase otra exposición de esta idea de los medios socioculturales de interpretación y comunicación en mi "Toward a Discourse Ethic of Solidarity".

las necesidades suelen hacer cuando menos referencia implícita a interpretaciones alternativas. Las afirmaciones particulares sobre necesidades contienen un "diálogo interno"; de manera implícita o explícita evocan resonancias de interpretaciones diferentes de las necesidades[6]. Por lo tanto, aluden a un conflicto de las interpretaciones de la necesidad. Por ejemplo, los grupos que buscan restringir o hacer ilegal el aborto contraponen "la santidad de la vida" a la "mera conveniencia" de las "mujeres profesionales"; así, formulan sus afirmaciones en términos que hacen referencia, si bien de manera despectiva, a interpretaciones feministas de las necesidades de reproducción[7].

Por supuesto, las sociedades del capitalismo tardío no son sólo pluralistas. Más bien, se estratifican, se diferencian en grupos sociales con condiciones, poder y acceso a recursos desiguales, atravesados por ejes dominantes de desigualdad que recorren líneas de clase, género, raza, etnia y edad. Los medios socioculturales de interpretación y comunicación de dichas sociedades también están estratificados, organizados de

[6] La expresión "diálogo interno" proviene de Mikhail Bakhtin. Al utilizarla aquí, pretendo sugerir que la noción bakhtiniana de una "heteroglosia dialógica" (o un campo de significaciones con referencias cruzadas y muchas voces) es más apta para describir los medios socioculturales de interpretación y comunicación de las sociedades complejas que la idea lacaniana más monolítica de lo Simbólico o la idea saussureana de un código ininterrumpido. No obstante, cuando sostengo que las concepciones bakhtinianas de heteroglossia y dialogización son en especial aptas con respecto a sociedades completas y diferenciadas, incluidas las del estado de bienestar del capitalismo tardío, me separo a propósito de la perspectiva misma de Bakhtin. Él supone, por el contrario, que dichas concepciones encontraron su expresión más sólida en la cultura "carnavalesca" de la Europa de fines del Medioevo y que la historia posterior de las sociedades occidentales trajo un aplanamiento del lenguaje y una restricción de la heteroglosia dialógica al ámbito esotérico especializado de "lo literario". Eso parece ser manifiestamente incorrecto, en especial cuando reconocemos que el carácter dialógico y contestatario del discurso se relaciona con la disponibilidad en una cultura de una pluralidad de discursos encontrados y posiciones-sujeto desde las cuales pronunciarlos. Así, en lo conceptual, se esperaría lo que, considero, de hecho sucede: que el habla en sociedades complejas y diferenciadas sería en especial apropiada para su análisis en términos de dichas categorías bakhtinianas. Consúltense las concepciones bakthinianas de heteroglosia y dialogización interna en Bakhtin, "Discourse in the Novel", en *The Dialogic Imagination: Four Essays*, ed. Michael Holquist, trad. Caryl Emerson y Holquist (Austin, Texas, 1981), 259-422. Véase una explicación secundaria útil en Dominick LaCapra, "Bakhtin, Marxism, and the Carnivalesque", en *Rethinking Intellectual History* (Ithaca, Nueva York, 1983), 294-324. Véase una crítica del sesgo antimodernista y romántico tanto en Bakhtin como en LaCapra en mi "On the Political and the Symbolic: Against the Metaphysics of Textuality", *Enclitic* 9, n.º 1-2 (primavera/otoño de 1987): 100-114.

[7] Véase Kristin Luker, *Abortion and the Politics of Motherhood* (Berkeley, 1984).

maneras que son congruentes con patrones sociales de dominación y subordinación.

De eso se sigue que debemos hacer una distinción entre los elementos de los medios socioculturales de interpretación y comunicación que gozan de hegemonía, autoridad y sanción oficial, por un lado, y los no hegemónicos, descalificados y descartados, por el otro. Algunas maneras de hablar sobre las necesidades están institucionalizadas en los ámbitos discursivos centrales de las sociedades del capitalismo tardío: parlamentos, academias, tribunales y los medios masivos de comunicación. Otra formas de hablar sobre las necesidades están insertas como sociolectos subculturales y suelen excluirse de los ámbitos discursivos centrales[8]. Por ejemplo, los discursos moralistas y científicos sobre las necesidades de las personas con SIDA y de las personas que corren el riesgo de contraerlo están bien representados en las comisiones gubernamentales; por el contrario, las interpretaciones que los activistas por los derechos de los homosexuales y las lesbianas hacen de esas necesidades en general quedan excluidas.

Desde esta perspectiva, la discusión sobre las necesidades parece un campo de batalla donde grupos con recursos discursivos (y no discursivos) desiguales compiten por lograr la hegemonía de sus interpretaciones respectivas de las necesidades sociales legítimas. Las interpretaciones de la necesidad que expresan los grupos dominantes tienen la intención de excluir, aplacar o cooptar contrainterpretaciones. Los grupos subordinados u opositores, por otro lado, expresan interpretaciones de la necesidad cuyo objetivo es cuestionar, desplazar o modificar a las dominantes. En ninguno de los dos casos las interpretaciones son tan sólo "representaciones". En ambos casos son, más bien, actos e intervenciones[9].

2

Ahora me gustaría situar el modelo discursivo que he esbozado con respecto a algunos rasgos socioculturales de las sociedades del capitalismo tardío. Aquí busco relacionar el surgimiento de la discusión politizada

[8] Si el punto anterior fue bakhtiniano, este podría considerarse bourdieuiano. Es probable que no haya teórico social contemporáneo que haya conseguido mejores resultados que Pierre Bourdieu en lo referente a entender el cuestionamiento cultural en relación con la desigualdad social; véase Bourdieu, *Outline of a Theory of Practice*, trad. Richard Nice (Cambridge, 1977). Véase asimismo Bordieu, *Distinction: A Social Critique of the Judgment of Pure Taste* (Cambridge, Massachusetts, 1979.

[9] Aquí el modelo busca unir a Bakhtin con Bourdieu.

sobre las necesidades con los cambios de las fronteras que separan la dimensión "política", la "económica" y la "doméstica" de la vida. No obstante, a diferencia de muchos teóricos sociales, trataré los términos "político", "económico" y "doméstico" como clasificaciones culturales y rótulos ideológicos más que como designaciones de estructuras, esferas o cosas[10].

Para comenzar, permítaseme observar que los términos "política" y "político" están muy cuestionados y tienen una gran cantidad de sentidos diferentes[11]. En el contexto actual, los más importantes son dos sentidos en particular. En primer lugar, está el sentido institucional, donde un asunto se considera "político" si quienes lo manejan de forma directa son las instituciones del sistema gubernamental oficial, incluidos parlamentos, aparatos administrativos y demás. En dicho sentido, lo que es "político" –llamémoslo "político oficial"– contrasta con lo que se maneja en instituciones como "la familia" y "la economía", definidas como ajenas al sistema político oficial aun cuando en realidad dicho sistema las apuntala y las regula. En segundo lugar, está el sentido discursivo en el cual algo es "político" si se cuestiona en una gran variedad de ámbitos discursivos diferentes o entre una variedad de públicos diferentes. En dicho sentido, lo que es "político" –llamémoslo "político-discursivo" o "politizado"– contrasta tanto con lo que no se cuestiona en absoluto en público como con lo que se cuestiona sólo entre públicos relativamente especializados, aislados o segmentados. Esos dos sentidos no carecen de relación. En la teoría democrática, cuando no también en la práctica, los asuntos no suelen someterse a intervención estatal legítima hasta habérselos debatido en una amplia variedad de ámbitos discursivos públicos.

En general, no hay limitaciones a priori que determinen el carácter político intrínseco de algunos asuntos y el carácter no político intrínseco de otros. De hecho, las diferentes culturas y los diferentes períodos históricos trazan esos límites de manera diferente. Por ejemplo, en los Estados Unidos la reproducción pasó a ser un problema de profundo carácter

---

[10] Debo esta formulación a Paul Mattick, Jr. Véase una exposición de las ventajas de ese tipo de enfoque en mi "On *Feminism as Critique*" (monografía leía en la Conferencia de Catedráticos Socialistas de Nueva York, 1988).

[11] Entre los sentidos que no expondré aquí están: (1) el sentido coloquial peyorativo según el cual una decisión es "política" cuando la búsqueda personal de poder anula consideraciones sustantivas pertinentes y (2) el sentido político-teórico radical según el cual todas las interacciones atravesadas por relaciones de poder y desigualdad son "políticas".

político en la década de 1890 por el pánico por la "carrera suicida". No obstante, para la década de 1940 había un consenso de que el control de la natalidad era un asunto "privado". Por último, con el surgimiento del movimiento de las mujeres en la década de 1960 la reproducción volvió a politizarse[12].

Sin embargo, sería engañoso sugerir que para cualquier sociedad de cualquier período dado el límite entre lo que es político y lo que no lo es está sin más fijado y dado. Por el contrario, dicho límite puede en sí ser el objeto del conflicto. Por ejemplo, la lucha por la "reforma" de la Ley de los pobres en la Inglaterra del siglo XIX también constituyó un conflicto sobre el alcance de lo político. Y en breve sostendré que uno de los principales puntos de interés del conflicto social de las sociedades del capitalismo tardío es precisamente dónde se establecerán los límites de lo político.

Permítaseme explicar algunas de las suposiciones y las implicaciones del sentido discursivo de "política". Dicho sentido estipula que una cuestión es "política" si se cuestiona en una amplia variedad de ámbitos discursivos diferentes o entre una variedad de públicos diferentes. Por ende, obsérvese que depende del ideal de publicidad discursiva. No obstante, esta concepción de publicidad no se entiende de una manera unitaria simple como el opuesto indiferenciado de la privacidad discursiva. Por el contrario se entiende como algo diferenciado, bajo el supuesto de que sea posible identificar una pluralidad de públicos discursivos diferentes o de teorizar las relaciones entre ellos.

A las claras, , pueden usarse muchos ejes diferentes para hacer distinciones de públicos, por ejemplo, por ideología (los lectores de la *Nation* frente a los lectores de la *Public Interest*), por principios de ratificación como el género (los telespectadores de "Cagney y Lacey" frente a los telespectadores de "Monday Night Football") y la clase (los lectores del *New York Times* frente a los del *New York Post*), por profesión (los integrantes de la Asociación Económica de los Estados Unidos frente a los del Colegio de Abogados de los Estados Unidos), por problema movilizador central (el movimiento "Nuclear Freeze" frente al movimiento de rechazo del aborto).

Los públicos también pueden distinguirse en términos de poder relativo. Algunos son grandes, tienen autoridad y poder para establecer los

---

[12] Linda Gordon, *Woman's Body, Woman's Right* (Nueva York, 1976).

términos del debate para gran parte del resto. Otros, por el contrario, son pequeños, cerrados y aislados, incapaces de dejar huella más allá de sus propias fronteras. Los públicos del primer tipo suelen ser capaces de tomar la iniciativa en la formación de bloques hegemónicos: concatenaciones de públicos diferentes que construyen en conjunto el "sentido común" de la época. Como resultado, esos públicos líderes suelen tener peso a la hora de definir qué es "político" en el sentido discursivo. Pueden politizar un asunto con tan sólo cuestionarlo, dado que tal cuestionamiento se transmitirá como algo supuesto a otros públicos aliados y opositores y mediante ellos. Los públicos más pequeños, contrahegemónicos, por el contrario, suelen carecer del poder necesario para politizar asuntos de esa manera. Cuando logran fomentar un cuestionamiento generalizado sobre lo que con anterioridad no era "político", el proceso suele ser más lento y más laborioso. En general, es el poder relativo de los diferentes públicos lo que determina el resultado de las luchas por los límites de lo político.

Ahora bien, ¿cómo hemos de conceptualizar la politización de las necesidades en las sociedades del capitalismo tardío? A las claras, implica procesos por los cuales algunos asuntos se escapan de la zonas de privacidad discursiva y de los públicos especializados o aislados para convertirse en focos de cuestionamiento generalizado. Cuando eso sucede, las interpretaciones de dichos asuntos que con anterioridad se daban por sentadas comienzan a cuestionarse y las cadenas hasta entonces cosificadas de relaciones causales pasan a ser objeto de disputas.

¿Cuáles son las zonas de privacidad y los públicos especializados que con anterioridad interpretaron las necesidades recién politizadas de las sociedades del capitalismo tardío? ¿Cuáles son las instituciones en las cuales dichas necesidades se aislaron y se despolitizan, donde sus interpretaciones se cosificaron en virtud de estar insertas en redes de relaciones causales que se dan por sentadas?

En las sociedades capitalistas dominadas por los hombres, lo "político" suele definirse en contraste con lo "económico" y lo "doméstico" o "personal". Aquí, entonces, podemos identificar dos conjuntos principales de instituciones que despolitizan los discursos sociales: son, en primer lugar, las instituciones domésticas, en especial la forma doméstica normativa, a saber, la familia nuclear restringida moderna cuyo jefe es un hombre; y, en segundo lugar, las instituciones de la economía oficial del sistema capitalista, en especial los lugares de trabajo pagos, los mercados, los mecanismos de crédito y las empresas y corporaciones "privadas"[13]. Las instituciones domésticas despolitizan ciertos asuntos mediante su personalización o familiarización; los presentan como asuntos doméstico-privados o familiares-personales en contraposición con los asuntos públicos y políticos. Las instituciones de la economía oficial del sistema capitalista, por otro lado, despolitizan ciertos asuntos mediante su economización; los asuntos en cuestión se presentan como imperativos impersonales de mercado o como prerrogativas de propiedad "privada" o como problemas técnicos que deben resolver gerentes y planificadores, todo en contraposición con los asuntos políticos. En ambos casos, el resultado es un escorzo de cadenas de relaciones causales por la interpretación de la necesidad de las personas; las cadenas interpretativas se truncan y se les impide sobrepasar los límites que separan "lo doméstico" y "lo económico" de "lo político".

A las claras, las instituciones domésticas y las instituciones del sistema económico oficial difieren en muchos aspectos importantes. No obstante, en *esos* aspectos están exactamente a la par entre sí: ambos tipos aíslan ciertos asuntos en ámbitos discursivos especializados; ambos, por ende, protegen dichos asuntos contra el cuestionamiento generalizado y contra los conflictos de interpretación muy diseminados; y, como resultado, ambos consolidan la autoridad de ciertas interpretaciones específicas de las necesidades en virtud de insertarlas en ciertas cadenas de relaciones causales específicas pero en general no cuestionadas.

Dado que tanto las instituciones domésticas como las instituciones del sistema económico oficial sustentan las relaciones de dominación y subordinación, suelen tender, en su conjunto, a beneficiar a los grupos y los individuos dominantes y a perjudicar a sus subordinados. Si a una esposa maltratada, por ejemplo, se la aísla como asunto "personal" o "doméstico" dentro de familias restringidas encabezadas por hombres y si el discurso público sobre dicho fenómeno se canaliza en públicos especializados asociados, por ejemplo, con el derecho de familia, el trabajo social y la sociología y la psicología de la "anormalidad", lo único que se logra es reproducir la dominación y subordinación de género.

---

[13] En el presente trabajo, llamo a los lugares de trabajo pagos, los sistemas crediticios de mercado y demás "instituciones del sistema económico *oficial*" para evitar la implicación androcéntrica de que las instituciones domésticas no son "económicas". Véase una exposición de este tema en mi "¿Qué tiene de crítico la teoría crítica? El caso de Habermas y el género", capítulo 6 del presente volumen.

De manera similar, si las cuestiones de la democracia en el lugar de trabajo se enclavan como problemas "económicos" o "gerenciales" de lugares de trabajo pagos, orientados al lucro y administrados de manera jerárquica y si las discusiones sobre dichas cuestiones se desvían a públicos especializados asociados con, por ejemplo, la sociología de las "instituciones industriales", la ley laboral y la "ciencia del gerenciamiento", entonces sirve para perpetuar la dominación y la subordinación de clase (y por lo general también de género y de raza).

Como resultado de dichos procesos, los miembros de los grupos subordinados suelen internalizar las interpretaciones de necesidades que los perjudican. No obstante, a veces las interpretaciones de necesidades dominantes en la cultura se superponen a interpretaciones latentes o embriones oposicionales. Es muy probable que sea allí donde persisten, si bien de manera fragmentada, tradiciones de resistencia transmitidas por subculturas, como en algunas secciones del movimiento de los trabajadores estadounidenses y en la memoria histórica de muchos afroamericanos. Además, en circunstancias especiales, difíciles de especificar desde la teoría, se alteran los procesos de despolitización. En ese punto, las clasificaciones dominantes de las necesidades como "económicas" o "domésticas" –en oposición a las necesidades "políticas"– pasan a perder su carácter "evidente en sí" y surgen por el contrario interpretaciones alternativas, oposicionales y *politizadas*[14].

En todo caso, la economía familiar y la oficial son los principales enclaves despolitizantes que las necesidades deben superar para deve-

---

[14] La dificultad de especificar desde la teoría las condiciones bajo las cuales se alteran los procesos de despolitización surge de la dificultad de explicar lo que suele considerarse, sin lugar a dudas de manera engañosa, "factores" "económicos" y "culturales". Por ende, me parece que los modelos de elección racional se equivocan cuando compensan en demasía los determinantes "económicos" a expensas de los "culturales", como en la predicción (no siempre precisa) de que las interpretaciones de las necesidades predominantes en la cultura pero en última instancia perjudiciales pierden poder cuando los defensores económicos de la prosperidad reducen la desigualdad y promueven "expectativas crecientes"; véase Jon Elster, "Sour Grapes", en *Utilitarianism and Beyond*, ed. Amartya Sen y Bernard Williams (Cambridge, 1982). Un modelo alternativo que desarrolló Jane Jenson resalta la lente cultural-ideológica a través de la cual se filtran efectos "económicos". Jenson relaciona las "crisis en el modo de regulación" con los cambios de "paradigmas" culturales que ponen de relieve elementos presentes con anterioridad pero no resaltados de las identidades sociales de las personas; véase su "Paradigms and Political Discourse: Labor and Social Policy in the USA and France before 1914" (Working Paper Series, Center for European Studies, Harvard University, invierno de 1989).

nirse "políticas" en el sentido discursivo de las sociedades capitalistas dominadas por los hombres. Así, la emergencia del discurso sobre las necesidades como jerga política en dichas sociedades es el lado inverso de la permeabilidad cada vez mayor de instituciones económicas domésticas y oficiales, su incapacidad cada vez mayor para despolitizar por completo ciertos temas. Las necesidades politizadas en cuestión en las sociedades el capitalismo tardío, entonces, son necesidades "permeables" o "fugitivas": se han desprendido de los enclaves discursivos construidos en las instituciones económicas domésticas y oficiales y en torno de ellas.

Las necesidades fugitivas son una especie de *exceso* con respecto a las instituciones normativas domésticas y económicas modernas. En un principio, cuando menos, llevan la marca de dichas instituciones y permanecen insertadas en cadenas convencionales de relaciones causales. Por ejemplo, muchas necesidades fugitivas están teñidas por la suposición de que "lo doméstico" debe separarse de "lo económico" en toda sociedad capitalista dominada por el hombre. Así, a lo largo de la historia de los Estados Unidos, el cuidado de los niños se ha postulado como una necesidad "doméstica" más que "económica", se lo ha interpretado como una necesidad de los niños de que sus madres los cuiden a tiempo completo en lugar de considerárselo como la necesidad de los trabajadores de pasar tiempo alejados de sus hijos y su satisfacción se ha interpretado en la línea de las "pensiones de las madres" más que en la del centro de cuidado infantil[15]. Aquí, la presunción de esferas separadas trunca posibles cadenas de relaciones causales que producirían interpretaciones alternativas de las necesidades sociales.

Ahora bien, ¿a dónde escapan las necesidades fugitivas cuando rompen con los enclaves económicos domésticos u oficiales? Se me ocurre que ingresan en un ámbito social específico de la historia y relativamente nuevo. Como hiciera Hannah Arendt, llamo a dicho ámbito "lo social"

---

[15] Véase Sonya Michel, "American Women and the Discourse of the Democratic Family in World War II", en *Behind the Lines: Gender and the Two World Wars*, ed. Margaret Higonnet, Jane Jenson y Sonya Michel (New Haven, Connecticut, 1987) y "Women to Women: The Nineteenth-Century Origins of American Child Care Policy" (trabajo presentado ante el Departamento de Historia de la Universidad de California, Los Ángeles, el 28 de enero de 1988). Véase una exposición del sistema estadounidense actual de asistencia social como sistema doble separado por género sobre la base de la suposición de la separación entre la esfera económica y la doméstica en mi "Mujeres, bienestar y la política de la interpretación de la necesidad", capítulo 7 de este volumen.

para marcar su falta de coincidencia con la familia, la economía oficial y el Estado[16]. Como sitio de discurso cuestionado sobre las necesidades fugitivas, "lo social" atraviesa esas divisiones tradicionales. Es un ámbito de conflicto entre interpretaciones rivales de las necesidades insertadas en cadenas rivales de relaciones causales[17].

Según lo concibo, lo social es una intersección donde se juntan contrincantes heterogéneos asociados con una amplia variedad de públicos discursivos diferentes. Dichos contrincantes incluyen desde defensores de la politización hasta defensores de la (re)despolitización, desde movimientos sociales con una organización laxa hasta miembros de públicos expertos y especializados en el Estado social y en torno de él. Algunos se asocian con públicos líderes capaces de establecer los términos del debate político; otros, por el contrario, se vinculan con públicos enclavados y deben oscilar entre la marginalización y la cooptación.

Lo social es también el sitio en el cual las necesidades fugitivas politizadas con éxito se traducen en pedidos de disposición gubernamental. Allí, las interpretaciones rivales de las necesidades se transforman en concepciones programáticas enfrentadas, se forjan alianzas rivales en torno de propuestas de política enfrentadas y grupos con diferentes niveles de aptitud compiten por la reforma de la agenda política formal. Por ejemplo, hoy en día en los Estados Unidos, diferentes grupos de interés, movimientos, asociaciones profesionales y partidos luchan por formulaciones en torno de las cuales desarrollar alianzas con el poder suficiente

---

[16] Véase Hannah Arendt, *The Human Condition* (Chicago, 1958), en especial el capítulo 22-78. No obstante, debería resaltarse que mi perspectiva de "lo social" tiene diferencias significativas con la de Arendt. Mientras ella considera lo social un aspecto unidimensional bajo la influencia de la administración y la razón instrumental, yo considero que tiene múltiples sentidos y está sometido a cuestionamientos. Así, mi perspectiva incorpora algunos rasgos de la concepción gramsciana de "sociedad civil".

[17] Es significativo que, en algunas épocas y en algunos lugares, la idea de "lo social" se ha elaborado de manera explícita como una alternativa a "lo político". Por ejemplo, en la Inglaterra del siglo XIX, "lo social" se entendía como la esfera en la cual las supuestas virtudes domésticas distintivas de las mujeres (de clase media) podían difundirse en beneficio del bien colectivo más amplio sin sufrir la "degradación" de la participación en el mundo competitivo de la "política". Así, el trabajo "social", entendido como "maternidad municipal", se defendía como alternativa al sufragio; véase Denise Riley, *"Am I That Name?" Feminism and the Category of 'Women' in History* (Mineápolis, 1988). De manera similar, la invención de la sociología exigió la conceptualización de un orden de interacción "social" separado de la "política"; véase Jacques Donzelot, *The Policing of Families* (Nueva York, 1979).

como para establecer la forma de la "reforma" inminente del sistema de asistencia social.

Al final, si se resuelven dichas contiendas (al menos de manera temporaria) y cuando eso suceda, las necesidades fugitivas pueden pasar a ser objeto de intervención estatal. Después, se convierten en los blancos y los elementos de influencia de diferentes estrategias de gestión de crisis. Asimismo se devienen *raisons d'être* para la proliferación de las diferentes agencias que constituyen el Estado social[18]. Dichas agencias se dedican a regular o financiar o garantizar la satisfacción de las necesidades sociales y, al hacerlo, se abocan al negocio de interpretar y de satisfacer las necesidades en cuestión. Por ejemplo, el sistema de asistencia social de Estados Unidos en la actualidad se divide en dos sistemas secundarios desiguales y vinculados con el género: un subsistema de seguro social de implícito carácter "masculino" vinculado con la participación en la mano de obra "primaria" y dirigido a los "sostenes de familia" (blancos); y un subsistema de asistencia de implícito carácter "femenino" vinculado con los ingresos domésticos y dirigido a madres amas de casa y a sus familias "defectuosas" (es decir, que tienen como jefe de familia a una mujer). Con la subyacente (pero contrafáctica) suposición de "esferas separadas", los dos subsistemas tienen marcadas diferencias en lo referente al grado de autonomía, derechos y suposición de abandono que confieren a sus beneficiarios, así como en su base de financiamiento, modo de administración y carácter y nivel de prestaciones[19]. Por ende, las diferentes agencias que forman parte del sistema de asistencia social brindan más que asistencia material. También brindan a sus clientes, y al público en general, un mapa interpretativo tácito pero poderoso de funciones y necesidades normativas de género valoradas de manera diferente. Por ende, las diferentes ramas

---

[18] Por supuesto, el Estado social no es una entidad unitaria sino un complejo multiforme y diferenciado de agencias y aparatos. En los Estados Unidos, el Estado social está compuesto por la mezcla de agencias que representan, en especial, el Departamento de Trabajo y el Departamento de Salud y Servicios Humanos –o lo que en la actualidad queda de ellos–.

[19] Véase un análisis de la estructura de género del sistema de asistencia social de los Estados Unidos en mi "Mujeres, bienestar y la política de la interpretación de la necesidad", capítulo 7 de este volumen. Véase asimismo Barbara J. Nelson, "Women's Poverty and Women's Citizenship: Some Political Consequences of Economic Marginality", *Signs: Journal of Women in Culture and Society* 10, n.º 2 (1984): 209-231; y Diana Pearce, "Women, Work, and Welfare: The Feminization of Poverty", en *Working Women and Families*, ed. Karen Wolk Feinstein (Beverly Hills, California, 1979).

del Estado social también son actoras en la política de la interpretación de la necesidad[20].

A modo de resumen: en las sociedades del capitalismo tardío, las necesidades fugitivas que se han separado de los enclaves económicos domésticos u oficiales ingresan a ese espacio discursivo híbrido al que Arendt llamó de manera correcta "lo social". Después pueden convertirse en focos de intervención estatal dirigida a la gestión de crisis. Así, dichas necesidades marcan cambios socio-estructurales importantes en las fronteras de lo que se clasifica como esferas "políticas", "económicas" y "domésticas" de la vida.

3

Ahora me gustaría proponer un esquema para clasificar las muchas variedades de discursos sobre las necesidades de las sociedades del capitalismo tardío. El propósito es identificar algunos tipos definidos de discurso y trazar las líneas en las que compiten. Eso, a su vez, nos permitirá teorizar algunos ejes básicos de la política de las necesidades en las sociedades del estado del bienestar.

Sugiero que hay tres tipos principales de discursos sobre las necesidades en las sociedades del capitalismo tardío. En primer lugar, están lo que llamo formas "oposicionales" del discurso sobre las necesidades, que surgen cuando las necesidades se politizan "desde abajo". Contribuyen a la cristalización de nuevas identidades sociales por parte de grupos sociales subordinados. En segundo lugar, están lo que llamo discursos de "reprivatización", que emergen en respuesta a los primeros. Dichos discursos expresan interpretaciones arraigadas de las necesidades que con anterioridad podrán permanecer tácitas. Por último, están lo que llamo los discursos "periciales" sobre las necesidades, que vinculan a los movimientos populares con el Estado. La mejor manera de entenderlos es en el contexto de la "solución del problema social", el desarrollo de instituciones y la formación de clases profesionales. En general, es la interacción polémica de estos tres tipos de discursos sobre las necesida-

---

[20] Véase un análisis de las agencias de asistencia social de los Estados Unidos como proveedoras y promotoras de interpretaciones de la necesidad en "Mujeres, bienestar y la política de la interpretación de la necesidad", capítulo 7 de este volumen.

des lo que estructura la política de las necesidades en las sociedades del capitalismo tardío[21].

Examinemos primero la politización de las necesidades fugitivas mediante los discursos oposicionales. Allí, las necesidades pasan a politizarse cuando, por ejemplo, las mujeres, los trabajadores o las personas de color pasan a cuestionar las identidades y las funciones subordinadas, las interpretaciones tradicionales, cosificadas y perjudiciales que con anterioridad se les asignaban y ellos aceptaban. Mediante la insistencia en hablar en público sobre las necesidades hasta entonces despolitizadas, mediante el reclamo de que a tales necesidades se les confiera la condición de problema político legítimo, tales personas y grupos hacen varias cosas a la vez. En primer lugar, cuestionan las fronteras establecidas que separan lo "político" de lo "económico" y lo "doméstico". En segundo lugar, ofrecen interpretaciones alternativas de sus necesidades insertas en cadenas alternativas de relaciones causales. En tercer lugar, crean nuevos públicos discursivos mediante los cuales intentan diseminar sus interpretaciones de las necesidades en una amplia variedad de públicos discursivos diferentes. Por último, cuestionan, modifican o desplazan elementos hegemónicos de los medios de interpretación y comunicación; inventan formas discursivas nuevas para interpretar sus necesidades.

En los discursos oposicionales, el discurso sobre las necesidades es un momento de la autoconstitución de nuevos agentes y movimientos sociales colectivos. Por ejemplo, en la ola actual de agitación feminista, los grupos de mujeres han politizado y reinterpretado varias necesidades, han instituido nuevos vocabularios y nuevas formas de hablar y, por ende, se han convertido en "mujeres" en un sentido diferente, si bien discutido y no unívoco. En virtud de hablar en público los temas que hasta entonces era imposible tratar, de acuñar términos como "sexismo", "acoso sexual", "violación marital, de pareja o de conocido", "segregación sexual de la mano de obra", "el doble turno", "maltrato de la esposa" y demás, las feministas se han convertido en "mujeres" en el sentido de

---

[21] Esa imagen si contrapone con la implícita en los escritos de Foucault. Desde mi perspectiva, Foucault se enfoca con demasiada firmeza en los discursos periciales de desarrollo de instituciones a expensa de los discursos oposicionales y de reprivatización. Así, omite la dimensión de cuestionamiento de los discursos enfrentados y el hecho de que el resultado sea producto de tal cuestionamiento. A pesar de todo su discurso teórico sobre el poder sin sujeto, entonces, su praxis como historiador social tiene un sorprendente carácter tradicional en cuanto a que trata a los constructores de instituciones periciales como los únicos sujetos históricos.

una colectividad política con un discurso autoconstituido, a pesar de su gran heterogeneidad y segmentación[22].

Por supuesto, la politización de las necesidades en los discursos oposicionales no carece de cuestionamientos. Un tipo de resistencia involucra la defensa de los límites establecidos que separan la esfera "política" de la "económica" y la "doméstica" mediante los discursos de "reprivatización". Desde el punto de vista institucional, la "reprivatización" designa iniciativas cuyo objeto es desmantelar o recortar los servicios de asistencia social, vender activos nacionalizados o desregular la empresa "privada"; desde el punto de vista discursivo, implica la despolitización. Así, en los procesos de reprivatización, los oradores se oponen a toda la satisfacción de las necesidades fugitivas por parte del Estado y buscan contener las formas del discurso sobre las necesidades que amenazan con desparramarse a una amplia variedad de públicos discursivos. Por ejemplo, los reprivatizadores insisten en que la violencia doméstica no es un tema legítimo del discurso político sino una cuestión familiar o religiosa o, por tomar un ejemplo diferente, el cierre de fábricas no es una cuestión política sino una prerrogativa irreprochable de propiedad "privada" o un imperativo incuestionable de un mecanismo impersonal del mercado. En ambos casos, los oradores cuestionan la separación de las necesidades fugitivas e intentan (re)despolitizarlas.

Resulta interesante que los discursos de reprivatización mezclen lo viejo con lo nuevo. Por un lado, parecen tan sólo explicitar interpretaciones de necesidades que con anterioridad podían permanecer tácitas. Pero, por otro lado, en virtud del acto mismo de pronunciar tales interpretaciones, a la vez las modifican. Dado que los discursos de reprivatización responden a interpretaciones encontradas y oposicionales, tienen un diálogo interno e incorporan referencias a las alternativas a las que presentan resistencia, incluso cuando las rechazan. Por ejemplo, si bien los discursos "pro familia" de la Nueva Derecha tienen un explícito carácter antifeminista,

---

[22] El argumento podría reformularse con un tono más escéptico de la siguiente manera: las feministas han dado forma a discursos que encarnan un reclamo del derecho a expresarse de las "mujeres". De hecho, esa cuestión del "derecho a expresarse de las 'mujeres'" sigue siendo un tema que genera mucha discusión dentro del movimiento feminista. Véase una exposición interesante del tema en Riley, *"Am I That Name?"*. Véase una discusión considerada del problema general de la constitución y la representación (en ambos sentidos) de los grupos sociales como clases sociológicas y agentes colectivos en Bourdieu, "The Social Space and the Genesis of Groups", *Social Science Information*, 24, n.º 2 (1985): 195-220.

algunos incorporan, de forma despolitizada, temas inspirados en el feminismo que implican el derecho de las mujeres al placer sexual y al apoyo emocional de sus maridos[23].

Con la defensa de la división social establecida de los discursos, los discursos de reprivatización rechazan los reclamos de los movimientos oposicionales de conferir a las necesidades fugitivas condición política legítima. No obstante, al hacerlo, tienden además a politizar dichas necesidades en el sentido de aumentar su capacidad de concentrar la atención como focos de cuestionamiento. Además, en algunos casos los discursos de reprivatización también se convierten en vehículos para promover la acción de movimientos sociales y para reformar identidades sociales. Sin lugar a dudas el ejemplo más impresionante es el thatcherismo en Gran Bretaña, donde un conjunto de discursos de reprivatización expresados con los acentos del populismo autoritario han reformado las subjetividades de una amplia variedad de miembros del electorado y los han unido en una coalición poderosa[24].

Juntos, los discursos oposicionales y los discursos de reprivatización definen un eje de la lucha por las necesidades en las sociedades del capitalismo tardío. Pero también hay una segunda línea de conflicto, un tanto diferente. Allí, el centro del problema ya no es la politización frente a la despolitización sino, más bien, el *contenido* interpretado de necesidades cuestionadas después de haber conseguido su condición de problema político. Y los principales contrincantes son los movimientos sociales y los intereses organizados oposicionales, como las empresas que buscan influir la política pública.

Por ejemplo, hoy en día en los Estados Unidos las guarderías están adquiriendo cada vez más legitimidad como problema político. Como resultado, vemos la proliferación de interpretaciones y concepciones programáticas enfrentadas. Desde un punto de vista, las guarderías satisfarían

[23] Véase el capítulo "Fundamentalist Sex: Hitting below the Bible Belt" en *Re-making Love: The Feminization of Sex* de Barbara Ehrenreich, Elizabeth Hess y Gloria Jacobs (Nueva York, 1987). Véase una explicación fascinante de las mujeres "postfeministas" que incorpora temas al cristianismo renacido en Judith Stacey, "Sexism by a Subtler Name? Postindustrial Conditions and Postfeminist Consciousness in the Silicon Valley", *Socialist Review*, n.º 96 (noviembre/diciembre de 1987): 7-28.

[24] Véase Stuart Hall, "Moving Right", *Socialist Review*, n.º 55 (enero-febrero de 1981): 113-137. Véase una exposición de los discursos de reprivatización de la Nueva Derecha de los Estados Unidos en Barbara Ehrenreich, "The New Right Attack on Social Welfare", en *The Mean Season: The Attack on the Welfare State*, ed. Fred Block, Richard A. Cloward, Barbara Ehrenreich y Frances Fox Piven (Nueva York, 1987), 161-195.

las necesidades de los niños pobres de "enriquecimiento" o supervisión moral. Desde un segundo punto de vista, satisfarían la necesidad del contribuyente de clase media de quitar destinatarios del programa de asistencia para familias con niños a cargo de las listas de asistencia social. Una tercera interpretación concebiría las guarderías como una medida para aumentar la productividad y la competitividad de las empresas estadounidenses, mientras que una cuarta la consideraría parte de un paquete de normas cuyo objetivo es redistribuir el ingreso y los recursos a las mujeres. Cada una de esas interpretaciones conserva una orientación programática clara con respecto al financiamiento, el emplazamiento y control institucionales, el diseño del servicio y los criterios con los que deben cumplir los beneficiarios. En el choque, vemos una lucha por dar forma a la interpretación hegemónica de la guardería, la cual puede terminar por abrirse paso a la agenda política formal. A las claras, no sólo los grupos feministas sino también los intereses empresariales, los sindicatos, los defensores de los derechos de los niños y los educadores participan de dicha lucha y le aportan vastos diferenciales de poder[25].

La lucha por las interpretaciones hegemónicas de las necesidades suele apuntar a la participación futura del Estado. Por ende, anticipa incluso un tercer eje de lucha por las necesidades en las sociedades del capitalismo tardío. Allí, los problemas de interés están relacionados con la política frente a la administración y los principales contendientes son los movimientos sociales oposicionales y los peritos y agencias de la órbita del Estado social.

Recuérdese que "lo social" es un lugar en el cual las necesidades que han pasado a politizarse en el sentido discursivo se devienen candidatas a disposiciones organizadas por el Estado. Por ende, dichas necesidades se convierten en el objeto de incluso otro grupo de discursos: los complejos discursos "periciales" sobre "política pública" con base en diferentes instituciones "privadas", "semipúblicas" y estatales.

Los discursos periciales sobre las necesidades son vehículos para convertir necesidades fugitivas suficientemente politizadas en objetos de potencial intervención estatal. Tienen una relación cercana con instituciones de producción y utilización de conocimiento[26] e incluyen dis-

---

[25] Por este argumento debo agradecerle a Teresa Ghilarducci (comunicación personal).

[26] En *Vigilar y castigar*, Michel Foucault hace una exposición útil de algunos elementos de los aparatos de producción de conocimiento que contribuyen con redefiniciones administrativas de necesidades politizadas. No obstante, pasa por alto la función

cursos de ciencia social cualitativos y sobre todo cuantitativos generados en universidades y centros de pensamiento; discursos legales generados en instituciones jurídicas y sus colegios, publicaciones y asociaciones profesionales relacionados; discursos administrativos que circulan por diferentes agencias el Estado social y discursos terapéuticos que circulan en agencias médicas y de servicio social públicas y privadas.

Como lo sugiere el término, los discursos periciales tienden a restringirse a públicos especializados. Así, se asocian con la formación de clases eruditas, el desarrollo de instituciones profesionales y la "solución del problema" social por parte de peritos. Pero en algunos casos, como en el derecho o la psicoterapia, los vocabularios y las retóricas pericial se diseminan a un espectro mayor de legos educados, algunos de los cuales participan en movimientos sociales. Además, a veces los movimientos sociales logran cooptar o crear segmentos críticos oposicionales de públicos de discursos periciales. Por todas esas razones, los públicos de discursos periciales a veces adquieren una cierta porosidad y los discursos periciales se convierten en discursos *puente* que vinculan movimientos sociales con organización laxa con el Estado social.

Dada esa función de puente, la retórica de los discursos periciales sobre las necesidades tiende a ser administrativa. Dichos discursos consisten en una serie de operaciones de reescritura, procedimientos para traducir necesidades politizadas en necesidades administrables. Es común que la necesidad politizada se redefina como el correlato de una satisfacción administrable por medios burocráticos, un "servicio social". Se especifica en términos de un estado de cosas en apariencia general al cual, en principio, podría estar sometido cualquiera –por ejemplo, desempleo, discapacidad, muerte o abandono de un cónyuge[27]–. Como resultado, la necesidad se saca de contexto y se recontextualiza: por un lado, se la representa como algo separado de su especificidad de clase, raza y género y de los sentidos oposicionales que pueda haber adquirido en el curso de su politización; por otro lado, se la formula en términos que presuponen de manera tácita

---

de los movimientos sociales en la politización de las necesidades y los conflictos de interpretación que surgen entre tales movimientos y el Estado social. Su exposición sugiere, de manera incorrecta, que los discursos sobre políticas emanan de manera unidireccional de instituciones especializadas gubernamentales o cuasigubernamentales; así, omite la interrelación contestataria entre interpretaciones hegemónicas y no hegemónicas, vinculadas con las instituciones y no vinculadas con las instituciones.

[27] Cf. la exposición de la lógica administrativa de la definición de necesidad en Jürgen Habermas, *Theorie des kommunikativen Handelns*, vol. 2, 522-547.

instituciones de fondo arraigadas y específicas, por ejemplo, el trabajo pago ("primario" frente al "secundario"), el cuidado privatizado de niños y su separación por género.

Como resultado de esas redefiniciones periciales, se reposiciona a las personas cuyas necesidades están en cuestión. Se convierten en "casos" individuales más que en integrantes de grupos sociales o participantes de movimientos políticos. Además, se les asigna un papel pasivo, se los considera potenciales beneficiarios de servicios predefinidos más que agentes involucrados en la interpretación de sus necesidades y la formación de sus condiciones de vida.

En virtud de esa retórica administrativa, los discursos periciales sobre las necesidades tienden también a ser despolitizantes. Interpretan a las personas a la vez como elementos que potencian la utilidad racional y como objetos condicionados por la causalidad, predecibles y manipulables, con lo cual excluyen las dimensiones de la agencia humana que involucran la construcción y deconstrucción de sentidos sociales.

Además, cuando los discursos periciales sobre las necesidades se institucionalizan en aparatos sociales, tienden a devenirse normalizadores y a apuntar a la "reforma", o más bien a la estigmatización, de la "anormalidad"[28]. Eso a veces queda explícito cuando los servicios incorporan una dimensión terapéutica diseñada para cerrar la brecha entre las interpretaciones recalcitrantes que los clientes hacen de sí mismos y las interpretaciones arraigadas en la política administrativa[29]. Ahora bien, el objeto condicionado por la causalidad devenido elemento que potencia la utilidad racional se convierte, además, en un yo profundo que debe desenmarañarse mediante la terapia[30].

En resumen: cuando los movimientos sociales logran politizar necesidades con anterioridad despolitizadas, ingresan en el terreno de lo social, donde hay dos tipos de luchas que los esperan. En primer lugar, deben cuestionar poderosos intereses organizados inclinados a dar forma a las

---

[28] Véase una exposición de las dimensiones normalizadoras de la ciencia social y de los servicios sociales institucionalizados en Foucault, *Vigilar y castigar*.

[29] Habermas habla sobre la dimensión terapéutica de los servicios sociales del estado de bienestar en *Theorie des kommunikativen Handelns*, vol. 2, 522-547.

[30] En *Vigilar y castigar*, Michel Foucault expone la tendencia de los procedimientos administrativos sustentados por la ciencia social a postular un yo profundo. En *La historia de la sexualidad, Volumen 1: la voluntad de saber*, trad. Ulises Guiñazú (México, Siglo XXI Editores, 1977) habla sobre la postulación de un yo profundo de los discursos psiquiátricos terapéuticos.

interpretaciones hegemónicas de las necesidades para sus propios fines. En segundo lugar, se encuentran con discursos periciales sobre las necesidades en el Estado social y en torno de él. Dichos encuentros definen dos ejes adicionales de la lucha por las necesidades de la sociedad del capitalismo tardío. Son luchas muy complejas, dado que los movimientos sociales suelen buscar que el Estado asuma responsabilidad por sus necesidades fugitivas incluso cuando tiendan a oponerse a las interpretaciones administrativas y terapéuticas de ellas. Así, dichos ejes también involucran conflictos entre interpretaciones encontradas de las necesidades sociales y entre construcciones rivales de la identidad social.

4

Ahora me gustaría aplicar el modelo que he estado desarrollando a algunos casos concretos de conflictos de interpretación de la necesidad. El primer ejemplo está concebido para identificar una tendencia de las sociedades del estado del bienestar en virtud de la cual la política de la interpretación de la necesidad pasa a convertirse en la administración de las satisfacciones de las necesidades. Por el contrario, un segundo grupo de ejemplos traza la tendencia opuesta que va de la administración a la resistencia y en potencia al regreso a la política[31].

En primer lugar, considérese el ejemplo de la política de las necesidades en torno del maltrato de la esposa. Hasta hace más o menos quince años, el término "maltrato de la esposa" no existía. Cuando se hablaba de dicho fenómeno en público, se lo llamaba "paliza" y con frecuencia se lo trataba en tono cómico, como cuando se decía "¿terminaste de darle una paliza a tu esposa?". En el aspecto lingüístico, se lo colocaba en la misma clasificación de disciplinamiento de los niños y de los sirvientes: era un asunto "doméstico" en lugar de ser "político". Después, las activistas femeninas le cambiaron el nombre por un término tomado del derecho penal y crearon un nuevo tipo de discurso público. Sostuvieron que el maltrato no era un problema personal doméstico sino un problema sistémico y político; el origen de su etiología no debía buscarse en los problemas emocionales individuales de las mujeres o de los hombres

---

[31] Por una cuestión de simplicidad, restringiré los ejemplos tratados a casos de cuestionamiento entre sólo dos fuerzas, donde uno de los contendientes es una agencia del Estado social. Por lo tanto, no consideraré ejemplos de cuestionamiento tripartito ni cuestionamientos entre dos movimientos sociales enfrentados.

sino, más bien, en las maneras en las cuales dichos problemas reflejaban relaciones sociales generalizadas de dominio masculino y subordinación femenina.

Así, las activistas femeninas cuestionaron los límites discursivos establecidos y politizaron un fenómeno hasta entonces despolitizado. Además, reinterpretaron la experiencia del maltrato y plantearon un conjunto de necesidades asociadas. En dicho aspecto, situaron las necesidades de las mujeres maltratadas en una larga cadena de relaciones causales que atravesaba separaciones convencionales de "esferas"; sostuvieron que, para liberarse de la dependencia de los opresores, las mujeres maltratadas necesitaban no sólo albergue temporario sino también trabajos que pagaran "salario familiar", guardería y vivienda permanente accesible. Además, crearon nuevos públicos discursivos, nuevos espacios e instituciones donde tales interpretaciones oposicionales de las necesidades pudieran desarrollarse y a partir de las cuales pudieran ampliarse a públicos más generales. Por último, modificaron elementos de los medios autorizados de interpretación y comunicación, acuñaron nuevos términos de descripción y análisis y diseñaron nuevas maneras de abordar temas femeninos. En su discurso, a las mujeres maltratadas no se las trataba como víctimas individualizadas sino como potenciales activistas femeninas, integrantes de una colectividad con constitución política.

Dicha intervención discursiva se vio acompañada por esfuerzos feministas por satisfacer algunas de las necesidades que habían politizado y reinterpretado. Las activistas organizaron albergues para mujeres maltratadas, lugares de refugio y campañas de concientización. La organización de dichos albergues era no jerárquica: no había límites claros entre el personal y las usuarias. Muchas de las asesoras y las organizadoras habían sido víctimas de maltrato y un alto porcentaje de las mujeres que se hospedaron en los refugios pasaron a asesorar a otras mujeres maltratadas y a convertirse en activistas del movimiento. Por ende, pasaron a adoptar una nueva interpretación de sí mismas. Si bien la mayoría en un principio se había culpado a sí misma y había defendido a sus opresores, muchas pasaron a rechazar dicha interpretación y a inclinarse por una perspectiva politizada que les ofrecía nuevos modelos de agencia humana. Además, modificaron sus asociaciones e identificaciones sociales. Si bien muchas se habían sentido en un principio muy identificadas con el opresor, pasaron a asociarse con otras mujeres.

Este método de organización terminó por tener repercusión en un público discursivo más amplio. Para fines de la década de 1970, las feministas habían logrado en una gran medida presentar la violencia doméstica contra las mujeres como un problema político legítimo. En algunos casos, lograron modificar las actitudes y normas de la policía y los tribunales y consiguieron colocar dicho problema en la agenda política informal. Ahora las necesidades de las mujeres maltratadas tenían una politización suficiente como para convertirse en candidatas a la satisfacción organizada por el Estado. Por último, en varias municipalidades y localidades, los albergues del movimiento comenzaron a recibir financiación del Gobierno local.

Desde la perspectiva feminista, eso representó una victoria importante, pero no dejó de tener su costo. La financiación municipal trajo consigo una variedad de limitaciones administrativas nuevas que iban desde procedimientos contables hasta requisitos de regulación, acreditación y profesionalización. En consecuencia, los albergues con financiación pública sufrieron una transformación. Su personal pasa a estar constituido cada vez en una mayor medida por trabajadoras sociales profesionales, muchas de las cuales no habían sido víctimas de maltrato. Así, surgió una división entre profesional y cliente que suplantó el continuo más fluido de relaciones que había caracterizado a los primeros albergues. Además, como muchas trabajadoras sociales habían recibido capacitación para contextualizar los problemas en una perspectiva cuasipsiquiátrica, la estructura de las prácticas de muchos albergues con financiación pública se basa en dicha perspectiva, incluso a pesar de las intenciones de las integrantes individuales del personal, muchas de las cuales son feministas con compromiso político. En consecuencia, las prácticas de dichos albergues han pasado a ser más individualizadoras y menos politizadas. Ahora hay una tendencia a ver a las mujeres maltratadas como clientes. Cada vez más se las somete a tratamientos psiquiátricos y se las trata como víctimas con identidades profundas y complicadas. Son raras las ocasiones en las cuales se las trata como potenciales activistas feministas. Cada vez más, el juego lingüístico de la terapia ha suplantado al de la concientización. Y el lenguaje científico neutral del "maltrato de cónyuge" ha suplantado el discurso más político de la "violencia masculina contra las mujeres". Por último, las necesidades de las mujeres maltratadas han sufrido una sustancial reinterpretación. Los trascendentales reclamos anteriores de requisitos sociales y económicos previos de independencia han tendido a dar paso a un foco más acotado sobre los problemas de "baja autoestima" de la mujer individual[32].

El caso de las mujeres maltratadas es un ejemplo de una tendencia de la política de las necesidades y las sociedades del capitalismo tardío: la tendencia a que la política de la interpretación de la necesidad se convierta en la administración de la satisfacción de las necesidades. No obstante, también hay una tendencia opuesta que va de la administración a la resistencia del cliente y en potencia de regreso a la política. Para documentar esta tendencia contraria, me gustaría ahora exponer cuatro ejemplos de resistencia de clientes, ejemplos que van desde lo individual, cultural e informal hasta lo colectivo, político y con organización formal.

En primer lugar, los individuos pueden ubicar algo de espacio de maniobra dentro del marco administrativo de las agencias gubernamentales. Pueden desplazar o modificar las interpretaciones oficiales de las necesidades que haga una agencia dada, incluso sin manifestar un cuestionamiento abierto. La historiadora Linda Gordon ha descubierto ejemplos de ese tipo de resistencia en los registros de las agencias de protección infantil durante la Era Progresista[33]. Gordon cita casos en los cuales las mujeres que habían sido víctimas de maltrato por parte de sus maridos presentaron demandas en las cuales los acusaban de maltrato infantil. Tras haber involucrado a trabajadores sociales en sus situaciones en virtud de invocar una necesidad interpretada que *sí* se reconocía como legítima y como perteneciente a la jurisdicción de la agencia, lograron interesar a los trabajadores sociales en una necesidad *no* reconocida como tal. En algunos casos, bajo la rúbrica de maltrato infantil, dichas mujeres lograron conseguir una intervención que les brindó cierto nivel de alivio en lo referente al maltrato doméstico. Así, de manera informal, ampliaron la jurisdicción de la agencia para incluir, de manera indirecta, una necesidad hasta entonces excluida. Si bien citaron la definición oficial que el Estado social tenía para sus necesidades, al mismo tiempo desplazaron dicha definición y la acercaron a sus propias interpretaciones.

[32] Véase una exposición de los albergues para mujeres maltratadas en Susan Schechter, *Women and Male Violence: The Visions and Struggles of the Battered Women's Movement* (Boston, 1982).

[33] Linda Gordon, "Feminism and Social Control: The Case of Child Abuse and Neglect", en *Wat is Feminism? A Re-Examination*, ed. Juliet Mitchell y Ann Oakley (Nueva York, 1986), 63-85; y *Heroes of Their Own Lives: The Politics and History of Family Violence – Boston 1880-1960* (Nueva York, 1988).

En segundo lugar, los grupos con organización informal pueden desarrollar prácticas y asociaciones contrapuestas con las formas de posicionarlos en situación de clientes del Estado social. Al hacerlo, pueden modificar los usos y los significados de las prestaciones que brindan las agencias gubernamentales, incluso sin cuestionarlas de manera explícita. La antropóloga Carol Stack ha documentado ejemplos de ese tipo de resistencia en su estudio sobre "redes familiares domésticas" entre personas del color pobres de una ciudad del centro oeste de los Estados Unidos que a principios de la década de 1960 recibía asistencia del Estado para familias con hijos a cargo[34]. Stack describe los elaborados acuerdos de parentesco que organizan intercambios demorados o "regalos" de comidas preparadas, cupones de alimentos, alimentos cocinados, artículos comprados, comestibles, espacio para dormir, dinero en efectivo (incluidos sueldos y subsidios de la asistencia del Estado para familias con hijos a cargo), transporte, ropa, cuidado de niños e incluso hijos. Cabe destacar que dichas redes domésticas de parentesco abarcan varias casas diferentes. Eso quiere decir que las beneficiarias de la asistencia del Estado para familias con hijos a cargo emplean sus prestaciones más allá de los confines de la categoría administrativa principal de los programas gubernamentales de asistencia, a saber, "el hogar". En consecuencia, dichas clientes circunvalan los procedimientos de administración de la asistencia social centrados en la familia nuclear. Al utilizar las prestaciones más allá de los confines de un "hogar", modifican los sentidos definidos por el Estado de dichas prestaciones y, por ende, de las necesidades a las cuales dichas prestaciones buscan satisfacer. Al mismo tiempo, de manera indirecta cuestionan la forma en la que el Estado las posiciona como sujetos. Mientras la asistencia del Estado para familias con hijos a cargo las trataba como madres biológicas pertenecientes a familias nucleares anormales en las cuales faltaba un jefe de hogar varón, ellas duplican esa posición de sujetos con otra, a saber, la de integrantes de redes de parentesco constituidas en base a relaciones sociales más que biológicas que cooperan para superar la extrema pobreza.

En tercer lugar, los individuos o los grupos pueden resistirse a iniciativas terapéuticas del Estado social y al mismo tiempo aceptar asistencia material. Pueden rechazar construcciones terapéuticas patrocinadas por el

---

[34] Carol B. Stack, *All Our Kin: Strategies for Survival in a Black Community* (Nueva York, 1974).

Estado con las cuales se explican sus historias de vida y sus capacidades de agencia e insistir por el contrario con relatos y concepciones alternativos de identidad. La socióloga Prudence Rains ha documentado un ejemplo de ese tipo de resistencia en su estudio comparativo de las "carreras morales" entre las adolescentes embarazadas de color y las blancas a fines de la década de 1960[35].

Rains contrapone las maneras en las cuales los dos grupos de jóvenes respondían a las construcciones terapéuticas de su experiencia en dos contextos institucionales diferentes. Las jóvenes blancas de clase media estaban en un centro residencial privado caro. Dicho centro combinaba servicios tradicionales, como el de aislamiento y ocultamiento de "jóvenes buenas que habían cometido un error", con servicios terapéuticos más nuevos que incluían sesiones obligatorias de terapia individual y grupal con trabajadores sociales pertenecientes a la psiquiatría. En dichas sesiones, a las jóvenes se las trataba como personalidades profundas y complicadas. Se las instaba a considerar sus embarazos no simples "errores" sino, por el contrario, actos con motivación inconsciente y sentido que expresaban problemas emocionales latentes. Eso significaba que la joven debía interpretar su embarazo –y el sexo, que era su causa superficial– como una forma de manifestación conductual, es decir, un rechazo de la autoridad de los padres y un pedido de amor a ellos. Se le advertía que, a menos que lograra entender y reconocer esos profundos motivos ocultos, era probable que no pudiera evitar "errores" futuros.

Rains documenta el proceso en virtud del cual la mayoría de las jóvenes blancas de dicho centro pasaron a internalizar dicha perspectiva y a reconsiderarse con la jerga psiquiátrica. Registra los relatos que concibieron durante la reformulación de sus "carreras morales", por ejemplo:

> "Cuando recién llegué aquí, en mi cabeza tenía mis ideas ordenadas: Tom… en cierta medida me había convencido y yo había cedido. En cierta medida lo culpaba a él por todo. No aceptaba en realidad mi propia responsabilidad en el asunto… [A]quí me resaltaron mucho que si no me daba cuenta de por qué una está aquí o por qué una termina aquí y las razones emocionales por las cuales eso sucede, volveré a pasar… ahora siento que entiendo por completo por qué terminé aquí y que hay una

<hr>

[35] Prudence Mors Rains, *Becomin an Unwed Mother: A Sociological Account* (Chicago, 1971); en adelante lo citaré en mi texto entre paréntesis, por número de página. Le agradezco a Kathryn Pyne Addelson el haberme hablado de la obra de Rain.

razón emocional detrás. Y acepto más mi responsabilidad en el asunto. No fue sólo él" (93).

El relato es interesante en varios aspectos. Como observara Rains, el reemplazo de la perspectiva del "error" del pasado por la perspectiva psiquiátrica le brindó ciertos alivios: la nueva interpretación "no sólo dejaba a un lado el pasado sino que lo explicaba, y lo explicaba de maneras que permitían a las jóvenes creer que en el futuro actuarían de una manera diferente" (94). Así, la perspectiva psiquiátrica ofrece a las adolescentes embarazadas un modelo de agencia que parece ampliar su capacidad de autodeterminación individual. Por otro lado, el relato es muy selectivo, dado que afirma algunos aspectos del pasado mientras niega otros. Reduce la importancia de la sexualidad de la narradora, puesto que trata su comportamiento y sus deseos sexuales como "manifestaci[ones epifenoménicas] de otras necesidades y otros problemas emocionales y no sexuales más profundos" (93). Además, aplaca el problema, en potencia explosivo, del consentimiento frente a la coacción en el medio heterosexual adolescente en virtud de excusar a Tom y reconsiderar la interpretación previa de la muchacha de que la relación no fue consensuada. Asimismo, el relato cierra todo cuestionamiento a la legitimidad del "sexo premarital", puesto que supone que para las mujeres, cuando menos, esas relaciones están mal desde el punto de vista moral. Por último, a la luz de las declaraciones de las jóvenes de que no necesitarán anticonceptivos cuando regresen a casa y comiencen de nuevo a salir con varones, el relato tiene incluso otro sentido. Puesto que encierra una nueva conciencia de profundos problemas emocionales, pasa a ser un escudo contra futuros embarazos, un profiláctico. Dadas estas elisiones en la historia, un escéptico podría llegar a la conclusión de que la promesa psiquiátrica de mayor autodeterminación es en gran medida ilusoria.

La relativa facilidad con la cual las adolescentes blancas de Rains internalizaban la interpretación terapéutica de sus situaciones presenta un radical contraste con la resistencia de las jóvenes de color, quienes eran clientes de un centro municipal no residencial que brindaba atención prenatal, escolarización y sesiones que terapia con una trabajadora social perteneciente a la psiquiátrica. Las sesiones de terapia tenían la misma intención y diseño de las del centro residencial privado: a las jóvenes se las instaba a hablar sobre sus sentimientos y a buscar las profundas causas putativas emocionales de sus embarazos. No obstante, dicho enfoque terapéutico tenía un resultado mucho menos exitoso en el centro público. Las jóvenes de color se resistían a los términos del discurso psiquiátrico y el juego lingüístico de preguntas y respuestas empleados en las sesiones de terapia. No les agradaba la postura poco directa y de neutralidad moral de la trabajadora social –su falta de predisposición para decir lo que pensaba– y les molestaba lo que consideraban sus preguntas intrusivas y demasiado personales. Las jóvenes no le reconocieron su derecho a cuestionarlas de esa manera, dado que no podían hacerles preguntas "personales" a cambio. Por el contrario, consideraban que el "cuestionamiento personal" era un privilegio reservado a amigos cercanos y personas íntimas en condiciones de reciprocidad.

Rains documenta varias dimensiones de la resistencia de las jóvenes de color a los aspectos de "salud mental" del programa. En algunos casos, cuestionan de manera abierta las reglas del juego lingüístico terapéutico. En otros, ejercen una resistencia indirecta mediante el humor y la malinterpretación de forma casi deliberada de las preguntas vagas, indirectas pero aun así "personales" de la trabajadora social. Por ejemplo, una joven consideró "estúpida" la pregunta "¿cómo quedaste embarazada?" y respondió: "¿no debería usted saberlo?" (136).

Otras sometieron la constante pregunta terapéutica "¿cómo te sientes?" a una operativa que sólo puede llamarse "carnavalesca". La ocasión era una sesión de terapia grupal a la cual la trabajadora social llegaba tarde. Las jóvenes que asistían a la reunión comenzaron a especular sobre su paradero. Una mencionó que la Sra. Eckerd había ido al médico. La conversación continuó así:

"A ver si está embarazada".

"Es probable que crea que es de ahí de donde sacas los bebés".

"Quizá el médico vaya a hacerle un bebé"…

Bernice comenzó entonces a imitar una entrevista como si fuera una trabajadora social que formulaba preguntas sobre una supuesta Sra. Eckerd embarazada: "dígame, ¿cómo se sintió? ¿Le gustó?".

Eso produjo una catarata de carcajadas y todas comenzaron a imitar preguntas que, se supone, les habían formulado a ellas. Alguien dijo: "me preguntó si quería dar a mi bebé en adopción y cómo se sentía eso".

Cuando por fin llegó la Sra. Eckerd, May preguntó: "¿por qué las trabajadoras sociales hacen tantas preguntas?".

La Sra. Eckerd respondió: "¿a qué tipo de preguntas te refieres, May?".

Bernice… dijo: "por ejemplo, '¿cómo se sintió?'".

Todas se rieron a carcajadas al oírla. (137)

Así, las jóvenes de color de Rain desarrollaron un variado repertorio de estrategias para resistirse a las construcciones periciales que los terapeutas hacían de sus historias de vida y sus capacidades de agencia. Eran muy conscientes del subtexto de poder subyacente en sus intercambios con la trabajadora social y de la dimensión de normalización de la iniciativa terapéutica. En efecto, dichas jóvenes de color rechazaron los esfuerzos por inculcarles las normas de individualidad y afectividad de la clase media blanca. Rechazaban los alicientes de la trabajadora social a reformularse como identidades psicologizadas y, al mismo tiempo, hacían uso de los servicios de salud del centro. Por ende, hacían uso de los aspectos del programa de la agencia que consideraban apropiados para sus necesidades, interpretadas por ellas mismas, e ignoraban o esquivaban los otros.

En cuarto lugar, además de los modos informales, específicos, estratégicos o culturales de resistencia, también hay tipos organizados de manera formal y de explícito carácter político. Los clientes de los programas de asistencia social pueden unirse *como clientes* para cuestionar las interpretaciones administrativas de sus necesidades. Pueden tomar el control de las identidades pasivas, normalizadas e individualizadas o familiarizadas a las cuales dieron forma los discursos periciales y transformarlas en una base de acción política colectiva. Frances Fox Piven y Richard A. Cloward han documentado un ejemplo de ese tipo de resistencia en su exposición del proceso en virtud del cual los beneficiarios de la asistencia del Estado para familias con hijos a cargo organizaron el movimiento de derechos sociales de la década de 1960[36]. A pesar de las dimensiones atomizantes y despolitizantes de la administración de la asistencia del Estado para familias con hijos a cargo, a esas mujeres se las reunía en salas de espera de asistencia social. Fue como resultado de su participación como clientes, entonces, que pasaron a expresar quejas en común y a actuar en conjunto. Así, los mismos procedimientos de asistencia social que dieron origen a

[36] Frances Fox Piven y Richard A. Cloward, *Regulating the Poor: The Functions of Public Welfare* (Nueva York, 1971), 285-340 y *Poor People's Movement* (Nueva York, 1979). Por desgracia, la exposición de Piven y de Cloward no toma en cuenta el género y es, por ende, androcéntrica. Véase una crítica feminista en Linda Gordon, "What Does Welfare Regulate?" *Social Research* 55, n.º 4 (invierno de 1988): 610-630. Véase una exposición que tiene más en cuenta el género de la historia del Movimiento Nacional de Derechos Sociales en Guida West, *The National Welfare Rights Movement: The Social Protest of Poor Women* (Nueva York, 1981).

sus quejas crearon las condiciones de posibilidad de una organización colectiva para combatirlas. Según lo dice Piven, "la estructura del estado de bienestar en sí ha contribuido a crear nuevas solidaridades y a generar los problemas políticos que siguen cementándolos y moviéndolos"[37].

Conclusión

A modo de conclusión, permítaseme marcar algunos problemas centrales de este proyecto que todavía no he expuesto. En el presente ensayo me he concentrado en problemas teórico-sociales a expensas de problemas morales y epistemológicos. No obstante, estos últimos son muy importantes para un proyecto, como el mío, que aspire a ser una teoría social *crítica*.

Mi análisis del discurso sobre las necesidades expone dos problemas filosóficos obvios y urgentes. Uno es la cuestión de si es posible distinguir mejores interpretaciones de las necesidades de las personas de otras peores y cómo puede hacerse. Otro es la cuestión de la relación entre los reclamos y los derechos relacionados con las necesidades. Si bien no puedo ofrecer respuestas completas a esas dos cuestiones, me gustaría indicar algo sobre cómo las abordaría. Quiero situar mis perspectivas en relación con debates contemporáneos entre teóricas feministas.

Las catedráticas feministas han demostrado una y otra vez que las perspectivas autorizadas que se presentan como neutrales y desinteresadas en realidad expresan las perspectivas parciales e interesadas de los grupos sociales dominantes. Además, muchas teóricas feministas han hecho uso de enfoques posestructuralistas que niegan la posibilidad de distinguir entre alegatos sustentados y juegos de poder. Como resultado, hoy en día hay una importante corriente de ideas relativistas dentro de las filas feministas. Al mismo tiempo, muchas otras feministas se preocupan por que el relativismo socave la posibilidad de compromiso político. Después de todo, ¿cómo es posible oponerse a la posibilidad de alegatos sustentados y al mismo tiempo hacer alegatos tales como que el sexismo existe y es injusto?[38]

---

[37] Piven, "Women and the State: Ideology, Power, and the Welfare State", *Socialist Review*, n.º 74 (marzo-abril de 1984): 11-19.

[38] Véase la perspectiva de que la objetividad es sólo la máscara de la dominación en Catharine A. MacKinnon, "Feminism, Marxism, Method, and the State: An Agenda for Theory", *Signs: Journal of Women in Culture and Society* 7, n.º 3 (primavera de

Este problema sobre el relativismo sale a la superficie en el contexto actual bajo la forma de la pregunta: ¿podemos hacer una distinción entre mejores interpretaciones de las necesidades de las personas y otras peores? O, dado que todas las interpretaciones de las necesidades surgen de lugares interesados y específicos de la sociedad, ¿todas tienen el mismo compromiso?

Considero que *podemos* distinguir mejores interpretaciones de otras peores. Decir que las necesidades son un constructor cultural y se interpretan a partir del discurso no equivale a decir que toda interpretación de la necesidad sea tan buena como cualquier otra. Por el contrario, equivale a subrayar la importancia de una versión de justificación interpretativa. No obstante, no creo que la justificación pueda entenderse en términos objetivistas tradicionales como correspondencia, como si fuera una cuestión de encontrar la interpretación que se corresponda con la naturaleza verdadera de la necesidad tal como es en sí, independiente de cualquier interpretación[39]. Tampoco creo que la justificación pueda argumentarse sobre la base de un punto de superioridad epistémica preestablecido, como si fuera una cuestión de encontrar el grupo de la sociedad con el "punto de vista" privilegiado[40].

Entonces ¿en qué *debería* consistir una explicación de la justificación interpretativa? Desde mi punto de vista, hay al menos dos tipos diferentes de consideraciones que tal explicación debería abarcar y equilibrar. En primer lugar, están las consideraciones procedimentales sobre los procesos sociales en virtud de los cuales se generan varias interpretaciones enfrentadas de las necesidades. Por ejemplo, ¿cuán exclusivos o inclusivos son

1982): 515-544. Véase la perspectiva de que el relativismo socava el feminismo en Nancy Hartsock, "Rethinking Modernism: Minority vs. Majority Theories", *Cultural Critique* 7 (otoño de 1987): 187-206. Véase una buena exposición de las tensiones entre teóricas feministas a propósito de este tema (que, no obstante, no ofrece, a mi parecer, una solución persuasiva) en Sandra Harding, "The Instability of the Analytical Categories of Feminist Theory", *Signs: Journal of Women in Culture and Society* 11, n.º 4 (1986): 645-664. Véase una exposición de temas relacionados formulados por el fenómeno del postmodernismo en Nancy Fraser y Linda Nicholson, "Social Criticism without Philosophy: An Encounter between Feminism and Postmodernism" *Theory, Culture, and Society* 5, n.º 2-3 (junio de 1988): 373-394.

[39] Véase una crítica de la correspondencia del modelo de verdad en Richard Rorty, *Philosophy and the Mirror of Nature* (Princeton, Nueva Jersey, 1979).

[40] Quien ha desarrollado el enfoque del "punto de vista" es Nancy Hartsock. Véase su *Money, Sex, and Power: Toward a Feminist Historical Materialism* (Nueva York, 1983). Véase una crítica de la postura de Hartsock en Harding, "The Insttability of the Analytical Categories of Feminist Theory".

los diferentes discursos rivales sobre las necesidades? ¿Cuán jerárquicas o igualitarias son las relaciones entre los interlocutores? En general, las consideraciones procedimentales establecen que, si todas las cosas son iguales, las mejores interpretaciones de las necesidades son las que logran aproximarse en una mayor medida a los ideales de democracia, igualdad y equidad[41].

Además, las consideraciones de las consecuencias son relevantes para justificar las interpretaciones de las necesidades. Eso significa comparar resultados distributivos alternativos de interpretaciones rivales. Por ejemplo, ¿la aceptación generalizada de una interpretación dada de una necesidad social perjudicaría a algunos grupos de personas por sobre otros? ¿La interpretación se ajusta a los patrones sociales de dominación y subordinación en lugar de cuestionarlos? ¿Las cadenas rivales de relaciones causales a las cuales pertenecen las interpretaciones enfrentadas de las necesidades respetan más o menos, en lugar de transgredirlos, los límites ideológicos que establecen "esferas separadas" y, por lo tanto, racionalizan la desigualdad? En general, las consideraciones consecuencialistas establecen que, si todas las cosas son iguales, las mejores interpretaciones de las necesidades son las que no perjudican a algunos grupos por sobre otros.

En resumen, la justificación de algunas interpretaciones de las necesidades sociales como mejores que otras involucra equilibrar consideraciones procedimentales y consideraciones consecuencialistas. Dicho de una manera más simple, involucra equilibrar la democracia con la igualdad.

¿Qué sucede, entonces, con la relación entre las necesidades y los derechos? Ese es otro tema controversial en la teoría contemporánea. Los teóricos críticos del derecho han sostenido que los reclamos de derechos impiden la transformación social radical dado que encierran principios de individualismo burgués. Mientras tanto, algunas teóricas morales femi-

---

[41] En su contenido normativo de primer orden, esta formulación es habermasiana. No obstante, no deseo seguir a Habermas en cuanto a darle una metainterpretación trascendental o cuasitrascendental. Así, si bien Habermas se propone fundar la "ética comunicativa" en las condiciones de posibilidad del habla entendidas en un sentido universalista y ahistórico, yo la considero una posibilidad evolucionada de manera contingente y específica de un momento histórico; véase Habermas, *The Theory of Communicative Action*, volumen 1, *Reason and Rationalization in Society*, trad. Thomas McCarthy (Boston, 1984); *Communication and the Evolution of Society*, trad. Thomas McCarthy (Boston, 1979), y *Moralbewusstsein un kummunikatives Handeln* (Fráncfort am Main, 1983).

nistas sugieren que es preferible una orientación a las responsabilidades antes de una orientación a los derechos[42]. Juntas, dichas perspectivas podrían conducir a algunos a querer pensar el discurso sobre las necesidades como una alternativa al curso sobre los derechos. Por otro lado, muchas feministas se preocupan de que las críticas de izquierda de los derechos terminen beneficiando a nuestros oponentes políticos. Después de todo, por tradición los conservadores prefieren distribuir asistencia como cuestión de necesidad *en lugar de* como derecho precisamente para evitar suposiciones de derechos que podrían conllevar implicaciones igualitarias. Por dichas razones, algunas activistas feministas y catedráticas del derecho han buscado desarrollar y defender interpretaciones alternativas de los derechos[43]. Su enfoque podría implicar que los reclamos de derechos y los reclamos de necesidades reconstruidos de una manera apropiada podrían ser compatibles entre sí e incluso podrían traducirse los unos en los otros[44].

Con mucha brevedad, me alineo con quienes se inclinan por traducir los reclamos justificados de necesidades en derechos sociales. Como muchos críticos radicales de los programas actuales de asistencia social, me opongo con firmeza a las formas de paternalismo que surgen cuando los reclamos por las necesidades se divorcian de los reclamos por los derechos. Y, a diferencia de algunas críticas comunitarias, socialistas y feministas, no creo que el discurso sobre los derechos tenga un inherente carácter individualista, liberal burgués y androcéntrico —tal discurso asume tales propiedades sólo cuando las sociedades establecen los derechos *incorrectos*, por ejemplo, cuando al derecho (putativo) a la propiedad privada se le permite aplastar otros derechos sociales–.

Además, tratar los reclamos justificados de necesidades como fundamento para nuevos derechos sociales es comenzar a superar los obstáculos al ejercicio efectivo de algunos derechos actuales. Es verdad, como

---

[42] Véanse argumentos a favor y en contra de esta perspectiva en los ensayos de *Women and Moral Theory*, ed. E. F. Kittay y Diana T. Meyers (Totowa, Nueva Jersey, 1987).

[43] Véase una exposición interesante de los usos y los abusos del discurso sobre el derecho en Elizabeth M. Schneider, "The Dialectic of Rights and Politics: Perspectives from the Women's Movement", *New York University Law Review* 61, n.º 4 (octubre de 1986): 589-652. Véase asimismo Martha Minow, "Interpreting Rights: An Essay for Robert Cover", *Yale Law Journal* 96, n.º 8 (julio de 1987): 1860-1915; y Patricia J. Williams, "Alchemical Notes: Reconstructed Ideals from Deconstructed Rights", *Harvard Civil Rights-Civil Liberties Law Review* 22, n.º 2 (primavera de 1987): 401-433.

[44] Agradezco por esta formulación a Martha Minow (comunicación personal).

han sostenido los marxistas y otros, que los derechos liberales clásicos a la libre expresión, la libre asociación y demás son "tan sólo formales". Pero eso dice más sobre el contexto social en el cual están insertos en la actualidad que sobre su carácter "intrínseco", pues, en un contexto sin pobreza, desigualdad ni opresión, los derechos liberales formales podrían ampliarse y transformarse en derechos sustantivos, por ejemplo, a la autodeterminación colectiva.

Por último, debería resaltar que el presente trabajo se vio motivado por la convicción de que, por el momento, el discurso sobre las necesidades está entre nosotros para bien o para mal. En el futuro previsible, los agentes políticos, incluidas las feministas, tendrán que desempeñarse sobre un terreno en el cual el discurso sobre las necesidades es la moneda discursiva del reino. Pero, como he tratado de demostrar, dicha jerga no tiene un carácter emancipador inherente ni un carácter represivo inherente. Por el contrario, tiene varios sentidos y está sometida a cuestionamientos. El objetivo más amplio de mi proyecto es contribuir a aclarar las perspectivas de cambio social democrático e igualitario mediante la separación de las posibilidades emancipadoras del discurso sobre las necesidades de sus posibilidades represivas.

Impreso por TREINTADIEZ S. A. en 2019
Pringles 521 (C1183 AEI)
Ciudad Autónoma de Buenos Aires
Teléfonos: 4864-3297 / 4862-6794
editorial@treintadiez.com